民事訴訟法
重要問題講義

上 巻

[第2版]

木川統一郎
清水　宏
吉田 元子

成 文 堂

第 2 版はしがき

　『民事訴訟法重要問題講義』の第 2 版を上梓する。旧版が刊行されたのは平成 4 年（1992 年）であったので 27 年ぶりとなる。その間、平成 8 年（1996 年）に民事訴訟法が改正され、新しい裁判例や理論的展開も現れてきた。さらには、司法試験制度も法科大学院制度の導入と相まって大きく変わった。こうしたことから、長年気に掛けていた本書の改訂を行うこととなった。

　民事訴訟法の理解に関して、私が心がけていることは、如何にして条文を最大限機能させることができる解釈を行うかということである。これは、私が昭和 39 年（1964 年）に、当時の西ドイツに留学したころに培った思いである。ハンブルクなどの地方裁判所を訪問し、裁判所の左陪席を与えられ、ドイツの裁判官たちと議論をする中で、日独の実務の違いに驚かされるとともに、厳格で一貫した機能的な条文解釈の必要性ということに思い至った。今回の改訂にあたっても、この方針のもとに執筆したつもりである。

　今回の改訂に際しては、私が教壇を離れて長く経つため、今の学生との意識や理解の乖離が心配された。そこで、私の下でドイツ法を学んで研究者となっている人の中から、比較的年齢の低い関西学院大学の吉田元子氏と東洋大学の清水宏氏に協力を依頼した。両氏には、私の学説に拘らずに自由に自説を論じて欲しい旨伝えてあるので、旧版とは異なる見解になっている部分もあろうかと思われるが、読者のご海容を願う次第である。また、旧版では上中下の 3 巻構成となっていたが、大学の授業で利用する便を考慮して、上下の 2 巻構成とした。

　本書の刊行にあたっては、上記両氏のほか、株式会社成文堂の阿部成一社長、および、編集部の松田智香子氏に大変お世話になった。心から感謝を申し上げるとともに、今後もご指導ご鞭撻をお願いする次第である。なお、今

後のさらなる改訂の機会があれば、その際には、吉田元子氏を中心にお願いしたいと思っているところである。

　平成の終わりの年に

木川　統一郎

目　次

第 2 版はしがき
文献略語　xv

第 1 講　法人でない団体と登記請求権 …………………………… 1
Ⅰ．前提知識 ………………………………………………………… 1
1. 当事者能力と権利能力の関係　（1）
2. 法人でない社団又は財団で代表者又は管理人の定めのあるものの取扱い　（2）
3. 民法上の組合の取扱い　（4）
4. 当事者能力の意義　（5）
5. 法人でない団体に当事者能力が認められ、判決の名宛人となるということ　（6）
6. 問題の所在　（7）

Ⅱ．最高裁判所の判決 ……………………………………………… 8
1. 最判昭和 42 年 10 月 19 日民集 21 巻 8 号 2078 頁　（8）
2. 最判平成 6 年 5 月 31 日民集 48 巻 4 号 1065 頁　（14）
3. 最判平成 26 年 2 月 27 日民集 68 巻 2 号 192 頁　（22）

Ⅲ．結論 …………………………………………………………… 27

第 2 講　訴訟上の代表権と表見法理 …………………………… 29
Ⅰ．前提知識 ……………………………………………………… 29
1. 法人に対する訴え提起　（29）
2. 法人の代表者と法定代理　（30）
3. 代表権の書面証明の原則　（30）
4. 登記簿上の代表者と真の代表者の不一致　（31）
5. 訴状送達の無効　（32）
6. 法人代表者と実体法の規定　（33）

  7．実体法の表見法理　(34)
 Ⅱ．代表権と表見法理に関する最判昭和 45 年 12 月 15 日 ············· 35
  1．事実関係　(35)
 Ⅲ．代表権と表見法理に関する最高裁の判決 ························ 36
  1．本件判旨　(36)
  2．最高裁の判決に対する解説　(40)
 Ⅳ．訴訟法における代表者の取扱い ································ 42
  1．代表権と上告理由　(42)
  2．代表権と再審事由　(43)
  3．訴訟法における代表者の憲法上の立場　(43)

第3講　法人の内部紛争における当事者適格 ·················· 49
 Ⅰ．法人の理事者の地位をめぐる紛争 ····························· 49
  1．法人の内部紛争の概念　(49)
  2．訴訟物の決定　(50)
  3．判例・通説の立場　(51)
 Ⅱ．法人内紛争の訴訟における当事者適格 ·························· 52
  1．全面的利害関係人　(53)
  2．法人の内部紛争と全面的利害関係人　(53)
 Ⅲ．確認の利益と当事者適格者 ···································· 54
  1．確認の利益と当事者適格の連動　(54)
  2．確認の利益と訴訟物の連動　(55)
  3．既判力と人的相対効　(55)
  4．要約　(55)
 Ⅳ．宗教法人についての基礎知識 ·································· 56
  1．包括宗教法人　(56)
  2．住職・神職と理事者との区別　(57)
 Ⅴ．最判平成 7 年 2 月 21 日 ······································ 58
  1．事実関係　(58)
  2．判旨　(59)

3. 論点　(59)
　　4. 学説の評価　(60)
Ⅵ. 最判昭和44年7月10日 ……………………………… 60
　　1. 事実関係　(60)
　　2. 判旨　(61)
　　3. 論点　(62)
　　4. 学説の評価とその展開　(62)
　　5. 立法的手当て　(65)
Ⅶ. 総括と私見 ……………………………………………… 65
　　1. 原告適格について　(66)
　　2. 被告適格について　(67)

第4講　任意的訴訟担当 ……………………………………… 71

Ⅰ. 任意的訴訟担当の前提知識 …………………………… 71
　　1. 第1の前提知識　(71)
　　2. 第2の前提知識　(72)
　　3. 第3の前提知識　(74)
　　4. 第4の前提知識　(75)
Ⅱ. 任意的訴訟担当の事案の事実関係と判旨 …………… 76
　　1. 大法廷判決の事実関係　(76)
　　2. 本件大法廷判決の判旨　(77)
Ⅲ. 正当業務説の評価 ……………………………………… 80
　　1. 正当業務説　(80)
　　2. 正当業務説の評価　(82)
　　3. 正当業務説への批判　(84)
Ⅳ. 実質関係説の評価 ……………………………………… 86
　　1. 訴訟担当者のための訴訟担当　(86)
　　2. 権利主体のための訴訟担当　(87)
　　3. 実質関係説に対する私の見解　(89)

第 5 講　相殺の抗弁と重複訴訟係属の禁止 …………………… 93
Ⅰ．相殺の抗弁 …………………………………………………… 93
1. 既判力　（93）
2. 審理の順序　（94）

Ⅱ．重複訴訟係属の禁止 ………………………………………… 96
1. 142 条とその趣旨　（96）
2. 事件の同一性　（97）

Ⅲ．相殺の抗弁と重複訴訟係属の禁止 ………………………… 97
1. 問題の出発点　（97）
2. 訴え先行型と抗弁先行型　（98）
3. 学説　（99）

Ⅳ．最判平成 3 年 12 月 17 日 ………………………………… 101
1. 事実関係　（101）
2. 判旨　（101）
3. 論点　（102）
4. 学説の評価　（103）

Ⅴ．最判平成 10 年 6 月 30 日 ………………………………… 104
1. 事実関係　（104）
2. 判旨　（105）
3. 論点　（107）
4. 学説の評価　（108）

Ⅵ．最判平成 18 年 4 月 14 日 ………………………………… 110
1. 事実関係　（110）
2. 判旨　（111）
3. 論点　（111）
4. 学説の評価　（112）

Ⅶ．その後の判決と今後の見通し ……………………………… 114

第 6 講　消極的確認訴訟における申立事項 …………………… 119
Ⅰ．前提知識 ……………………………………………………… 119

         1. 消極的確認訴訟　（119）
         2. 申立事項と判決事項　（127）
         3. 債務の自認　（129）
    Ⅱ．本件判旨 …………………………………………………… 134
         1. 事案の概要　（134）
         2. 判旨　（136）
         3. 検討　（136）

第 7 講　当事者の主張の要否 ……………………………… 139
    Ⅰ．大前提 ……………………………………………………… 139
         1. 弁論主義の意義　（139）
         2. 弁論主義の内容となる命題　（140）
         3. 弁論主義が適用される事実　（141）
    Ⅱ．所有権喪失事由を主張することの要否 ……………… 143
         1. 前提知識　（143）
         2. 本件事実関係と判旨　（149）
    Ⅲ．職権による過失相殺 …………………………………… 154
         1. 前提知識　（154）
         2. 事実関係と判旨　（156）
         3. 判旨の検討　（157）

第 8 講　相手方の援用しない自己に不利益な事実の陳述 …… 161
    Ⅰ．前提知識 ………………………………………………… 161
         1. 問題の意味　（161）
         2. 不利益主張と弁論主義　（162）
         3. 弁論主義とは何か　（163）
         4. 弁論主義と作業分担　（165）
         5. 弁論主義と主張責任　（166）
         6. 弁論主義と主観的主張責任　（166）
         7. 弁論主義と主観的挙証責任　（170）

Ⅱ．本件事実関係と判旨 ……………………………………………… 171
　　1．事実関係　（171）
　　2．本件判旨　（173）
　　3．判旨の解説と批判　（174）
　Ⅲ．結論 …………………………………………………………………… 181

第 9 講　過失に関する主張・立証 ……………………………………… 183
　Ⅰ．規範的要件 …………………………………………………………… 183
　Ⅱ．規範的要件の主要事実 ……………………………………………… 184
　　1．問題の所在　（184）
　　2．従来の定説　（186）
　　3．従来の定説に批判的な諸見解　（187）
　　4．小括　（191）
　Ⅲ．一応の推定・表見証明 ……………………………………………… 192
　　1．意義　（192）
　　2．理論的位置づけ　（193）
　　3．小括　（197）
　Ⅳ．最判昭和 39 年 7 月 28 日 …………………………………………… 197
　　1．事実関係　（197）
　　2．判旨　（198）
　　3．論点　（199）
　　4．検討　（199）
　Ⅴ．最判昭和 43 年 12 月 24 日 ………………………………………… 201
　　1．事実関係　（201）
　　2．判旨　（202）
　　3．論点　（203）
　　4．検討　（204）

第 10 講　釈明義務・法的観点指摘義務 ……………………………… 209
　Ⅰ．釈明権 ………………………………………………………………… 210

1. 釈明とその目的　（210）
2. 釈明権行使の範囲　（212）
Ⅱ. 釈明義務 ……………………………………………………… 213
1. 釈明権の不行使と釈明義務違反　（213）
2. 釈明義務の範囲　（215）
Ⅲ. 法的観点指摘義務 …………………………………………… 217
1. 意義　（217）
2. 法的観点指摘義務の内容　（218）
3. 釈明義務と法的観点指摘義務との関係　（220）
Ⅳ. 最判昭和 39 年 6 月 26 日 …………………………………… 223
1. 事実関係　（223）
2. 判旨　（224）
3. 釈明義務に関するリーディング・ケース　（224）
Ⅴ. 最判平成 22 年 10 月 14 日 …………………………………… 226
1. 事実の概要　（226）
2. 判旨　（227）
3. 論点　（228）
4. 学説の評価　（229）

第 11 講　権利自白および間接事実の自白 ……………………… 233
Ⅰ. 裁判上の自白理論の基礎としての弁論主義 ………………… 233
1. 弁論主義の射程　（233）
2. 要証事実の決定　（234）
3. 問題となる自白の対象　（236）
Ⅱ. 主張責任と自白法理の関係 …………………………………… 238
1. 先決的法律関係の自白　（238）
2. 有利な法規範　（239）
3. 主張責任免除と自白　（240）
Ⅲ. 権利自白の成否 ………………………………………………… 240
1. 事実関係　（240）

2. 判旨　(241)
　　　3. 判旨理解上の留意事項　(242)
　　　4. 学説と本件判旨　(243)
　　　5. 検討　(248)
　Ⅳ. 間接事実の自白の成否 …………………………………………… 252
　　　1. 事実関係　(252)
　　　2. 判旨　(253)
　　　3. 学説　(253)
　　　4. 検討　(255)

第12講　事実上の推定 …………………………………………… 257
　Ⅰ. 事実上の推定の位置づけ ………………………………………… 257
　　　1. 裁判の構造と推定　(257)
　　　2. 事実上の推定と間接証明　(257)
　　　3. 事実上の推定と表見証明　(261)
　　　4. 一応の推定　(267)
　Ⅱ. 法律上の推定 …………………………………………………… 268
　　　1. 法律上の事実推定と権利推定の区別　(268)
　　　2. 法律上の事実推定　(268)
　　　3. 擬似的推定（暫定的真実）　(269)
　　　4. 法律上の権利推定　(270)
　Ⅲ. 最判昭和43年12月24日 ………………………………………… 271
　　　1. 事実の概要　(271)
　　　2. 判旨　(272)
　　　3. 本件と事実上の推定　(273)
　Ⅳ. 最判昭和39年7月28日 ………………………………………… 274
　　　1. 事案の概要　(274)
　　　2. 判旨　(275)
　　　3. 本件と事実上の推定　(276)

第13講　唯一の証拠方法の申出とその採否……………………279
Ⅰ．唯一の証拠方法の申出の却下の禁止………………………279
1. 意義　（279）
2. 第1命題について　（280）
3. 第2命題について　（280）
4. 第1命題と第2命題の関係　（281）
5. 同一方向の心証と第1命題　（282）
6. 全証拠申出の不採用　（283）
7. 唯一の証拠法則の根拠　（283）

Ⅱ．唯一の証拠方法に関する判例法の問題点…………………284
1. 証拠価値の先取り禁止（予断禁止）の原則の根拠　（284）
2. 立証の途の杜絶論　（286）
3. 学説と立証杜絶論　（286）

Ⅲ．民事訴訟法181条1項の「不必要」の判断基準………………287
1. 原則　（287）
2. 例外　（287）

Ⅳ．唯一の証拠原則とかかわりのない問題……………………289
1. 179条の定める裁判上の自白と顕著な事実　（289）
2. 181条1項違反の証拠申請　（289）
3. 181条2項の障害　（289）
4. 証拠申請人の怠慢　（290）

Ⅴ．最判昭和53年3月23日の事実関係及び判旨…………………290
1. 事実関係　（290）
2. 判旨　（290）

Ⅵ．判旨の解説と批判……………………………………………291
1. 唯一の証拠　（291）
2. 「特段の事情」　（292）
3. Y1の本人尋問の申請の採否の判断の必要性　（292）
4. 取り調べない証拠申請の放棄または黙示却下説　（293）

第14講　文書提出命令：自己利用文書　…………………… 295
Ⅰ．文書提出命令 …………………………………………………… 296
1. 意義　(296)
2. 文書提出命令の手続　(297)
Ⅱ．文書提出義務 …………………………………………………… 298
1. 原則としての一般的文書提出義務　(298)
2. 限定的提出義務の規定　(299)
3. 一般的な提出義務と除外事由に関する規定　(300)
4. 220条1号から3号と4号との関係　(304)
Ⅲ．最決平成11年11月12日 ……………………………………… 306
1. 事実関係　(306)
2. 決定要旨　(306)
3. 論点　(308)
4. 検討　(308)
Ⅳ．その後の動向と今後の展望 …………………………………… 316
1. 判例・学説の展開　(316)
2. 今後の展望　(319)

第15講　弁論の併合と証拠調べの結果の援用　……………… 321
Ⅰ．訴訟の併合とは何か …………………………………………… 321
Ⅱ．併合後の訴訟手続の基本的性格 ……………………………… 322
1. 併合後の手続の進め方　(322)
2. 併合前訴訟行為の効力の存続　(323)
Ⅲ．当初よりの共同訴訟・請求の客観的併合の擬制の例外 …… 324
1. 裁判上の自白　(324)
2. 事後的共同訴訟と自白　(325)
3. 証拠の申立てと併合後の訴訟　(325)
4. 併合前の別件の証拠資料　(326)
5. 証人が共同訴訟人となった場合　(326)
6. 併合後の証拠調べの再施の必要性　(327)

7．併合前証拠資料の利用目的　　（327）
Ⅳ．本件事実関係と判旨……………………………………………328
　　　1．事実関係　　（328）
　　　2．上告理由と判旨　　（332）
Ⅴ．本件併合決定は不適法…………………………………………333
Ⅵ．併合と裁判官の更迭……………………………………………333
Ⅶ．別個事件の証拠の導入方法……………………………………334
　　　1．問題の所在　　（334）
　　　2．第1説（書証による援用必要説）　　（334）
　　　3．第2説（援用必要説）　　（335）
　　　4．第3説（援用無用説）　　（336）
　　　5．注意事項　　（337）
Ⅷ．本件上告理由と判旨の検討……………………………………337
　　　1．上告理由について　　（337）
　　　2．本件判旨　　（337）

文献略語

1. 単行書

安西	安西明子『民事訴訟における争点形成』（有斐閣、2016年）
石川・三木	石川明・三木浩一編『民事手続法の現代的機能』（信山社、2014年）
伊藤	伊藤眞『民事訴訟法〔第5版〕』（有斐閣、2016年）
伊藤・事実認定	伊藤滋夫『事実認定の基礎〔新版〕』（有斐閣、2015年）
伊藤・当事者	伊藤眞『民事訴訟の当事者』（有斐閣、1978年）
井上・固有必要的共同訴訟	井上繁規『固有必要的共同訴訟の理論と判例』（第一法規、2016年）
井上・これからの民訴	井上治典『これからの民事訴訟法』（日本評論社、1984年）
井上・多数当事者	井上治典『多数当事者の訴訟』（信山社、1992年）
井上・法理	井上治典『多数当事者訴訟の法理』（弘文堂、1981年）
井上・民事手続	井上治典『民事手続の理論と実践』（有斐閣、2003年）
岩松・研究	岩松三郎『民事裁判の研究』（弘文堂、1961年）
上田	上田徹一郎『民事訴訟法〔第7版〕』（法学書院、2011年）
上田・判決効	上田徹一郎『判決効の範囲』（有斐閣、1985年）
梅本	梅本吉彦『民事訴訟法〔第4版〕』（信山社、2002年）
太田・証明論	太田勝造『裁判における証明論の基礎』（弘文堂、1982年）
春日・研究	春日偉知郎『民事証拠法研究』（有斐閣、1991年）
兼子・研究	兼子一『民事法研究（1）～（3）』（酒井書店、1950年～1969年）
兼子・体系	兼子一『新修民事訴訟法体系〔増訂版〕』（酒井書店、1965年）
兼子・判例民訴	兼子一『判例民事訴訟法』（弘文堂、1950年）
河野	河野正憲『民事訴訟法』（有斐閣、2009年）
河野・当事者	河野正憲『当事者行為の法的構造』（弘文堂、1988年）
川嶋	川嶋四郎・民事訴訟法概説〔第2版〕（弘文堂、2016年）
川嶋・中東	川嶋四郎・中東正文『会社関係手続法の現代的課題』（日本評論社、2013年）
木川・改正問題	木川統一郎『民事訴訟法改正問題』（成文堂、1994年）
木川・訴訟促進	木川統一郎『訴訟促進政策の新展開』（日本評論社、1987年）
小林	小林秀之『民事訴訟法（新法学ライブラリ）』（新世社、2013年）
小林・審理	小林秀之『民事裁判の審理』（有斐閣、1987年）
小山・判決効	小山昇『小山昇著作集2 判決効の研究』（信山社、1990年）
坂田	坂田宏『民事訴訟における処分権主義』（有斐閣、2001年）
新堂	新堂幸司『新民事訴訟法〔第5版〕』（弘文堂、2011年）
新堂・争点効	新堂幸司『訴訟物と争点効〔上〕〔下〕』（有斐閣、1988年、1991年）
住吉・読本続巻	住吉博『民事訴訟読本続巻』（法学書院、1977年）

住吉・判決効	住吉博『訴訟的救済と判決効』（弘文堂、1985年）
瀬川	瀬川信久編『私法学の再構築』（北海道大学図書刊行会、1999年）
坂原	坂原正夫『民事訴訟における既判力の研究』（慶応通信、1993年）
高橋・概論	高橋宏志『民事訴訟法概論』（有斐閣、2016年）
高橋・重点講義	高橋宏志『重点講義民事訴訟法第2版補訂版〔上〕〔下〕』（有斐閣、2013年・2014年）
谷口・多数当事者	谷口安平『多数当事者・会社訴訟─民事手続法論集第2巻』（信山社、2013年）
鶴田	鶴田滋『共有者の共同訴訟の必要性』（有斐閣、2009年）
徳田・複雑訴訟	『複雑訴訟の基礎理論』（信山社、2008年）
中野ほか編	中野貞一郎・鈴木正裕・松浦馨編『新民事訴訟法講義第3版』（有斐閣、2018年）
中野・過失	中野貞一郎『過失の推認〔増補版〕』（弘文堂、1987年）
中野・強制執行	中野貞一郎『強制執行と破産の研究』（有斐閣、1971年）
中野・現在問題	中野貞一郎『民事手続の現在問題』（判例タイムズ社、1989年）
中野・世界	中野貞一郎『民事訴訟・民事執行の世界』（信山社、2016年）
中野・論点	中野貞一郎『民事訴訟法の論点Ⅰ・Ⅱ』（判例タイムズ社、1994年、2001年）
中村・判例	中村宗雄『判例民事訴訟研究1巻』（厳松堂書店、1942年）
中村・論集1	中村英郎『民事訴訟におけるローマ法理とゲルマン法理〔民事訴訟法論集1巻〕』（成文堂、1977）
長谷部・手続原則	長谷部由起子『民事手続原則の限界』（有斐閣、2016年）
福永・当事者論	福永有利『民事訴訟当事者論』（有斐閣、2004年）
藤原・時効	藤原弘道『時効と占有』（日本評論社、1985年）
本間・論集	本間靖規『手続保障論集』（信山社、2015年）
牧山ほか編	牧山市治・山口和男編『民事判例実務研究Ⅲ』（判例タイムズ社、1983年）
松本・事案解明	松本博之『民事訴訟における事案の解明』（日本加除出版、2015年）
松本・自白	松本博之『民事自白法』（弘文堂、1994年）
松本・相殺	松本博之『訴訟における相殺』（商事法務、2008年）
松本・上野	松本博之・上野泰男『民事訴訟法〔第8版〕』（弘文堂、2015年）
三ヶ月・研究	三ヶ月章『民事訴訟法研究（1）～（10）』（有斐閣、1962～1989年）
三木・手続運営	三木浩一『民事訴訟における手続運営の理論』（有斐閣、2013年）
三木ほか	三木浩一・笠井正俊・垣内秀介・菱田雄郷『民事訴訟法（LEGAL QUEST）〔第2版〕』（有斐閣、2015年）
山本・基本問題	山本和彦『民事訴訟法の基本問題』（判例タイムズ社、2002年）
山本・研究	山本和彦『民事訴訟法の現代的課題─民事手続法研究Ⅰ』（有斐閣、2016年）
山本ほか文書提出命令	山本和彦・須藤典明・片山英二・伊藤尚編『文書提出命令の理論と実務〔第二版〕』（民事法研究会、2016）

吉村・判決効	吉村徳重『民事判決効の理論〔上〕〔下〕』(信山社、2010 年)

2. 注釈書

秋山ほか編・ Ⅰ～Ⅶ	菊井維大・村松俊夫原著・秋山幹男・伊藤眞・垣内秀介・加藤新太郎・高田裕成・福田剛久・山本和彦『コンメンタール民事訴訟法Ⅰ～Ⅲ第 2 版』(日本評論社、〔Ⅰ 2 版追補〕2014 年・〔Ⅱ 2 版〕2006 年・〔Ⅲ 2 版〕2018 年、〔Ⅳ〕2010 年・〔Ⅴ〕2012 年、〔Ⅵ〕2014 年・〔Ⅶ〕2016 年)
笠井・越山編	笠井正俊・越山和弘編『新・コンメンタール民事訴訟法第 2 版』(日本評論社、2015 年)
賀集ほか編 (1)～(3)	賀集唱・松本博之・加藤新太郎編『基本法コンメンタール民事訴訟法 1 巻～3 巻〔第 3 版追補版〕』(日本評論社、2012 年)
条解二版	兼子一原著・松浦馨・新堂幸司・竹下守夫・高橋宏志・加藤新太郎・上原敏夫・高田裕成『条解民事訴訟法第二版』(弘文堂、2011 年)
髙田ほか注釈	高田裕成・三木浩一・山本克己・山本和彦編『注釈民事訴訟法 4 巻』(有斐閣、2017 年)
注釈民訴	新堂幸司＝鈴木正裕・竹下守夫編集代表『注釈民事訴訟法 (1)～(9)』(有斐閣、1991 年～1998 年)
三宅ほか・注解	三宅省三・塩崎勤・小林秀之編代『注解民事訴訟法Ⅰ・Ⅱ』(青林書院、2000 年・2002 年)

3. 記念論集

青山古稀	伊藤眞・高橋宏志・高田裕成・山本弘・松下淳一編『民事手続法学の新たな地平―青山善充先生古稀祝賀記念論集』(有斐閣、2009 年)
石川古稀	青山善充・小島武司・坂原正夫・梅善夫・松本博之・三木浩一・渡辺惺之編『現代社会における民事手続法の展開〔上〕〔下〕―石川明先生古稀祝賀』(商事法務、2002 年)
伊東喜寿	宗田親彦編『現時法学の理論と実践』〔伊東喜寿〕(慶應義塾大学出版、2000 年)
伊藤喜寿	河上正二・山崎敏彦・山本和彦編『要件事実・事実認定論と基礎法学の新たな展開―伊藤滋夫先生喜寿祝賀記念』(青林書院、2009 年)
伊藤古稀	高橋宏志・上原敏夫・加藤新太郎・林道晴・金子宏直・垣内秀介編『民事手続の現代的使命―伊藤眞先生古稀祝賀論文集』(有斐閣、2015 年)
井上追悼	河野正憲・高橋宏志・伊藤眞編『民事紛争と手続理論の現在―井上治典先生追悼論文集』(法律文化社、2008 年)
岩松還暦	垂水克己・兼子一編『訴訟と裁判―岩松裁判官還暦記念』(有斐閣、1956 年)
上野古稀	加藤哲夫・本間靖規・高田昌宏編『現代民事手続の法理―上野泰男先生古稀祝賀記念論文集』(弘文堂、2017 年)

加藤古稀	加藤新太郎・太田勝造・大塚直・田高寛貴編集『加藤雅信先生古稀記念 21 世紀民事法学の挑戦〔上〕〔下〕』（信山社、2018 年）
兼子還暦	小山昇・中島一郎編『裁判法の諸問題〔上〕〔中〕〔下〕―兼子一博士還暦記念』（有斐閣、1969 年～1970 年）
河野古稀	本間靖規・菅原郁夫・西川佳代編『民事手続法の比較法的・歴史的研究―河野正憲先生古稀祝賀』（慈学社、2014 年）
吉川還暦	中田淳一編『保全処分の体系〔上〕〔下〕―吉川大二郎先生還暦記念』（法律文化社、1970 年）
吉川追悼	山木戸克己編『手続法の理論と実践下巻―吉川大二郎先生追悼論文集』（法律文化社、1981 年）
慶應法学	慶應義塾大学法学部編『慶應の法律学―民事手続法』（慶應義塾大学出版会、2008 年）
熊本法学 10 周年	熊本大学法学会編『熊本大学法学部創立 10 周年記念法学と政治学の諸相』（1990 年）
小島古稀	伊藤眞・大村雅彦・春日偉知郎・加藤新太郎・松本博之・森勇編『民事司法の法理と政策〔上〕〔下〕―小島武司先生古稀祝賀』（商事法務、2008 年）
佐々木追悼	佐々木吉男先生追悼論集刊行委員会編『民事紛争の解決と手続―佐々木吉男先生追悼論文集』（信山社、2000 年）
白川古稀	白川和雄先生古稀記念論集刊行委員会編『民事紛争をめぐる法的諸問題―白川和雄先生古稀記念論文集』（信山社、1999 年）
新堂古稀	青山善充・伊藤眞・高橋宏志・高見進・高田裕成・長谷部由起子編『民事訴訟法理論の新たな構築（上）（下）―新堂幸司先生古稀祝賀』（有斐閣、2001 年）
鈴木古稀	福永有利・井上治典・伊藤眞・松本博之・徳田和幸・高橋宏志・高田裕成・山本克己編『民事訴訟法の史的展開―鈴木正裕先生古稀祝賀』（有斐閣、2002 年）
栂・遠藤古稀	伊藤眞・上野泰男・加藤哲夫編『民事手続における法と実践―栂善夫先生・遠藤功先生古稀祝賀』（成文堂、2014 年）
徳田古稀	山本克己・笠井正俊・山田文編『民事手続法の現代的課題と理論的解明―徳田和幸先生古稀祝賀』（弘文堂、2017 年）
中田還暦	中務俊昌編『民事訴訟の理論〔上〕〔下〕―中田淳一先生還暦記念論集』（有斐閣、1969 年、1970 年）
中野古稀	新堂幸司・鈴木正裕・竹下守夫・渡辺惺之・池田辰夫編『判例民事訴訟法の理論〔上〕〔下〕―中野貞一郎先生古稀祝賀』（有斐閣、1995 年）
原井古稀	原井龍一郎先生古稀祝賀論文集刊行委員会編『改革期の民事手続法―原井龍一郎先生古稀祝賀論文集』（法律文化社、2000 年）
福永古稀	高田裕成・田原睦夫・中島弘雅・高橋宏志・徳田和幸編『企業紛争と民事手続法理論―福永有利先生古稀記念』（商事法務、2005 年）

松田在職	鈴木忠一編『会社と訴訟〔上〕〔下〕―松田二郎判事在職四十年記念』（有斐閣、1968年）
松本古稀	德田和幸・上野泰男・本間靖規・高田裕成・高田昌宏編『民事手続法制の展開と手続原則―松本博之先生古稀祝賀』（弘文堂、2016年）
山木戸還暦	山木戸克己教授還暦記念論文集刊行発起人会編『実体法と手続法の交錯〔上〕〔下〕―山木戸克己教授還暦記念論文集』（有斐閣、1968年）
吉村古稀	吉村德重先生古稀記念論文集刊行委員会編『弁論と証拠調べの理論と実践―吉村德重先生古稀記念論文集』（法律文化社、2002年）

4. 講座・演習

演習民訴	小山昇・中野貞一郎・松浦馨・竹下守夫編『演習民事訴訟法〔新版〕』（青林書院、1987年）
基本問題	鈴木重勝・上田徹一郎編『基本問題セミナー民事訴訟法』（一粒社、1998年）
講座民訴 (1)～(7)	新堂幸司編集代表『講座民事訴訟』（弘文堂、1979年）
実務民訴	鈴木忠一・三ヶ月章編『実務民事訴訟講座 (1)～(10)』（日本評論社、1969年～1971年）
実務民訴第三期	新堂幸司監修・高橋宏志・加藤新太郎編『実務民事訴訟講座〔第三期〕1巻～6巻』（日本評論社、2012年～2016年）
実例法学	兼子一編『実例法学全集民事訴訟法〔上〕〔下〕』（青林書院新社、1963年・1965年）
新実務民訴 (1)～(14)	鈴木忠一・三ヶ月章編『新実務民事訴訟講座 (1)～(14)』（日本評論社、1981年～1984年）
判例演習	小室直人『判例演習講座 (8) 民事訴訟法』（世界思想社、1973年）
法律実務 (1)～(6)	岩松三郎＝兼子一編『法律実務講座民事訴訟編 (1)～(5)』（有斐閣、1958～1963年）
保全講座 (1)～(3)	中野貞一郎・原井龍一郎・鈴木正裕編『民事保全講座 (1)～(3)』（法律文化社、1996年）
三宅ほか・新民訴	三宅省三・小林秀之・森脇純夫編『新民事訴訟法体系理論と実務 (1)～(4)』（青林書院、1997年）
民訴演習	三ヶ月章・中野貞一郎・竹下守夫編『新版民事訴訟法演習Ⅰ・Ⅱ』（有斐閣、1983年）
民訴講座 (1)～(5)	民事訴訟法学会編『民事訴訟法講座 (1)～(5)』（有斐閣、1954年～1956年）

5. 判例集

医事法百選	宇津木伸・町野朔・平林勝政・甲斐克則『医事法判例百選』（別冊ジュリスト183号）（有斐閣、2006年）
家族法百選	久貴忠彦・米倉明編『家族法判例百選〔第5版〕』（別冊ジュリスト132号）（有斐閣、1995年）

最判解民	『最高裁判所判例解説民事篇』（法曹会）
執行・保全百選	上原敏夫・長谷部由起子編『民事執行・保全判例百選〔第二版〕』（別冊ジュリスト 208 号）（有斐閣、2008 年）
宗教百選	小野清一郎編『宗教判例百選』（別冊ジュリスト 37 号）（有斐閣、1972 年）
宗教百選〔2 版〕	芦部信喜・若原茂編『宗教判例百選〔第 2 版〕（別冊ジュリスト 109 号）（有斐閣、1991 年）
重判解	『重要判例解説』（ジュリスト臨時増刊）（有斐閣）
主判解	『主要判例解説』（判例タイムズ）（判例タイムズ社）
判評	『判例評論』（判例時報付録）（判例時報刊行会）
百選〔初版〕	中田淳一・三ヶ月章編『民事訴訟法判例百選』（別冊ジュリスト 5 号）（有斐閣、1965 年）
続百選	新堂幸司編『続民事訴訟法判例百選』（別冊ジュリスト 36 号）（有斐閣、1972 年）
百選〔2 版〕	新堂幸司・青山善充編『続民事訴訟法判例百選』（別冊ジュリスト 76 号）（有斐閣、1982 年）
百選Ⅰ・Ⅱ	新堂幸司・青山善充・高橋宏志編『民事訴訟法判例百選Ⅰ・Ⅱ〔補正版〕』（別冊ジュリスト 145 号・146 号）（有斐閣、1998 年）
百選〔3 版〕	伊藤眞・高橋宏志・高田裕成編『民事訴訟法判例百選〔第 3 版〕』（別冊ジュリスト 169 号）（有斐閣、2003 年）
百選〔4 版〕	高橋宏志・高田裕成・畑瑞穂編『民事訴訟法判例百選〔第 4 版〕』（別冊ジュリスト 201 号）（有斐閣、2010 年）
百選〔5 版〕	高橋宏志・高田裕成・畑瑞穂編『民事訴訟法判例百選〔第 4 版〕』（別冊ジュリスト 226 号）（有斐閣、2015 年）
民法百選	潮見佳男・道垣内正人編『民法判例百選Ⅰ 総則・物権〔第 7 版〕』（別冊ジュリスト 223 号）（有斐閣、2015 年）

6. その他

改正課題	三木浩一・山本和彦編『民事訴訟法の改正課題〔ジュリスト増刊〕』（有斐閣、2012 年）
事実認定	伊藤眞・加藤新太郎編『〔判例から学ぶ〕民事事実認定』（ジュリスト増刊）（有斐閣、2006 年）
続学説展望	我妻栄編集代表『続学説展望』（別冊ジュリスト 4 号）（有斐閣、1965 年）
続判例展望	我妻栄編集代表『続判例展望』（別冊ジュリスト 39 号）（有斐閣、1973 年）
争点〔旧版〕	三ヶ月章・青山善充編『民事訴訟法の争点』（ジュリスト増刊）（有斐閣、1979 年）
争点〔新版〕	三ヶ月章・青山善充編『民事訴訟法の争点〔新版〕』（ジュリスト増刊）（有斐閣、1988 年）

争点〔3版〕	青山善充・伊藤眞編『民事訴訟法の争点〔第3版〕』（ジュリスト増刊）（有斐閣、1998年）
争点	伊藤眞・山本和彦編『民事訴訟法の争点』（ジュリスト増刊）（有斐閣、2009年）
文書提出命令	西口元・春日偉知郎編『文書提出等をめぐる判例の分析と展開』（増刊金融・商事判例1311号）（経済法令研究会、2009年）
民事手続法研究	松本博之・徳田和幸編『民事手続法研究』（信山社）
民法争点〔旧版〕	加藤一郎ほか編『民法の争点Ⅰ・Ⅱ』（有斐閣、1985年）
民法争点	内田貴・大村敦編『民法の争点』（有斐閣、2007年）

7．雑誌

NBL	『NBL（エヌ・ビー・エル）』（商事法務）
金商	『金融・商事判例』（経済法令研究会）
金法	『金融法務事情』（きんざい）
ジュリ	『ジュリスト』（有斐閣）
曹時	『法曹時報』（法曹会）
判時	『判例時報』（判例時報刊行会）
判タ	『判例タイムズ』（判例タイムズ社）
ビジネス法務	『ビジネス法務』（中央経済社）
法協	『法学協会雑誌』（有斐閣）
法教	『法学教室』（有斐閣）
法教二期	『法学教室〔第二期〕』（有斐閣）
法時	『法律時報』（日本評論社）
法セミ	『法学セミナー』（日本評論社）
民商	竹田省・末川博創刊『民商法雑誌』（有斐閣）
民訴雑誌	日本民事訴訟法学会編『民事訴訟法雑誌』（法律文化社）
リマ	『私法判例リマークス』（法律時報別冊）（日本評論社）

※おことわり

　本文中における諸先生方の肩書きにつきましては、文献および判例の記載に従わせていただいております。現在のものとの違いにつきましては御容赦下さい。

第1講　法人でない団体と登記請求権

　第1回の講義でありますが、材料として最判昭和42年10月19日、最判平成6年5月31日、そして、最判平成26年2月27日の3つをとりあげます。これらにつきましては、判例百選第5版の8番に栗原伸輔准教授による「法人でない社団の当事者能力」、第10番に田邊誠教授による「法人でない社団による登記請求」。そして、第11番に山本和彦教授による「入会団体の当事者適格」として解説がなされています。この問題は、実体法と訴訟法の関係、及び当事者能力と当事者適格との関係が複雑に絡まっており、かなり難しい問題であります。
　それでは講義を行ってまいりますが、本講義は、次のような順序で行います。
　まず最初に、その講義で取り上げる問題についての基礎知識を数点、抽象論として説明します。これは、いきなり事件の事実関係を説明しても、学生諸君にとりましてはなかなか頭に入りにくいと思われるからです。入らない理由としては、訴訟法の基礎知識というか、前提知識というか、そういうものがきちんと頭に入っていないことが多いため、事実の意味付けができないからであります。
　その上で、本件の事実関係のキーポイントを指摘することによって、問題点を理解しやすくします。これにより、事実関係そのものも興味深く頭に入れることができるのです。そして、判旨の検討を行い、この問題についての理解の方向性を示したいと思います。
　それでは、基礎知識ないしは前提知識について、解説を致します。

Ⅰ．前提知識

1. 当事者能力と権利能力の関係
　前提知識の第一点としまして、当事者能力という概念について説明しま

す。この当事者能力とは、訴訟上の請求の主体となり、また、判決の名宛人となりうる一般的能力ないし資格をいいます。すなわち、審理中の具体的事件との関係ではなく、一般論として、そもそもこの存在が訴訟において当事者という主体になることができるか否かという問題です。

いかなる者に当事者能力が認められるかについては、民事訴訟法第28条に定めがおかれています。すなわち、同条では「当事者能力……は、この法律に特別の定めがある場合を除き、民法その他の法令に従う。」と定めており、原則として、民法にいわゆる権利能力（民法3条参照）の有無を基準として判断するものとされています。その理由としましては、民事訴訟という制度は、私人間の権利義務に関して法的な判断基準を示すことで民事紛争を解決するものであるところ、当該判断が当事者に対して影響を及ぼしうるものとなるためには、当事者が権利能力者であること、すなわち、権利義務の主体として当該判断の受け手となりうることが必要だからです。

こうしたことから、たとえば、自然人については出生（民法3条1項）から死亡するまでは当事者能力が認められます。このこととの関係から、出生前の自然人ともいうべき存在である胎児につきましては、原則として、当事者能力が認められません。ただし、不法行為に基づく損害賠償（民法721条）、相続（民法886条1項）、受贈・遺贈（民法965条）に限っては、権利能力が認められる関係上、例外的に当事者能力も認められます。もっとも、死産の場合は（民法886条2項）この限りではなく、係属中の訴訟は、当事者の不存在を理由として却下され、判決は無効とされることになります。

それから、法人につきましては、内国法人（民法43条）、清算法人（一般社団法人及び一般財団に関する法律法207条、会社法476条、破産35条など）、外国法人（民法36条2項）、国家（行政訴訟法11条1項・3項、38条1項など）、地方公共団体（地方自治法2条1項）など、基本的に当事者能力が認められています。

2. 法人でない社団又は財団で代表者又は管理人の定めのあるものの取扱い

ところで、民法学では、いわゆる権利能力なき社団又は財団という存在に関する議論があります。たとえば、設立中の会社のように、会社設立に向けた合同行為を行っている人的結合体ではあるものの、未だ法人格を取得する

に至っていない団体であるとか、学会、同窓会、町内会など様々な理由により法人格を取得していない団体が、現実に社会で行っている法律行為の効果をどう考えるかという問題です。というのは、権利能力ないしは法人格がないということは、権利義務の帰着点になれないことを意味するところ、民商法等の実体法の定める権利義務に関する法律行為の効果も帰属しないことになるため、法の建前と現実の行為の調整をどう考えるかが問題となるのです。

　こうした民法上の議論及び上述の民事訴訟法28条にかんがみれば、権利能力なき社団又は財団、いい換えれば、法人でない社団又は財団（以下、便宜上、法人でない団体とします。）は、当事者能力を認められるべきものではないということになるはずです。ところが、民事訴訟法では、29条において「法人でない社団又は財団で代表者又は管理人の定めのあるもの」については、例外的に当事者能力を認めるものとしているのです。

　なぜこのような定めがなされたかについては、法人でない団体自身が経済的・社会的活動を行っている以上、それらについて紛争が生じた場合には、団体自身を当事者とし、訴え、又は訴えられるのが実際的であり便宜であるためであるとされます。たとえば、皆さんが高校の同窓会を開く場合を考えてみてください。その場合、ごく当たり前に〇〇高校同窓会の名義で会場を借り、飲食物のサービスを予約し、恩師への記念品を購入したりするでしょう。そして、ないこととは思われますが、仮に代金等が支払われなかった場合、会場を貸したお店などはその支払いを求めて訴訟を提起せざるをえないことになるかと思います。その際、訴えを提起する側は、29条が存在しなければ、同窓会が法人でない団体である以上、これを相手にすることはできません。そこで、権利能力者である全員を相手にして訴えなければならなくなりますが、これはとても大変なことです。というのは、同窓会名簿に掲載されている会員全員を相手にしなければならないとなると、伝統のある高校であれば、途方もない数の人を相手に訴訟をしなければなりません。よしんば、実際に同窓会に参加した人だけを相手にするにしても、参加者を特定するのもなかなか大変です。また、これに対して、同窓会側が、不十分なサービスに対して債務不履行を理由に損害賠償請求をするといった場合でも、や

はり全員が集まって訴えを提起することは実際上大変です。こうしたことから、訴訟法律関係を簡明化するために、この規定がおかれたものとされています。

なお、法人でない団体の現況に関しましては、かつては営利目的でも公益目的でもない団体の法人格取得が容易ではありませんでしたが、中間法人法、そしてそれを包摂した一般社団法人及び一般財団法人に関する法律の施行により、法人格の取得を希望するものはそれが容易になっています。また、入会権者により構成される入会団体などにつきましては、認可地縁団体制度（地方自治法260条の2以下）の創設によりまして、法人格を取得する途が開かれています。その文脈では、民事訴訟法29条の適用される事件は減少するものとみられています。

3. 民法上の組合の取扱い

今一つ問題となる存在としまして、いわゆる民法上の組合という存在があります。これは、2人以上の者が出資して共同の事業を営むことを約する契約（民法667条）に基づいて形成される団体類型です。建設現場でみられる建設共同企業体などがその名称に加えてJV（ジョイントベンチャー）という表示をすることがありますが、そこで使われることの多い法技術です。

この民法上の組合の特徴としましては、上述のように契約という法律行為によって形成されることに加えて、組合構成員の個性が強いことや、団体の債務について組合構成員が無限責任を負うことなどが挙げられます。こうしたことから、合同行為という法律行為によって形成され、団体と構成員との関係が希薄な社団と、民法上の組合は全く異なる団体であるという考え方が存在します。

こうしたドイツ流の概念法学的な民法上の組合と社団との峻別論を背景に、「法人でない社団又は財団」に関する民事訴訟法29条は、民法上の組合に適用されないとする見解があります。

これに対して、社団を組合の一種とみるフランス法的な考え方を背景として、29条の社団とは財団ではない人の結合体を意味するものととらえ、民法上の組合であっても民事訴訟法29条を適用して当事者能力を認めるべき

であるとする見解もあります。

　実務の対応は、大審院（大判昭和10年5月28日民集14巻1191号）以来、最高裁（最判昭和37年12月18日民集16巻12号2422頁、同42年10月19日民集21巻8号2078頁など）に至るまで、一貫して、民法上の組合という形式の団体であっても、29条を適用して当事者能力を認めています。

4. 当事者能力の意義

　以上の点にかんがみると、当事者能力という概念は、実体法上の権利関係のみを基準とするものではなく、むしろ訴訟法的な観点から、どのような存在を訴訟において当事者とするのがふさわしいかという、当事者のふるい分けを行う基準であるということができるものと思われます。権利能力のない社団又は財団のみならず、社団でも財団でもない民法上の組合をも対象として当事者能力を認めているということからすると、訴訟当事者として訴訟を追行し、判決の名宛人となることのできる存在と評価することができるかという観点から、その有無の判断が行われるものなのです。

　ところで、この当事者能力と関係の深い概念として、当事者適格という概念があります。当事者適格とは、訴訟物である権利関係との関係において、当事者として訴訟を追行し、かつ本案判決を受ける資格であるとされ、これを当事者の権能という観点からみる場合、訴訟追行権とも呼ばれます。そして、上述の当事者能力という概念と対比しますと、当事者能力が具体的な事件との関係を問わずに一般的・抽象的に検討される当事者のふるい分けを行う基準であるのに対して、当事者適格は具体的な事件における訴訟物との関係で検討されるものであるという点で異なるものであるということができます。

　このように、当事者能力と当事者適格とは、いずれも当事者としてふさわしい存在をふるい分け、無駄な本案の審理・裁判を避けるための基準として、言わば、表裏一体の関係にあるということができるでしょう。そして、このことは、民事訴訟において、当事者とは訴えまたは訴えられることにより、判決の名宛人となる者を指すとするいわゆる形式的当事者概念が採用されたことにかんがみ、判決の実効性を確保するために、多様な観点から、判

決の名宛人としてふさわしい当事者のふるい分けをすることにしたものともみることができます。

5. 法人でない団体に当事者能力が認められ、判決の名宛人となるということ

　さて、これまで述べてきたように、法人でない団体に当事者能力が認められるということは、法人でない団体が当事者として訴訟を追行し、判決の名宛人となることを意味します。すなわち、たとえば、法人でない団体を原告とする金銭の支払請求訴訟の請求認容判決は、被告に対して、原告である法人でない団体への一定の金銭の支払いを命じるものとなります。また、法人でない団体を被告として不動産の引渡しを求める訴訟の請求認容判決は、被告である法人でない団体に対して、原告への当該不動産の引渡しを命じるものとなるのです。

　もっとも、法人でない団体、すなわち、権利能力のない団体は、形式的には財産権の内容をなすところの私有財産の主体となることができないはずです。そこで、法人でない団体をあたかも法人であるかのように判決の名宛人とする場合、当該判決の効力が及ぶ結果としての、たとえば、財産権の帰属主体は誰になるのかということが問題となります。

　この点について、法人でない団体に当事者能力を認めることは、当該団体に権利能力を認めることに帰することになるとして、訴訟となった事件限りにおいて当該団体に権利義務の帰属主体としての地位を認めるべきであるとする見解があります。すなわち、法人でない団体に財産権の帰属を認めるのです。たしかに、このように解することで、法人でない団体を当事者として訴訟を行うことの意義が明らかになります。たとえば、法人格のない同窓会でも年会費をプールして金融機関に預金しておくことがあるように、権利能力はなくとも、事実上財産を保有していることがあります。そうしたことにかんがみれば、事件限りで、財産権の帰属を認めても問題はないのかもしれません。また、こうすることで、訴訟法と実体法の規律を整合的にとらえることも可能になるでしょう。

　しかしながら、実務はこの見解に与していません。すなわち、法人でない

団体を当事者としてなされた判決によって、財産権が当該団体に帰属するものではないとしています。これは、法人格のない団体が権利能力を持たないことの論理的な帰結です。では、判決の対象となった財産権の帰属はどうなるかといいますと、当該団体の構成員全員に総有的に帰属するものとしています（最判昭和39年10月15日民集18巻8号1671頁）。すなわち、法人格のない団体には権利能力がないものの、団体の所有者ともいうべきその構成員には権利能力があるため、この構成員に財産権の帰属を認めるとしたわけです。そして、万が一敗訴した場合には、この構成員全員の財産権が失われることになるから、その権利行使は全員一致で行うべきという意味で、「総有的」に帰属するものと解するわけです。

また、こうした実務及びこれに賛成する見解では、このように権利能力のない団体が受けた判決の効果が構成員に及ぶことになる仕組みを説明するため、訴訟担当の概念を用いて説明（後述する最判平成6年5月31日民集48巻4号1065頁）もしています。すなわち、法人でない団体には、構成員という他人（第三者）のために原告または被告となる当事者適格が認められ、それに基づいて訴訟を追行し、構成員は115条1項2号により、団体の受けた判決効の拡張を受けるとするわけです。

このように、法人でない団体が訴訟を追行するには、当該団体が29条によって当事者能力のある存在としてそのまま当事者になる場合と、構成員の訴訟担当者として当事者適格を認められる場合とがあるのです。なお、いずれの場合にも、実際に訴訟を追行するのは、法人格のない団体の代表者等ということになります。

6. 問題の所在

以上、法人でない団体の当事者能力・当事者適格を中心に、前提知識を概観してまいりました。

そうした中で、第一に問題となるのは、民法上の組合をめぐる議論にもありましたように、法人格を持たない団体と一口にいいましても、多種多様なものがあるわけで、一体どのような団体であれば、訴訟における当事者としてふさわしいといえるかという要件の問題です。

つぎに、法人でない団体と構成員の関係から訴訟担当という構成をとるとしても、一般に、当事者適格は実体法上の管理処分権に基づいて認められるとされることから、その理論構成も問題となります。

さらには、応用的な問題として、不動産登記の実務では法人でない団体名義の登記を認めていないことから、法人でない団体を原告とする登記手続請求訴訟のあり方についても検討してみたいと思います。

以下では、これら3つの問題について、判例を参照しながら、検討してまいります。

Ⅱ. 最高裁判所の判決

1. 最判昭和42年10月19日民集21巻8号2078頁

繰り返しになりますが、法人でない団体と一口にいいましても、多種多様なものが存在します。たとえば、法人の設立登記を明日に控えた状態にある設立中の会社のように、登記を除けば営利社団法人である会社とほとんど変わるところのないものから、気心の知れた友人で任意に構成されたアマチュア・スポーツチームのようなものまで、その形式、構成、規模など多岐にわたっています。したがって、そうした法人格のない団体についてすべて当事者能力を認めてしまいますと、かえって、法律関係を複雑化させたり、判決の実効性を損なうことになるおそれもあります。そこで、29条では、どのような団体でもよいとするのではなく、「代表者又は管理人の定め」のあることを要件としております。

もっとも、この代表者または管理人の定めというのは、単に、団体の代表者または管理人が一人でもいればよいというものではありません。当事者能力が、当事者として訴訟を追行し、判決の名宛人となるのにふさわしい存在か否かを判断する基準であることに照らせば、この「代表者又は管理人の定め」という文言もその文脈で意味をとらえる必要があるのです。

この点について判断したリーディング・ケースとされるが、これから取り上げる最高裁判所の判決です。

（ⅰ）事実関係

　X（原告・被控訴人・被上告人）は、A市甲（市制施行前は甲町）11番区、通称新地と称する地域に居住する住民を構成員（区民）として結成された地縁団体で、かつては同地域の居住者全員が加入を事実上強制されていました。戦後は強制ではなくなりましたが、大部分の住民がXに加入しており、7個の班に分属していました。

　Xは、その規約に基づき、A市政の不十分な点を補うため、市の行政事務とは別に独自に消防、防犯、下水道等の整備や、婦人会・子供会の開催等を行っており、これらの事業のためXは区民から区費を徴収していました。またXは資産として本件建物、その敷地及び消防ポンプ等を有していました。

　ところで、Xの規約には以下のような定めがありました。「区長、区長代理者（副区長）、評議員5名及び組長（各班より1名）を置く（以下「区長ら」という）。区長らは、毎年開催される区民総会で改選される。総会において各区民は世帯ごとに1議決権を有し、多数決で議案を決定する、区長らは役員会を構成し、多数決で区の事務を決定する。区長は、区の代表者として諸般の事務を処理し、基金及び金銭出納の管理等を行う。」なおXは、総会において選任された区長名を市に届け出ており、区長は毎年市より若干の手当金を受領していました。また、市内の区の区長会議が毎年数会開催されていました。

　昭和15年、Xは本件建物を取得し、当時区長であったBを含む9名の共有名義で所有権移転登記がなされました。そして、Xは本件建物の一部をBに賃貸していたところ、昭和23年、Y（被告・控訴人・上告人）がBの賃借権を相続により承継しました。しかし、昭和29年、Xは、賃料不払いを理由としてYとの賃貸借契約を解除しました。そして、XはYに対し、本件建物の明渡し等を求める訴えを提起しました。

　これに対して、Yは本案前の抗弁としてXの当事者能力を争いました。第1審（神戸地判昭和35年11月17日民集〔参〕21巻8号2084頁）は、Xの当事者能力を肯定し、請求をおおむね認容しました。控訴審（大阪高判昭和40年10月4日前掲民集〔参〕2094頁）も、Xの当事者能力を肯定しました。ただし、同

時にYの必要費等の償還請求権に基づく留置権の抗弁を認めて、引換給付判決を行いました。そこで、Yが上告をしました。

(ⅱ) **判旨**

上告棄却。

「法人格のない社団すなわち権利能力のない社団が成立するためには、団体としての組織をそなえ、多数決の原理が行なわれ、構成員の変更にかかわらず団体そのものが存続し、その組織において代表の方法、総会の運営、財産の管理等団体としての主要な点が確定していることを要することは、当裁判所の判例とするところである（昭和35年（オ）第1029号、同39年10月15日第1小法廷判決、民集18巻8号1671頁）。

原判決の確定するところによれば、Xは、古くよりA市甲（市制施行前は甲町）11番区通称新地と称する地域に居住する住民により、その福祉のため各般の事業を営むことを目的として結成された任意団体であって、同市甲に属する最下部の行政区画でも、また財産区でもなく、区長、区長代理者（副区長）、評議員、組長等の役員の選出、役員会及び区民総会の運営（その議決は多数決による）、財産の管理、事業の内容等につき規約を有し、これに基づいて存続・活動しているというのであるから、原審が以上の事実関係のもとにおいて、Xをもって権利能力のない社団としての実体を有するものと認め、これにつき民訴法46条（現29条）の適用を肯定した判断は、上記判例に照らして、正当として是認しうる。」

(ⅲ) **論点**

判旨の前半部で挙げられている法人格のない社団の成立要件は、最判昭和39年10月15日民集18巻8号1671頁において判示された実体法上の権利能力なき社団に関する成立要件を、法人でない社団の当事者能力の判断基準として用いたものであり、当時の民法学説上の通説を採用したものとされています。

すなわち、第1に、団体としての組織をそなえることとは、団体の意思決定や業務執行を行う機関等の存在及びそれらが現実的に機能していることを指すものとされています。第2に、多数決の原理が行われていることとは、意思決定が構成員の意思に配慮して行われていることを指します。第3に、

構成員の変更にもかかわらず団体そのものが存続することとは、団体における構成員の個性が希薄であり、特定の構成員の存在が団体の存続にかかわるようなものでないことを指します。第4に、組織において代表の方法、財産の管理等団体の主要な点が確定していることとは、機関や財産管理等が規約に定められ、それに則って運営されていることを指すものとされています。

これらの要件は、法人でない社団が訴訟において当事者として扱われるためには、ある意味で社団法人と同等といえる存在であることを求めるものであるといえます。

(ⅳ) 学説等の動向

上記昭和39年10月15日判決及びこの昭和42年10月19日判決を受けて、学説は、権利能力なき社団を中心にさらに議論を展開しました。すなわち、かつては、権利能力なき（法人でない）「社団」として当事者能力が認められるためには、一定の目的のための多数人の結合体であってその構成員個人の生活活動から独立した社会活動を営むと認められる程度のものであることを要するとする見解や、人の結合体で、その団体の活動から生じた債務の引当に供しうるように構成員から独立して管理されている独自の財産を有するものであることを要するとする見解が提唱されていました。しかし、最高裁の諸判決を分析し、整理し、①対内的独立性（構成員からの独立性）、②対外的独立性（代表者又は管理人の存在）、③内部組織性（機関や総会等に関する規約の存在）、④財産的独立性（団体固有の財産の存在）の4つの要素を備えることを要するとの見解が通説的地位を占めるに至っています。

もっとも、近時、実体法上の権利能力なき社団に関する議論の影響もあり、④の財産的独立性を必要とするか否かをめぐり、議論が展開しています。

この点について、およそ団体として継続的に活動するためには団体独自の財産が必要であり、財産的独立性を欠く場合は29条にいわゆる法人でない社団又は財団に該当しないとする見解があります。すなわち、この見解は、社団法人を権利能力なき社団に投影する伝統的な考え方にしたがい、上記4つの要件を充たすことが当事者能力を認められるために必須であるとするわけです。その上で、団体の財産管理体制の存在が当然に必要であるとするも

のです。

　これに対して、団体固有の財産の有無が問題となるのは、法人格のない団体が金銭支払い請求訴訟の被告となって敗訴した場合に限られるとして、そうした場合に、上記①から③の要件の充足を判断するための補助的要件となるに過ぎないとする見解も有力に主張されています。この見解は、裁判にかかる諸費用をまかなうための資金をねん出できる組織体制が確立されていれば、継続的に固有の財産を保有していないことが直ちに、当事者として訴訟を追行し、判決の名宛人となることの障害となるほどのものではないとするものです。そして、団体と構成員の関係、代表者等の地位、規約の整備は、財産関係の処理から推し量ることができるとするわけです。

　裁判例には、財産的独立性に言及するものが多いとされますが、そうした中で、最判平成14年6月7日民集56巻5号899頁は、一般論としては、「……民訴法29条にいう「法人でない社団」に当たるというためには、団体としての組織を備え、多数決の原則が行われ、構成員の変更にかかわらず団体そのものが存続し、その組織において代表の方法、総会の運営、財産の管理その他団体としての主要な点が確定していなければならない」として、①から④の要件が29条にいわゆる法人でない団体であるための要件であるとしながらも、「……財産的側面についていえば、必ずしも固定資産ないし基本的財産を有することは不可欠の要件ではなく、そのような資産を有していなくても、団体として、内部的に運営され、対外的に活動するのに必要な収入を得る仕組みが確保され、かつ、その収支を管理する体制が備わっているなど、他の諸事情と併せ、総合的に観察して、同条にいう「法人でない社団」として当事者能力が認められる場合があるというべきである」として、独立の要件ではなく、他の要件の補助的な資料にとどまるものとしています。

（v）小括

　こうした裁判例や学説の動向にかんがみ、当事者能力の判断要素として財産的独立性を掲げることの要否に関して検討するに、団体が構成員から独立して活動し続けるためには、固有の活動資金源となり得る団体独自の財産というものが必要であるとの指摘は正当であるといえるでしょう。すなわち、

原告となれば、弁護士に委任する場合の着手金に始まり、訴状に貼用する印紙代やその他の訴訟費用が必要となりますし、被告となり敗訴した場合には、責任財産もない団体をあえて被告とすることを認めるのは、民事訴訟による紛争解決の実効性に疑問を持たせることにつながりかねません。また、そもそも団体が訴訟を離れて一個の社会的実在として活動するにあたり、何らの活動資金もないということは、あまり考えられません。したがって、活動する団体に財産的な裏付けを求めるということは、実に常識的な理解であると思われます。

　しかしながら、特定の訴訟事件との関係で考えますと、継続的な財産がなくとも、構わないのではないかとも思われるのです。すなわち、訴訟に要する費用等については、最低限、その都度構成員による臨時の出資などでまかなうことのできる仕組みがあれば十分であります。また、団体の中には、一部の消費者団体や環境保護団体のように、ほぼボランティアで運営されているものの、しっかりした組織を備えて継続的に運営されているものもあり、単に固有の団体財産がないというだけで訴訟ができないというのは行き過ぎではないかと思われます。

　団体に必要とされる固有の財産というものは、形式的かつ一律に決められるものではなく、その団体の種類、機関構成、取引規模など様々な要素を勘案して決まるのでしょうが、それを判断するには、団体と構成員との関係や団体の規約等を検討することが必要です。そうすると、財産的独立性というのは、他の３つの要件の補助的な資料という位置付けで考えるのが妥当であると思われます。なお、その文脈においても、法人でない団体が金銭支払請求訴訟の被告となる場合には、当該団体が十分な固有の責任財産を保有していることが必要になります。というのは、原告がそうした財産を持たない法人でない団体に勝訴しても（もちろん、敗訴する可能性もありますが）、判決の実効性に乏しく、結局原告は構成員全員を相手とする訴訟を再度提起せざるを得なくなるため、あえて当事者能力を認めるべきかは疑問が残るからです。

　以上により、民事訴訟法29条にいわゆる「代表者又は管理人の定めあるもの」の意味するところとしては、法人でない団体が、①対内的独立性、②対外的独立性、③内部組織性を備えていることを意味し、財産的独立性がそ

の判断に際しては補助的な資料として位置づけられるべきものと解されます。

そして、この最判昭和42年10月19日が、「……財産管理等の団体としての主要な点」とい述べている点は、その文脈においてとらえるべきであるものと解します。

2. 最判平成6年5月31日民集48巻4号1065頁

法人でない社団を独立した当事者として扱うのであれば、団体とその構成員とは別人格の存在ということになり、法人でない団体にとって、その構成員は言わば第三者的な地位にあたることになります。

この場合、当事者として訴訟追行した法人でない団体の受けた判決の効力が構成員に及ぶかが問題となります。構成員が訴訟外の第三者であるならば、115条1項1号により、判決効は原則として当事者間でのみ効力を生じることから、構成員には及ばないことになります。たとえば、原告となった法人でない団体が敗訴した場合、当該団体の構成員が、あらためて同じ相手方当事者に対してほぼ同一内容の訴訟を提起し勝訴することが、理論上可能であります。また、法人でない団体が被告として敗訴した場合、当該団体の構成員が、自らに判決効が及ばないことを主張して、当該判決に従わないことも考えられます。

もっとも、こうしたことを可能とすることは、紛争の蒸し返しを認めることにつながり、民事訴訟による紛争解決の実効性を損なうことになりかねません。そこで、団体と構成員との関係が希薄であることを前提としながら、法人でない団体に対する判決効を構成員にも及ぼして、統一的かつ一回的な紛争解決を図るべきであります。こうしたことから、115条1項2号による訴訟担当者への判決効の拡張の仕組みを利用することが考えられるわけです。

ところで、法人でない団体には多種多様なものがあると述べましたが、「入会団体」と呼ばれるものが法人でない団体として当事者となることあります。この団体は、民法263条に定める入会権の権利者によって構成された入会地などを管理する団体です。そして、この入会権とは、わが国に近代的

な法制度が導入される以前に、村落等が有していた採石権、草木採集権、水利権、漁業権などの使用収益権を権利義務の体系に組み込んだものです。そのため、個人の権利関係を基調とする民法にあって、多数人に一つの権利が帰属するという例外的な形態のものとなっています。そうしたことから、共有の性質を有する入会権（民法263条）については、「総有」という特殊な共同所有関係、すなわち、持分権も分割請求権もなく、全員でのみ権利行使のできる共同所有関係としてとらえられています。

そして、この入会権者全員で一つの権利を行使するという実体法の構成から、訴訟上の権利行使も同様に全員でのみ行使するべきであるとして、入会権者による訴訟は固有必要的共同訴訟になるものとされてきました（最判昭和41年11月25日民集20巻9号1921頁など）。

もっとも、固有必要的共同訴訟とすることによって、実際上不便が生じることになりました。というのは、出発点ですら多数の入会権者の存在が前提であったところ、その後相続などを通じてさらに入会権者の数が増加し、また、移動の自由により、全員の所在を把握することが困難になったことなどから、入会権者全員の意思確認もできず、提訴を断念せざるを得なくなるという問題が生じました。こうしたことから、入会権者による入会団体に当事者適格を認めて訴訟担当者とする可能性が検討されることとなりました（第26講参照）。

このように、法人でない団体に訴訟担当の仕組みを用いることは、団体の構成員に判決効を及ぼして統一的かつ一回的な紛争解決を実現するという目的、及び、提訴を困難にする事情を回避するという目的で検討に値する問題なのです。

(ⅰ) **事実関係**

A村落の住民は、江戸時代から生活共同体を行っており、そこでは、共同財産の管理収益等の方法についての慣習が形成され、山林・田畑等の土地については入会地として管理収益されてきました。そして、この住民らは、昭和48年に全員の合意により、入会団体であるX組合（原告・被控訴人・上告人）を設立し、財産管理組合規約を制定しました。

本件土地は、大正4年、A村落の当時の戸主全員を共有者として所有権移

転登記がされたものの、そのうちの2人であるBについては、登記簿上数次の相続による持分移転登記がされ、現在はCの所有名義になっています。

そこで、Cの相続人であるY1及びY2（被告・控訴人・被上告人）は、本件土地につき共有持分権を有すると主張して、本件入会地がX組合の構成員全員の総有に属するものではないと争っています。そこで、X組合は、Y1・Y2を被告として、本件土地がX組合の構成員全員の総有に属することの確認を求めて訴えを提起しました。なお、本件提訴に先立ち、X組合の総会において構成員全員一致の議決をもって総有権確認請求訴訟を提起することとされています。

第1審判決（名古屋地判平成元年3月24日民集〔参〕48巻4号1075頁）は、X組合は当事者能力を有する社団に該当し、同組合における構成員全員一致の議決によって本件提訴に同意がされているところ、このような場合にまで構成員全員が原告となる必要はないとし、X組合の原告適格を肯定して、請求を認容しました。これに対して、控訴審判決（名古屋高判平成3年7月18日前掲民集〔参〕1095頁）は、一定の村落住民に総有的に帰属する入会権の確認を対外的に非権利者に対して求める総有権確認請求訴訟は、権利者全員が共同してのみ提起しうる固有必要的共同訴訟であり、権利者全員が共同して提起しない限り原告適格を欠く不適法なものであるから、X組合は本件総有権確認請求訴訟の原告適格を有しないとして、原判決を取り消し、訴えを却下しました。そこで、X組合が上告しました。

(ⅱ) **判旨**

破棄差戻し。

「入会権は権利者である一定の村落住民の総有に属するものであるが（最高裁昭和34年（オ）第650号同41年11月25日第二小法廷判決民集20巻9号1921頁）、村落住民が入会団体を形成し、それが権利能力のない社団に当たる場合には、当該入会団体は、構成員全員の総有に属する不動産につき、これを争う者を被告とする総有権確認請求訴訟を追行する原告適格を有するものと解するのが相当である。けだし、訴訟における当事者適格は、特定の訴訟物について、誰が当事者として訴訟を追行し、また、誰に対して本案判決をするのが紛争の解決のために必要で有意義であるかという観点から決せられるべき

事柄であるところ、入会権は、村落住民各自が共有におけるような持分権を有するものではなく、村落において形成されてきた慣習等の規律に服する団体的色彩の濃い共同所有の権利形態であることに鑑み、入会権の帰属する村落住民が権利能力のない社団である入会団体を形成している場合には、当該入会団体が当事者として入会権の帰属に関する訴訟を追行し、本案判決を受けることを認めるのが、このような紛争を複雑化、長期化させることなく解決するために適切であるからである。

……そして、権利能力のない社団である入会団体の代表者が構成員全員の総有に属する不動産について総有権確認請求訴訟を原告の代表者として追行するには、当該入会団体の規約等において当該不動産を処分するのに必要とされる総会の議決等の手続による授権を要するものと解するのが相当である。けだし、右の総有権確認請求訴訟についてされた確定判決の効力は構成員全員に対して及ぶものであり、入会団体が敗訴した場合には構成員全員の総有権を失わせる処分をしたのと事実上同じ結果をもたらすことになる上、入会団体の代表者の有する代表権の範囲は、団体ごとに異なり、当然に一切の裁判上又は裁判外の行為に及ぶものとは考えられないからである。」

(iii) **論点**

法人でない団体としての入会団体も、民事訴訟法29条の定める要件を充たせば、当事者能力を認められ、訴訟を追行し、判決の名宛人となることができます。このことはよいとして、事件の訴訟物との関係では、当事者適格が認められるかが問題となりえます。といいますのは、一般に、当事者適格は実体法上の財産管理処分権に基づいて認められるものとされるところ、法人でない団体には財産管理処分権がないため、当事者適格を認められるかが問われるのです。

そして、当事者適格を認められるにしても、それがいったいどのような資格において認められるかも問題となります。というのは、実際には入会団体が入会地を管理しているところから、入会地をめぐる紛争を団体に固有の問題とみて、入会団体に固有の当事者適格を認めるべきか、あくまで構成員の問題を訴訟担当という資格で処理しているとみるべきかが問われるのです。

さらには、法人でない団体は、実際には機関としての代表者等によって活

動することになるところ、このような訴訟における当事者となった法人でない団体と、現実に訴訟追行をする代表者等の関係も問題となりうるのです。
(ⅳ) 学説及び検討
(1) 法人でない団体の当事者適格

　一般に、当事者適格とは、訴訟物たる特定の権利又は法律関係について当事者として訴訟を追行し、請求の当否を判断する本案判決を求めることができる資格を指すものとされます。このような当事者のふるい分けの基準が定められたのは、形式的当事者概念を前提として、当事者能力は訴訟物との関係を問わずに当事者のふるい分けを行うところ、特定の事件の実効的な解決を確保するために、さらに、訴訟物との関係で当事者のふるい分けを行うことが必要となるからです。そして、当事者適格では、訴訟物である特定の権利関係との関係に着目することから、原則として、訴訟物の内容をなす実体法上の権利又は法律関係の存否に付き、法律上の利害が対立している者に認められるものとされます。

　こうした理解の下、権利能力の認められない法人でない団体については、厳密には訴訟物たる権利関係について法律上の利害が対立しているとはいえないものとして、当事者適格を認めるべきではないとの理解も成り立ちえます。もっとも、この見解では、法人格のない団体は当事者能力を認められても、当事者適格を認められず不適法となる可能性があります。

　これに対して、当事者適格も当事者能力と同じく、訴訟において当事者としてふさわしいものを選別する基準であるという観点を前提とし、提訴の困難を回避し、訴訟による紛争解決の実効性を確保するという手続法的な側面からも当事者適格を肯定する見解もあります。

　たしかに、多くの民事紛争では、特定の訴訟物である権利関係との関連において、実体法上の管理処分権を有する者を当事者として訴訟を追行させることが必要で有意義であることが多いのが実情でしょう。しかし、これは、管理処分権の帰属のあり方が権利・義務をめぐる法律関係に関する紛争の処理において問題となることが多いから、そうした場合には、それが当事者適格の判断要素として考慮されているに過ぎません。むしろ、当事者適格は、本来、訴訟当事者としてふさわしい者を選別することで無益な訴訟を排除す

るためのものであります。そのためには、実体法上の管理処分権の帰属のみに拘泥するべきではありません。特定の訴訟物について、誰が訴訟を追行し、誰に対して本案判決をすれば、紛争の解決にとって必要かつ有意義であるか、という訴訟法的な観点から判断されるべきものなのです。したがって、法人でない団体については、訴訟物たる実体法上の権利関係の帰属者となるわけではありませんが、当該訴訟に関して当事者適格を認めうるものと解されます。

　なお、一口に法人でない団体といっても、厳密には、設立前の会社のような存在と、本件のような入会団体が現代的な社団に変容した存在とでは、権利義務の帰属形態が異なる点に注意する必要があります。すなわち、設立前の会社のような権利能力なき社団については、まさに、団体に権利能力がなく、権利義務の帰属点としてその構成員を検討の対象とする必要があります。これに対して、入会団体が現代的な社団として変容したものについては、法人ではない団体である入会団体そのものに、入会権ないしは所有権が認められ、そうした団体固有の管理処分権に基づいて当事者適格が認められることになる点です。こうした説明に対しては、入会団体には法人格がないにもかかわらず、権利義務の帰属を認めるというのは論理矛盾ではないかとの指摘があろうかと思います。しかしながら、そうした指摘は入会団体についての検討が十分でないといわざるをえません。必ずしも「法人格がないこと」イコール「権利能力がないこと」ではないのです。古積健三郎教授によれば、そもそも、入会権という制度は、入会権者によって構成された法人格のない集団に対して共同所有関係を認めるものであって、それ自体、法人法定主義の例外をなすものなのです。そして、古典的な実在的総合人としての入会集団が、現代的な社団へと変容するに際しては、構成員である各入会権者から、入会団体へとその入会権ないし所有権が承継され、入会団体そのものが入会権者となるものと解されるのです。そこで、現代的な社団としての入会団体を権利能力なき社団であることを前提として議論することは誤りであるといわざるをえないのです。

　本件の入会団体については、組合を結成し、規約を定め、総会における議決でもって意思決定を行うなど、現代的な社団としての実質を持つものと認

めることができます。したがいまして、本件の入会団体に関しては、当該団体に帰属する入会地の管理処分権に基づいて、団体固有の当事者適格を認められるものと解するべきであります。この文脈では、本件判決が、入会団体に当事者適格を認めたという結論部分のみは正当であります。しかし、古典的な入会団体を念頭において論理構成をしている点については、団体の実質についての検討が不十分であるものかと思われます。

(2) 法人でない団体に認められる当事者適格の内容

　権利能力なき社団のような法人でない団体一般に当事者適格を認める場合、それは当該団体に固有の当事者適格であるとする見解があります。この見解は、民事訴訟法29条が法人でない団体に当事者能力を認める趣旨は、一個の社会的実在として活動する当該団体に固有の紛争があるからであるとし、それ故に当事者適格も団体に固有のものとして認めるべきであるとします。当事者能力と当事者適格の連続性に着目した見解であるといえます。

　たしかに、団体としての活動に関連して生じた紛争について、団体として当事者能力だけではなく当事者適格まで認める方が首尾一貫しているものとも思えます。また、実質的には団体として紛争に関与しているわけですから、団体に固有の当事者適格を認めるのが筋が通っているとも思われます。しかしながら、当事者適格の判断においては、上述のように、「誰が当事者として訴訟追行するか」という問題に加えて、「誰に対して本案判決をするか」という問題も検討する必要があります。そして、本案判決の問題を考える上では、判決の名宛人に権利義務が帰属するかという問題を抜きにするわけにはいきません。権利能力なき社団のように、実体法上の権利の帰属者である構成員に判決の効力を及ぼすことが実効的な紛争解決にとって不可欠な場合には、それができる者に当事者適格を認める必要があるのです。したがって、権利能力なき社団のような法人でない団体に認められる当事者適格とは、構成員を被担当者とする訴訟担当者としての当事者適格であると解します。

　もっとも、本件のような現代的な社団に変容した入会団体については、訴訟担当者としてではなく、入会権者そのものである団体に固有の当事者適格を認めたものと解するべきです。

そのうえで、さらに、訴訟担当者として当事者適格が認められる場合の訴訟担当の性質が法定訴訟担当なのか任意的訴訟担当なのかということも問題となります。この点については、構成員の有する財産管理処分権を権利能力なき社団に行使させる一般的な法の定めがない以上、任意的訴訟担当と構成するべきであると解します。なぜならば、権利能力なき社団の構成員が当該社団を結成する目的には、通常、構成員全員に関する諸問題を一元的に処理する趣旨が含まれており、そうした問題には当然に訴訟による紛争解決も含まれると考えられるからです。そこで、社団の結成という合同行為としての意思表示には、抽象的ではありますが、訴訟追行権の授権も含まれているものと解することができるのです。したがいまして、権利能力なき社団のような法人でない団体は、原則として、任意的訴訟担当者として、当該社団の構成員から授権を受けて訴訟を追行しているものと解します。

(3) 団体代表者の訴訟上の代表権

　なお、法人でない団体が実際に訴訟追行する場合には、代表者等の機関を通じて行うことになります。その際、当該機関の権限の範囲は団体によって多様であるため、改めて訴訟追行権の授権が必要となります。この点、この授権をもって代表者に当事者適格を認めることに対する制限とみる見解もあります。しかしながら、当事者適格は法人でない団体そのものに認められており、授権によってさらに代表者に当事者適格が認められるものではありません。したがって、これは、代表者の権限に対する制限とみるべきでしょう。

　また、この授権のあり方についても争いがあり、訴訟に敗訴すれば権利を失うという不利益を被ることに鑑みれば、全員一致で授権するべきであるとする見解もあります。しかしながら、団体における意思決定は、一般に団体の規約に基づいて行われ、多くの場合、団体法理に基づく多数決などの方法によっていることにかんがみれば、全員一致でなければならないわけではないでしょう。仮に、全員一致で団体を結成したとしても、当該団体に実質的に管理処分権の行使を委ねたのであれば、団体内部の意思決定は必ずしも全員一致によらなければならないわけではないものと思われます。したがって、団体内部の財産処分等に関する規約にしたがって、授権を行うべきもの

と解されます。

　以上にかんがみ、本件判旨は正当であると思われます。

3．最判平成 26 年 2 月 27 日民集 68 巻 2 号 192 頁

　法人でない団体が、事実上不動産を保有する場合、第三者との関係で登記を必要とすることが考えられます。もっとも、不動産登記の実務では、上述のように、法人でない団体名義での登記を認めておりません。その理由としましては、登記申請者の資格を明らかにするため、印鑑証明が用いられるところ、法人でない団体名義の印鑑登録が認められていないことから、結果として申請者資格を公証するものがないということになり、認められないわけです。そこで、法人でない団体名義の登記はもちろんのこと、団体の代表者という肩書を付しての登記も認められておりません（民事局長回答昭和 22 年 2 月 18 日民甲 141 号、最判昭和 47 年 6 月 2 日民集 26 巻 5 号 957 頁）。

　したがって、法人でない団体が事実上保有する不動産の登記は、当該団体の構成員全員の名義で行う（最判昭和 32 年 11 月 14 日民集 11 巻 12 号 1943 頁）か、又は、団体の構成員の内のある者（入会団体の長など）が、他の構成員全員からの委任を受けるかたちで当該構成員名義で行う（民事局長回答昭和 41 年 4 月 18 日民甲 1126 号参照）かのいずれかの方法によるべきことになっています。もっとも実際には、手続上の負担や構成員に変動があることを予定して後者の方法によることが多いようです。

　このように、法人でない団体の保有する不動産であるはずにもかかわらず、当該不動産の登記が形式的には当該団体の構成員の所有名義となっている場合に、いかなる手続を踏むべきかが問題となるわけです。

（ⅰ）事実関係

　X（原告・控訴人・被上告人）は、江戸時代の町火消しに遡る沿革を持つ M 市の消防団の分団で、本件土地を売買によって取得し、その土地上に本件建物を建てて消防団詰所として利用してきました。しかし、隣接地へと移転することになり、本件建物及び本件土地を市に寄付することとなりました。ところが、X には法人格がなかったため、本件建物及び本件土地の登記は、以前から消防団の構成員数人の共有名義とされ、本件訴訟の当時は、X の代表

者Aと他の構成員を相続した訴外Bの子であるY（被告・被控訴人・上告人）との共有名義となっていました。そこで、寄付の前提として各登記名義をAに集中させるため、Xは、自ら権利能力のない社団であると主張し、本件建物及び本件土地の所有権に基づき、本件建物及び本件土地の共有名義を有するYに対し、主位的には委任の終了を原因とし、予備的には時効取得を原因として、A個人名義への移転登記手続を求める訴えを提起しました。

　第1審裁判所は、本件建物については委任の終了を原因とする持分移転登記手続請求を認容しましたが、本件土地の持分については請求を棄却しました。この判決に対し、Xは控訴しましたが、Yは不服を申し立てなかったので、控訴審は本件土地の持分のみを審理の対象とし、「X代表者Aに対し」本件土地の持分の移転登記手続をYに命ずる判決をしました。

　この判決に対してYが上告受理を申し立て、Xには登記手続請求訴訟における原告適格がない旨を主張しました。最高裁は当該申立てを受理しました。

(ⅱ) **判旨**

　上告棄却

　「……訴訟における当事者適格は、特定の訴訟物について、誰が当事者として訴訟を追行し、また、誰に対して本案判決をするのが紛争の解決のために必要で有意義であるかという観点から決せられるべき事柄である。そして、実体的には権利能力のない社団の構成員全員に総有的に帰属する不動産については、実質的には当該社団が有しているとみるのが事の実態に即していることに鑑みると、当該社団が当事者として当該不動産の登記に関する訴訟を追行し、本案判決を受けることを認めるのが、簡明であり、かつ、関係者の意識にも合致していると考えられる。また、権利能力のない社団の構成員全員に総有的に帰属する不動産については、当該社団の代表者が自己の個人名義に所有権移転登記手続をすることを求める訴訟を提起することが認められているが（最高裁昭和45年（オ）第232号同47年6月2日第二小法廷判決・民集26巻5号957頁参照）、このような訴訟が許容されるからといって、当該社団自身が原告となって訴訟を追行することを認める実益がないとはいえない。

　そうすると、権利能力のない社団は、構成員全員に総有的に帰属する不動

産について、その所有権の登記名義人に対し、当該社団の代表者の個人名義に所有権移転登記手続をすることを求める訴訟の原告適格を有すると解するのが相当である。そして、その訴訟の判決の効力は、構成員全員に及ぶものと解されるから、当該判決の確定後、上記代表者が、当該判決により自己の個人名義への所有権移転登記の申請をすることができることは明らかである。なお、この申請に当たって上記代表者が執行文の付与を受ける必要はないというべきである。

……原判決の主文においては、『X代表者A』への持分移転登記手続が命じられているが、権利能力のない社団の代表者である旨の肩書を付した代表者個人名義の登記をすることは許されないから（前掲最高裁昭和47年6月2日第二小法廷判決参照）、上記の主文は、Aの個人名義に持分移転登記手続をすることを命ずる趣旨のものと解すべきであって、『X代表者』という記載をもって原判決に違法があるということはできない。」

(ⅲ) 論点

権利能力のない団体が事実上保有する不動産の登記が、当該団体の代表者等第三者の名義となっている場合、当該団体の規約に基づき代表者が交代することになったとき、当該登記名義の変更が必要となります。そうした場合に、誰が登記請求権を行使するのかが問題となりえます。すなわち、権利能力のない団体には当然に登記請求権は帰属しないことを前提とし、事実上の名義人が登記請求権を行使するのか、それとも、実質的な権利者である団体が登記請求権を行使するのかを検討する必要があります。

また、たとえば、所有権移転登記手続を求める場合には、登記義務者との共同申請が必要となります。その際、登記義務者がこれに応じない場合には登記請求訴訟を提起し、請求認容の確定判決を取得して、さらに必要とあれば、強制執行を申し立てることになります。この強制執行の手続についても、上述の登記請求権行使の主体をどう考えるかという問題との関係で、申立人の法的立場や執行文付与の要否が問題となります。

(ⅳ) 学説等及び検討

(1) 登記請求権行使の主体

上述の通り、法人格でない団体については、一般に権利能力がないため登

記請求権が帰属しません。また、所有権登記も団体の所有を前提とするような登記が認められないため、多くの場合、構成員等の個人名義の登記をすることになります。そこで、法人でない団体が代表者名義で所有権登記をしていたところ、代表者の交代があった場合には、登記名義人となるべき者が個人の資格で登記請求権を行使し、自己への登記名義の変更を求めるべきであるとされてきました（最判昭和47年6月2日民集26巻5号957頁など）。したがって、法人でない団体の事実上の保有にかかる不動産についての登記請求訴訟の原告適格は、個人である登記名義人にのみ認められるとされてきました。

しかしながら、たとえば、前任者の死亡に伴う代表者の交代があったような場合、前任者につき相続による移転登記を行ってもらった上で、あらためて、当該相続人に代表者交代による移転登記をしてもらわなければならないとすることはいかにも迂遠でありますし、協力が得られない場合には不実の登記を放置することになるような問題が生じます。むしろ、法人でない団体に、新しい代表者名義への登記の変更を求めることを認める方が、直截的で簡明であります。したがいまして、登記名義人個人だけではなく、法人でない団体自身も移転登記手続を求めることができるものと解するべきなのです。

もっとも、問題となるのは、法人でなく権利能力もない、したがって、登記請求権の帰属主体となれない団体がいかにして登記請求権を行使するのかという点であります。この点につきましては、登記すべき不動産が実質的には法人の所有に属することを理由として、当該訴訟限りで団体に固有の登記請求権を認める見解もあります。たしかに、それが不動産所有の実態及び当事者の意識にも合致するものといえるでしょう。しかしながら、このような理解はやはり実体法の規律との関係で問題があるといわざるをえません。

そこで、ここでも上述の訴訟担当という構成を用いて説明することが考えられます。すなわち、法人でない団体がその構成員に総有的に帰属する登記請求権行使につき、訴訟担当者として訴訟上行使しているものと構成するのです。こうした理解によれば、実体法上の権利の帰属主体と訴訟当事者とが異なったとしても、何ら問題はありません。そして、登記請求権を行使して不動産の登記名義を正しい状態に維持することも、当該不動産の通常の管理

処分権行使に含まれるものと思われますので、この場合の訴訟担当も任意的訴訟担当であると解されます。

本件判旨も、当事者適格の観点では、法人でない団体による移転登記手続請求訴訟を適法としており、訴訟担当の構成でもってこの問題を処理しようとしたものと思われます。その文脈において判旨は正当であります。

(2) 強制執行手続のあり方

このように、法人でない団体に登記請求訴訟の原告適格を認め、請求認容判決がなされた場合、当該団体が判決の名宛人となります。そして、当該判決が確定し、それを債務名義として強制執行を申し立てる場合、登記申請者となるべき申立人は構成員等の個人であることから、債務名義に記載された債権者と強制執行の申立人が異なることになります。そこで、こうした場合の強制執行手続のあり方が問題となります。

この点につき、民事執行法23条3項を拡張解釈し、登記名義人を請求の目的物の所持者として承継執行文の付与を受けるべきであるとする見解があります。また、民事執行法23条1項2号により、訴訟担当者として承継執行文の付与を受けるべきであるとする見解もあります。

これらの内、前者につきましては、法人でない団体を実質的な所有者と位置づけることを含意しているものです。そして、上述のようにこのように解するのが実態に合致しているのかも知れません。しかし、法人でない団体による訴訟上の登記請求権行使を訴訟担当によるものと構成する私見からは、訴訟担当者として債務名義を取得したものととらえるべきであると思われます。

その上で、執行文の付与につきましては、これを受ける必要がないものと思われます。といいますのは、登記請求権の強制執行のように意思表示を求める請求権につきましては、判決の確定をもって、当該意思表示が行われたものとみなされます（民事執行法174条1項本文）。そこで、判決裁判所の裁判所書記官が直ちに職権で判決主文通りの登記手続の嘱託を行うことになります。そのため、この場合は原則として、いわゆる狭義の強制執行、すなわち、現実の強制執行は行われません。こうした手続に際して、判決手続を通じて法人でない団体と登記名義人となるべき者との訴訟担当という関係は裁

判所に明白であります。また、115条1項2号により法人でない団体の受けた判決の効力が、被担当者である当該団体の構成員に及ぶことも明らかです。そこで、個人である当該団体の構成員が、その属する法人でない団体が当事者として受けた確定判決をもって自己名義の所有権移転登記を申請している関係が明らかなのです。したがって、あえて承継執行文を取得させる過程において、この関係を調査する必要性はないのです。

　以上によりまして、法人でない団体は、自らを当事者とする登記請求訴訟の確定判決をもって登記請求権の強制執行を申し立てることができるものと解されます。そして、本件判旨もこの旨を述べたものと解され、正当であります。

Ⅲ．結論

　法人でない団体は、対内的独立性、対外的独立性、内部組織性の3つの要件を充たすときに、民事訴訟法29条にいわゆる「法人でない社団」で「代表者又は管理人の定めあるもの」として当事者能力を認められるものと解されます。その際、団体固有の財産の存在は、上記要件の判断資料となります。

　また、法人でない団体は、現代的な社団に変容した入会団体を除いて権利帰属主体である構成員の訴訟担当者として、当事者適格が認められます。もっとも、訴訟担当者である団体の代表者が現実に訴訟追行するには、団体の規約等による授権が必要であると解されます。

　さらに、当事者能力を認められた法人でない団体は、登記請求訴訟の当事者となることができ、かつ、請求認容の確定判決を債務名義として強制執行を申し立てることもできると解されます。その場合、承継執行文の付与を受ける必要はないものと解されます。

【参考文献】
①判例評釈
田中豊・最判解民平成6年度394頁
堀野出・平成26年度重判解129頁

山本和彦・百選〔5 版〕26 頁
②論説
坂田宏「当事者能力に関する一考察」東北法学 68 巻 1 号 1 頁
髙田裕成「民法上の組合の当事者能力」福永古稀 1 頁
山本弘「権利能力なき社団の当事者能力と当事者適格」新堂古稀上 864 頁
③体系書
伊藤・122-128、188-197 頁
小林・105-108 頁
新堂・146-148 頁
高橋・重点講義〔上〕172-190 頁
中野ほか編・102-112 頁〔本間靖規〕
松本・上野・248-253 頁〔松本博之〕
④コンメンタール
秋山ほか編・Ⅰ〔第 2 版〕300 頁以下
条解二版・170 頁以下〔新堂幸司＝高橋宏志＝髙田裕成〕
注釈民訴（1）429 頁〔高見進〕

第2講　訴訟上の代表権と表見法理

第2回の講義でありますが、材料として最判昭和45年12月15日をとりあげます。すなわち、判例百選第5版18番「代表権と表見法理」です。この問題を取り上げます。かなり難しい問題であります。これにつきましては、酒井博行准教授による解説があります。
　最初に基礎知識ないしは前提知識について、これから解説をいたします。

Ⅰ．前提知識

1．法人に対する訴え提起

　まず会社を訴えるときどうするのか。また会社が原告となって訴える時にどうするのか、こういうことにつきまして一般的な説明をします。
　ご承知のように、法人というものは、その代表者によって行動するものであります。一般に株式会社の代表取締役は、その会社の業務執行権を一手に収めているわけであります。また、対外的にも代表権の行使というものを独占的につかんでいるわけであります。訴訟というのもこの法人の一種の業務執行であるわけであります。それはまた、対外的な代表行為ということができるわけであります。結論として法人は、その代表者によって行動する、社内においても、社外においてもしかりであります。
　さて、では法人が訴えを提起しようとする場合にどうするかということが、次の問題となります。我々の民事訴訟法の基礎知識を確かめる意味で、条文をあたってまいります。
　最初に民事訴訟法の133条2項であります。訴えを起こすためには、この133条に定めるひな型に則って訴状を作成しなければなりません。133条2項の条文をみていただきますと、訴状の記載事項として訴状には当事者を書

けとあります。

会社が訴える場合、その原告は会社であります。これに対し、原告が会社を訴える場合、被告が会社であります。条文には、訴状には当事者、法定代理人並びに請求の趣旨及び原因を記載することを要する旨が書いてあるわけであります。当事者を書くと、次に法定代理人を書きます。これについては皆さんは親権者を頭の中に思い浮かべると思います。

2. 法人の代表者と法定代理

ところで、民事訴訟法では会社の代表者というのは、法定代理人の一種と考えられているわけであります。133条2項の法定代理人というものをみるときに、併せて民事訴訟法の37条をみていただきたいのであります。37条の規定によりますと、法人等の団体の代表者の地位などと見出しが書いてありますが、この法律中法定代理及び法定代理人に関する規定は、法人の代表者・・・についてこれを準用する。こういう定めが37条にあるわけであります。

さて、話をもとに戻しまして、会社が訴えるとき、あるいは会社を訴えるというときには、133条2項にしたがい訴状の中に会社名を書く、そして会社を他の会社から区別するためには、会社の名前だけでは正確ではありません。したがいまして、その本店所在地を書くわけであります。これによって原告もしくは被告の会社を他の一切の会社から識別することが可能となります。このように会社の名前を書き、そしてその代表者を法定代理人と同じように、そこに書くわけであります。こうして、初めて訴状が出来上がるわけでありますけれども、なお、会社やその代表者を書きましても、それだけでは真実そこに書かれた人が、代表権者であるかどうかを明らかにすることができないという問題が残ります。

3. 代表権の書面証明の原則

民事訴訟規則は、訴状に書かれた人が真に代表者であるということを立証させるために、特別な規定を設けております。

それは民事訴訟規則の15条であります。15条本文をみていただきます

と、次のように書いてあります。法定代理権または訴訟行為をするのに必要な授権は、書面で証明しなければならない、こういうふうに定めてあります。

　そこで、会社を訴える、また会社が訴えるときには、まず訴状を作り、会社の名前を書き、そしてその人が真に代表者であることを証明するために、法務局から資格証明という証明書を取得するわけです。それは、その人がその会社の代表者であるということが書かれている証明文書となりますので、訴状に添付いたします。会社が訴訟当事者の時には、これは不可欠であります。原告が会社で、被告も会社というときには、原告は自分の会社と相手側の会社の両方の代表者の資格証明を取って、それを自分の作った訴状に添付して裁判所に提出することになります。以上の手続が、会社が原告または被告となる場合の訴訟の進め方であります。

4. 登記簿上の代表者と真の代表者の不一致

　さて、前提知識の第二点として、次のようなことを説明しておきます。すなわち、登記簿上の代表者と真の代表者の不一致という現象がしばしば起こるということであります。これはどういう場合に起こるかといいますと、代表者が退任して、新代表者が選任されたにもかかわらず、代表者変更登記申請を怠る場合であります。社長が辞めて次の社長を選んだ、それなのに登記所にはそれを届けない、こういうふうになりますと、実体法上の代表者と登記上書かれている代表者が一致しないという現象が起こります。この代表者は株式会社におきましては登記事項であります。それなのにそれを放置する例が時折生じるわけであります。

　そうすると、たとえば、個人Xが被告Y会社を訴えようとする場合に、登記所から資格証明を取って、それを訴状に添付して訴えを提起するけれども、それは役に立たない、こういう現象が発生するわけであります。

　そこで、その訴状はどうなるかということです。登記上の代表者がAという人であると、Aに送達されます。

　こういうふうなことになると思います。多くの場合そうなります。もはやお辞めになって会社にはいないという場合には、その私宅の方に送達されま

す。こういう状況がここで発生してくるわけであります。普通は登記面から、Aが代表者であるということがわかれば、Aという人に送って、Aではなく真実はBという人が、既に実体法上の代表権者となってしまっているという場合には、Bが前の社長のAから訴状を受け取って、これを持って法廷に現れることがあります。訴状は間違った人に送られました、したがって、送達は無効かもしれないけれども、自分はAさんから訴状を受け取って、内容はしかと理解しました。Bは自分が正しい代表者でありますから、原告の請求に対しましては、自分がこれから責任をもって防御しますと、こういうふうな態度を口頭弁論期日でとることがあるわけです。

5. 訴状送達の無効

　前提知識の第三点として、次の点を説明しておきます。送達の無効ということはどういうことか、訴訟法上どういう意味をもつのか、代表権のない人に訴状が送られて、これが無効だという理論を仮にとった場合に、我々はそういう問題を検討する前提として、まず訴状の送達の無効ということは、民事訴訟法上どんな意味をもつのかということを検討しておく必要があります。

　最初に申し上げておきたいことは、訴えの提起が有効であること、また訴状の送達が有効であること、これら2つのものは、訴訟要件であるということであります。

　たとえば、会社の代表権のない者が訴えを起こしてしまった。この訴え提起は無効であります。また、会社の代表権のない者に訴状を送達してしまったとします。私の見解では、この訴状の送達も無効であります。

　いずれにしても、原告側については訴えの提起が有効であること、いい換えれば、真の会社代表者が訴えを提起していること、被告側については、真の代表者が訴状を受け取っていることが必要です。送達が無効ならば、本案について裁判所は審理・判決をする必要性がありません。訴えの提起が無効ならば、やはりそのような事件は、取り上げて中身を調べて本案の判決をしてやる価値のないものであります。こう考えまして、訴訟法の理論としては、訴えの提起の有効性、訴状送達の有効性、2つ合わさらなければ訴訟要

件具備とはならないわけであります。いずれか一方もしくは双方が欠けていれば、いずれにしても、その訴訟は訴訟要件の欠缺によって不適法であります。

そうなりますと、いまAという人が、被告会社の代表者として登記されている。原告Xは、誰が実体法上の代表者かなどということを調べるチャンスもありません。したがって、登記簿に従いまして被告欄には、被告何々株式会社右代表者Aと書いて訴状を作り、それを裁判所を通して相手側に送達してもらうということになるのです。このAが訴状を受け取ったとしましょう。すると、この訴訟は適法なりやという問題となるのです。

送達が無効なら、訴訟は不適法です。本来なら、訴え却下ということであります。原告が訴状を補正して、真の代表者に送達するという作業をしない限りは送達は無効でありますから、訴訟要件が欠けており、訴えを却下する、こういうふうに考えられる筋合いであります。

さて、原告個人であるXといたしましては、そんなことをいわれても困ります。Aさんと法人登記簿に書いてある以上は、その人を被告代表者として書いて訴状を裁判所に提出した、それ以上のことを私に求めるのは不可能を強いるものであるということになります。Aが受け取ったとしても、これは有効としてもらわなければ困ります。こういうふうな立場にXは立つわけであります。そこに問題が発生してくるわけであります。

6. 法人代表者と実体法の規定

この送達無効との関係で、もう1つ重要な条文を申し上げておきますが、それは代表者というものにつきましては、民事訴訟法の28条によりまして、これは実体法によるのだというふうに定められているわけであります。当事者能力、訴訟能力及び訴訟無能力者の法定代理は、この法律に特別の定めある場合を除き、民法その他の法令に従うと定められております。誰が本当の代表者かということは、民法などの実体法によるのだということになるわけであります。ここで最後の前提知識のチェックポイントでありますが、訴訟法上代表者が誰かということは、実体法によるのだと書いてあるのです。そうすると、先ほどの法人代表者の変更届を怠って、前の代表者Aがそのま

ま書かれており、それを信頼というケースにおきましては、実体法における表見法理が、訴状の送達という訴訟行為にも適用があるのか、こういう問題が起こってくるわけであります。

7. 実体法の表見法理

　そこで、表見法理として沢山ございますけれども、四つばかり指摘しておきます。
（ⅰ）　商法の9条1項前段の規定によりますと、登記すべき事項は登記及び公告の後でなければ、これをもって善意の第三者に対抗することができないとあります。いまＸは善意であります。登記にＡが書かれていることしか知りません。被告会社の内部の取締役会の開かれたこと、Ｂを代表者とする決議がなされたことなどについては何も知りません。このときに、この一種の表見法理がはたらくのか、訴訟行為にこの9条1項前段がはたらくのか、こういう問題があります。
（ⅱ）　会社法の354条の表見代表取締役の規定ですが、この規定によれば、社長、副社長、その他会社を代表する権限を有するものと認められる名称を付した場合には、当該取締役がした行為について会社との関係で効力を発生してしまうのです。本当は会社を代表して、法律行為をする権限がないけれども、代表権があるような肩書を使った場合には、この権利外観を取引の安全のために、意味を持たせて、会社との関係で契約等を有効にしてしまおう、こういう規定がこの354条の規定であります。
（ⅲ）　最後は民法109条の表見代理であります。これはある人に代理権を与えたということを表示した。こういう場合に表見代理となるものでありますが、法人登記簿にＡという人が書かれたままになっている。これは一種の表示ではないか、そうだとすると、この109条の表見代理がはたらいて、登記簿に書かれているＡに訴状が送達されれば、訴訟は適法である、本案判決要件は具備している、こういうふうな考え方をしてよろしいのか、こういう問題が発生するわけであります。
　以上があらまし前提となる知識であります。

Ⅱ．代表権と表見法理に関する最判昭和 45 年 12 月 15 日

1. 事実関係

まず事実関係を簡単に説明します。まず、X は Y 会社に対して、売買代金請求訴訟を起こしました。その際に、Y の会社の法人登記簿に代表者は A と書いてあるものですから、訴状に代表者を A と表示して、訴状を作成して Y を訴えたわけであります。

この訴状は Y の本店に宛てて送達されたけれども、A は実体法上、実は退任をしておりまして、本店にはいなかったので、送達は不能となりました。そこで、A の個人宅に、その後送達されたわけであります。送達不能といわれますと、X の代理人弁護士の方は、A の個人宅に送達して欲しいという上申書を裁判所に提出するのが実務であります。本件でも A の個人宅に送達されたわけであります。

やがて、第 1 回口頭弁論期日がやってまいりましたが、この期日には、A と A の訴訟代理人弁護士が出頭しました。そして、そこで次のような弁論を行いました。

A は Y の代表取締役にあらず。本件においては、A を代表取締役として記載してある登記は偽造である、したがって、A に訴状が送られても、本件訴訟は不適法である、訴えを却下すべきである、こういうふうな弁論をしたわけです。

第 1 審判決が下りまして、これは次のような意見でありました。訴えというものは、法人登記簿に代表者として登記されているものを、訴状に代表者として表示して起こせばよろしい、登記が客観的に誤っているのであれば、被告会社が登記を是正して、新しい代表者がそのあとを引き継いで、応訴すれば足りるのだ、こういうふうに第 1 審判決は判示しまして、結論として本件訴訟は適法である、間違っていても法人登記簿に A と書かれていて、A に訴状が届いた以上は訴訟は適法である、したがって、事件の中身について審理した上で、原告の請求を認容する、こういう判決をしました。敗訴した被告 Y 会社は、放っておけば判決が確定して強制執行ということになりま

す。

　本件におきましては、Aは訴状に書かれた通りに、したがって、判決書に書かれた通りに、Y会社代表者Aと書いて控訴状を作成しまして控訴したわけであります。

　第2審判決をみてまいりますと、第2審判決は第1審判決と違って、次のような展開をとりました。Aは代表取締役にあらず。したがって、本件訴えは不適法である、第1審判決は不適法な訴訟について、本案の判決をしているのであるから違法である、こう考えて第1審判決を取消し、送達は無効であるから、訴訟要件が欠けている、したがって、訴えを却下する、こういう判決を下したわけであります。

　Xとしては、売買代金をY会社から取り上げたかったわけであります。しかるに、訴え却下で、中身に入らない。こういう結論に第2審でなってしまったわけです。

　そこで、訴え却下を受けたXは不満であります。上告をしました。どういう理論を展開したかといいますと、法人登記簿の記載が間違っていようと、いなかろうと、とにかくY株式会社の法人登記には、代表者Aと書かれているのであるから、民法109条の表見代理の法理がはたらいて、送達は有効のはずである、また商法354条の表見代表取締役の規定に従っても、訴状の送達は有効なはずである、民事訴訟法28条によれば、代表者が誰かということは実体法によると書いてある、実体法の中には表見法理を定めた規定も含まれる、こういう論拠で上告をしたわけであります。

Ⅲ．代表権と表見法理に関する最高裁の判決

1．本件判旨

　「民法109条および商法262条（現会社法354条）の規定は、いずれも取引の相手方を保護し、取引の安全を図るために設けられた規定であるから、取引行為と異なる訴訟手続において会社を代表する権限を有する者を定めるにあたつては適用されないものと解するを相当とする。この理は，同様に取引の相手方保護を図つた規定である商法42条1項（現24条1項本文。なお、現行

法では裁判外の行為に限定されており、この問題の処理が立法上図られている。）が、その本文において表見支配人のした取引行為について一定の効果を認めながらも、その但書において表見支配人のした訴訟上の行為について右本文の規定の適用を除外していることから考えても明らかである。したがつて、本訴において、Aには被上告会社の代表者としての資格はなく、同人を被告たる被上告会社の代表者として提起された本件訴は不適法である……。」「代表権のない者に宛てた送達をもつてしては、適式な訴状送達の効果を生じないもの」であるから、「裁判所としては、民訴法229条2項（現138条2項）、228条1項（現137条1項）により、上告人に対し訴状の補正を命じ、また、被上告人会社に真正な代表者のない場合には、上告人よりの申立に応じて特別代理人を選任するなどして、正当な権限を有する者に対しあらためて訴状の送達をすることを要するのであつて、上告人において右のような補正手続をとらない場合にはじめて裁判所は上告人の訴を却下すべきものである。」「第一審裁判所をして上告人に対する前記補正命令をさせるべく、本件を第一審裁判所に差し戻すべきものと解する」。

さて、本件の最高裁の判決は、次のように結論を出しました。原判決を破棄する、つまり、訴えを却下した控訴審判決を破棄する、さらに、第1審判決も取り消すと主文で宣言しました。つまり本案判決をしてXを勝訴させた第1審判決を取り消す、そうして事件を第1審に差し戻すと、こういう判決をしたのであります。

この判決の意味は、なかなかわかりにくいと思いますので、結論だけ申し上げて、この結論に至った根拠としての最高裁の本件判決の判旨を、次に説明をいたします。

判旨を簡単に申しますと、表見法理というものは、実体法上の取引における相手方保護の規定であって、訴訟には適用されないというものです。これは、訴訟というのは、取引ではなくして、公権力によって当事者間の実体関係を確定する手続であるからです。

要するに、その性質はまったく異なるものであり、取引における動的安全を保護するための表見法理は、訴訟法には適用がないため、送達は無効という発想になります。こういうふうに述べております。

そして、そのような考え方が、実定法解釈として正しいということを指摘するために、本件判旨は商法旧24条但書を指摘しております。先ほどの権利外観制度の1つの場面でありますが、商法旧24条の表見支配人といえる場合には、同21条で、支配人の本来の権限であるところの営業に関する一切の裁判上または裁判外の行為をなす権限を有するのかと思われますが、実は旧24条には、但し書きがあって、裁判上の行為についてはこの限りにあらずということになるのです。要するに表見支配人に関する規定は、第三者を保護するために設けたのであるけれども、裁判関係には明文をもって適用がないと旧24条但し書きは定めているわけであります。

　そう考えてくると、先ほど指摘しましたような商法9条とか、会社法354条とか、あるいは民法109条とか、このような表見法理に関する実体規定は、訴訟手続には適用がないのだと、こういうふうに解釈すべきである、何も商法24条だけでなしに、似たような立法趣旨で、表見法理を定めている一切の民法・商法の規定は、訴訟手続には適用がないのだと、こういうふうに考えるべきであると、実定法上の根拠を挙げて判示しているのが本件であります。

　そうなってきますと、次に当然のこととして、本件最高裁判決は、送達はAに対して行われていますので無効である、こういう考え方をとっていることになります。送達が無効である以上は、本件訴訟は不適法である。訴訟要件が具備されていない、こうなるわけであります。訴訟要件が具備されていないとみる点では、第2審、控訴審判決が訴え却下をいっておりますので、これと最高裁の立場は同じである、不適法とみる点では同じである、こうなるのであります。原審判決はAという人は代表取締役に非ず、したがって、訴えは不適法で、第1審判決は本案判決をしているから間違いである、訴え却下の判決をするのが正しい、こういうふうに第2審は判示しているわけですから、訴訟を不適法とみる点では、最高裁の判断も、控訴審の判断も同じだということになります。

　しかるに、最高裁は訴え却下をしないで、事件を第1審に差し戻した、これは一体どういうことか、これが次に検討されなければなりません。最高裁は判示から推論すると、第1審および控訴審の手続は全部無効であると考え

ています。

　なぜならば、Aは代表者でないから、したがって、正しい被告代表者に訴状の送達からやり直すのが正しい、訴えを却下して終わりにしてしまうのではなくて、間違ったAという人を代表者として書いてしまった、それならば、それを直させて、たとえば正しい代表者Bに訴状の記載を改めさせて、そして、訴状をBに送って、正しく始めから手続をやり直すべきである、これが最高裁の考え方であります。

　原判決が訴え却下としたのは、したがって誤りであると、こういうことになるわけですが、そこで、検討されなければならない関係条文があります。それは、民事訴訟法の137条の規定であります。これは、裁判長の訴状審査権という規定であります。訴状が133条1項の規定に違背する場合においては、裁判長は相当の期間を定めて、その期間内に欠缺を補正すべきことを命ずることを要する旨を定めています。ここで書いてあります133条というのは、訴状のひな型に関して定められた条文で、先ほど皆さんにみて頂いた条文であります。

　ところが、間違った書き方をしてしまっている場合に、一切のチャンスを原告に与えないというのは酷であります。したがって、裁判長は、その訴状の欠点を指摘して、時間を与えて、その期間内に欠缺を補正しなさいと命令を出すわけであります。これをするチャンスを原告に与えることなしに、控訴審では訴えを却下して終わりにしてしまったわけです。如何にも原告に酷であります。原告はこの訴えを却下するという控訴審の判決が正しいとすれば、その訴訟はそれで終わりと、あらためて売買代金を被告Y会社から取りあげるためには、もう1つ訴状を作って、印紙を貼って、もう一度訴訟を起こさなければならない。二度手間ということになるわけであります。如何にもこれは酷であります。

　さて、本件の事実関係におきましては、Aのところに実際には訴状が送達されたわけだけれども、法的には、これは無効でありました。正しいBという代表者を、原告としては知らなかったわけです。こういうことでありますので、138条の規定がはたらいてくるわけであります。この規定は第1項で、訴状は被告に送達しなければならない、第2項で、前条の規定は訴状の

送達することができない場合について準用する、こう定められております。

Aという人が間違っていたなら、これに対して行われた訴状の送達は無効であります。これは一種の訴状の送達不能な状態とみることができるのです。そうだとすれば、138条の第2項に定められているように、前条すなわち137条に返って、裁判長は訴状の補正をするチャンスを与えなければならない、これが正しい、こういう結論になるわけであります。最高裁判所はこのように考えまして、どうせ訴えを起こしたこのチャンスに、その間違った訴状を直させて、そして第1審からやり直させよう、こういうふうに考えまして、先ほど申し上げたように、原審判決すなわち控訴審判決を取り消し、第1審判決も間違っておりますから、これも取り消して、事件を第1審に差し戻すという方法をとったわけであります。以下、この判旨を前提としまして、私の解説をしたします。

2. 最高裁の判決に対する解説

まず、結論として本件判旨は正当であると思います。以下、問題となる点を数点みてまいります。

(i) 取引の安全と表見法理

最初に取り上げなければならないのは、表見法理の各規定は、いずれも実体法上の行為、とりわけ法律行為における相手方保護、それを通じた取引安全の保護を目的とする規定であって、訴訟手続に、これを適用しようというようなことは、立法者としては全く予定していない規定であります。このことはこれらの表見規定が、実体法の体系の中に組み込まれているという位置関係からも明らかであると思います。

Xは登記簿上の代表者を信じて、被告の代表者をAと記載して、訴えを起こすのでありますから、相手方の保護、すなわちXの保護を考えてもよいのではないか、Xとしては登記以外に相手の代表者の名前を知るチャンスがない、こういうふうな考えも起こりうるわけであります。しかしながら、その場合送達を起点としまして、多数の訴訟行為をAに向けることになるわけで、このような訴訟というものに表見規定の類推適用をしようという場合には、その根拠を実質的に分析をしてみる必要があります。

この場合、通説的にいわれることは、訴訟手続と実体的な取引との性質の根本的違いであります。そして、そういう考え方は、正当であると私は思うわけであります。

　まず、実体法上の表見規定というのは、私人間の法律行為とりわけ、取引において相手方を保護するものである。しかも、人は日常つねに取引行為を無数に行っている。大量であり、日常的であり、動的であります。これは現代社会における私人と私人との密着した生活の中で、取引が無数に展開されていることを前提に相手方の保護を考えるのが、実体法上の表見規定であると特色づけることができます。

（ⅱ）訴訟手続の目的と性質

　これに対して訴訟手続というものは、決して大量に行われるものでもないし、日常的に行われるものでもありません。あるいはまた、時間的にみて瞬時に行われる性質のものでもないのです。それは会社にせよ、個人にせよ、たいていは一生の間に１回か２回、訴訟をやるかやらないかというような性質のものであります。しかも、それは取引のように、私人間で発生する現象ではなくして、裁判所という公権力がはたらく手続であります。公権力が原被告の主張・立証を取り調べて権利関係を確定する、こういう性質のものであります。

　したがって、両者の基本的な性格の違いを考えますと、取引におきましては表見法理によって、動的安全に、より高い価値を与えなければならないのです。これに対して、個人間の権利関係を裁判所という公権力が介入して確定する手続においては、むしろ、静的安全の方がはるかに高い価値を与えられるべきです。誤ったＡという代理人によって、１億円とか、３億円とかの裁判が間違って行われてしまって、被告会社としては、正しく防御するチャンスがない、こういう危険にさらされるような法解釈は避けるべきである、こういうふうに考えられるのであります。

　したがって、法定代理人とか、会社の代理人とか、会社の代表者とか、こういうものにつきましては、民事訴訟法28条が実体法の定めによる、こういうふうに明文で定めておりますけれども、その意味には表見法理、表見規定を除去するということを含めて、解釈をするべきであるというふうに思う

わけであります。

　これが少なくとも最高裁判例であり、多数説であるというふうに、私は思うわけであります。

　以上、訴訟手続と実体法上の取引の性質の違いを中心として説明をしてきましたが、次に民事訴訟法における代表者の取扱いについて説明します。

Ⅳ．訴訟法における代表者の取扱い

1．代表権と上告理由

　これは上告理由と再審理由の中に現れております。まず民事訴訟法の312条2項は絶対的上告理由といわれるものであります。たとえば、相対的な上告理由とされた大正15年民事訴訟法394条は、法令違背がありましても、判決の結論に影響を及ぼすことが、明らかであるという場合に限って、上告理由ありという規定でありましたけれども、現行民事訴訟法の312条2項の方は、ここに定めるような手続上の欠点があれば、それが判決の結論に影響を及ぼしているかどうかと無関係に、それだけでもう直ちに上告は理由がある、つまり、原判決は破棄されるべきである、こういう性質を持っているわけであります、そのような性質を絶対的という言葉で表現をしているわけです。

　312条2項の4号をみますと、法定代理権、訴訟代理権または代理人が訴訟行為をするのに必要な授権を欠いたこととあり、これは絶対的上告理由とされています。したがって、第1審、第2審でAという人が、客観的には被告会社の代表者でないのに訴訟を遂行してしまった、こういう場合には、上告理由となるわけです。原判決は当然に破棄されることになります。この第4号の法定代理の中には、会社代表者を含むことは、先ほど条文でみた通りであります。そうだとすると、Aが間違った代表者である場合には、その判決は間違いであるとして、上告審で破棄されます。これが312条2項4号の考え方であるということが分かります。

2. 代表権と再審事由

　さらに進んで、判決が確定して既判力が発生してしまった。こういう場合には民事訴訟法338条1項3号の再審事由の問題となります。再審というのは、判決が確定して既判力が発生してしまったという場合でも、338条1項に定めるような事実があれば、既判力を排除して、正しい判決をするチャンスを与えようとする規定であります。この第1項3号をみますと、法定代理権の欠缺のあるとき、この場合には再審になるのだ、こう定めているわけです。

　したがって、現行民事訴訟法は登記上の代表者が誤っているときには、その者の行った訴訟の控訴審判決というものは、確定前であれば上告審で破られ、確定後であれば再審で破られる、こういう結論になるのです。ここから民事訴訟法が、真の代表者によって攻撃防御をするチャンスが与えられなければならない、会社そのもののいうなれば裁判を受ける権利というものを保障しなければならない、こういうふうに考えていることがわかるわけであります。

　この考え方を裏から申しますと、Aがやったすべての行為は、全部無効なんだ、送達も無効なんだ、もし反対説のように、表見法理を訴訟手続にも適用して、法人登記簿に間違った代表者が書いてあれば、それに向かってやった行為は有効なんだ、こういうことをいうならば、Aという間違った代表者がやった訴訟の場合に、正しくはBなんだという理由で、上告も認めない、判決確定後は再審も認めない、こうでなければ、反対説の論旨は一貫しないのであります。ところが、反対説の人々は、そうは考えていないようであります。Bが正しいんだという場合には、Aに対する訴訟行為に表見法理が適用される、こうやっておきながら上告理由も立つ、再審も認める、こういうふうなことを述べるようであります。私はここに矛盾があると思うわけであります。

3. 訴訟法における代表者の憲法上の立場
(ⅰ) 反対説は違憲

　次の点にまいりますが、それは憲法から問題を考えてみたいと思うのであ

ります。表見法理を訴訟手続に適用するという人々の考え方は、憲法論上は被告の裁判を受ける権利の侵害を、肯定するという実質をもっているのではないか、こう私は評価するわけです。すなわち会社の代表者が、AからBに変更したのに、変更登記手続を法務局にすることを怠った、ただこの一事で、被告会社の憲法上の権利を剥奪する。こういう解釈はとれないと私は思うわけです。

間違った代表者Aに訴状が送られるも、Y会社は知らないということは、もはや代表者でないAという人が訴状を受け取っただけのことであります。一般に訴状を受け取れば、会社は直ちに社長の命令で法務部の会議を開き、顧問弁護士を呼び、関係証拠を集め、学説を調べ、判例を調べ、検討に入ります。間違った代表者Aに訴状が送られた場合、送達は無効です。会社は知りません。Aはもはや代表者ではないからです。この場合に送達は有効であると反対説（表見代理肯定）はいいます。そしてAが事後、期日に出頭してどんどんと訴訟行為をやっていく、こういうふうなものを会社との関係で有効とみるのが反対説です。根拠は表見法理である、こういう考え方は憲法の考え方に反していると思うのです。

なるほどY会社は、AからBに代表者が代わったのに、代表者の変更登記を怠っております。この点に責任があります。それなのにそういう責任のある被告会社を保護するという発想こそ不公平だと、反対説はいうのであります。私はそこが違うのです。変更届を怠るということは、たしかにいくらかの過料を科して、制裁を加えるに値する怠慢であることは確かです。会社は日々第三者に接し、それと取引をするのですから、代表者が誰かということは登記事項として速やかに変更登記申請をするのが当然のことであります。しかしそれを怠っているからといって、制裁として、数億円の訴訟で負けるということだってありうるような表見法理の適用を認めるのは、飛躍であると私は思うわけであります。せいぜい過料を科する制裁で足り、憲法上の権利を剥奪をするということは、いかにもアンバランスである、反対説は評価に誤りがある、こう私は考えるわけであります。

(ⅱ) **代表権は職権探知事項**

このように、上告理由や再審理由に表れている民事訴訟法の考え方、すな

わち当事者本人は、攻撃、防御のチャンスをちゃんと正しい代理人を通して持たなければならないという考え方、それから、憲法が保障している裁判を受ける権利、これらは軽率に剥奪すべきではない、こういうことを考え合わせると、現在の民事訴訟法において、法人の代表者は誰かということが、職権探知事項であるという通説的な考え方が是認できるのであります。

確かに代表者はAか、Bか、Bの選任決議が有効なのか、無効なのか、あるいはAが本当に辞表を出したのか、その辞表は有効なのか、そういうことを個々的に取り調べていくということは、煩瑣な作業であります。しかし、このことをとって反対説が言うように、訴訟手続においては、画一性、明確性が優先されるべきだという批判に対しまして、とてもそれを受け入れる気持ちにはなれないのであります。これは原告側も含めていえば、訴権の問題であり、応訴権の問題であり、手続保障の問題であり、憲法ベースでは、裁判を受ける権利の保障の問題であるのです。

訴訟法上は代理権のない者がやった場合には、すべての訴訟行為は無効であります。こう考えなければならないので、根本にある代表者は誰かということは、強い公益的な事項であると位置づけるべきであるし、また位置づけられているのが現在の民事訴訟法の通説であります。

必要があれば、時間がかかっても結構である、充分に調べて基礎を固めた上で、その後の審理を展開していくのが正しいとする考え方である、こう思います。

反対説は、登記を信頼した原告Xを保護する方が公平だというわけです。つまり、登記簿通り訴状を作って送達をしたとします。その間違ったAが受け取れば、訴訟は適法だと、この方が公平なんだと、こういいます。

しかし、実際を考えてみましょう。中小企業という株式会社はごまんとあって、作った後、3年も4年も取締役会も、株主総会も開いたこともない、こういうふうなことがしばしばある、登記所から連絡がくる、何だろうとびっくりして司法書士の所に行って、適当に印鑑をそろえて書類を出し解散を免れる、そういうふうなことが行われております。厳密にいえば、株主総会を開かずに、次の役員を選任する、取締役会を開かないで、代表取締役が書面の上で作られてしまう、そして、登記所はそれを通してしまう、全部商法

の理論では無効でありますが、そのようなことがしばしば行われているわけであります。登記というのは、必ずしも皆が大切なものだということで、警戒をして、忠実に商法の規定に従って、変更届をしているとは限らないのであります。そういう場合に、敗訴判決というものを、それに押し付けていくようなことは、やはり避けるべきだろうと思うわけであります。

(ⅲ) 反対説のいう手続の安定性

　反対説は、こういうこともいいます。登記簿の記載を基準に代表者を決めて訴訟を遂行すれば、訴訟手続の画一性、安定性、迅速性に資する、だから、訴訟への表見法理の適用は正しいのだと、訴訟手続にも適用すべきだと。

　こういうのでありますけれども、しかし、表見法理というのは、悪意商法を保護するものではありません。善意商法を保護するものであります。そうなってくると、実は善意・悪意というものを調べなければならないことも出てきます。決して、表見法理を手続に持ち込めば、画一的、迅速に手続の安定性がはかれる、こういう結論には必ずしもならないと思うわけです。

　逆に、表見法理がありましても、第三者が正しい代表者はBであるということを知っていれば、第三者の方からBを代表者として記載して、訴訟を起こすことは、表見法理からみて少しも差し支えないはずであります。そうなってくると、善意・悪意とか、第三者の方からの訴え提起とか、そういうことも入ってまいりますと、登記簿の記載でもって明確画一的に、かつ迅速に処理できると主張する反対説は、必ずしもその主張する通りのメリットはないと私は思うわけであります。

　反対説すなわち表見法理は手続にも適用されるという人々は、こういうこともいいます。原告としては、正しい代表者を調査する方法がない、どうするんだと、不可能を強いるのか、こういうふうなことをいいます。しかし、これは実はそう大きな問題ではありません。なるほど、情報が登記簿の記載以外にありませんので、原告は登記簿に従って訴状を作成し、これを送達してもらう、もし、送達を受けて、被告がこれは間違っている、こういうふうなことになれば、そこで是正のチャンスがあります。原告個人の自力で真の代表者は誰かを調べることができない場合には、職権探知事項でありますか

ら、裁判所は職権を行使することもできます。一般には誤った代表者であるAが法廷に現れて事情をのべるなり、又はそれよりも早く訴状を一応受け取ったAは、原告に連絡をして、私は何年何月何日の取締役会において、代表取締役を辞任いたしました、こういう連絡をすることもあるのです。

いずれにしても、訴訟を起こして、その後、職権探知、あるいは被告側、会社側の反応、そういうふうなものによって訴状を補正して、正しい人に送達をしていく、こういう方法はいくらでもあるわけであります。反対説がいうように、情報がないのに正しい人に対して訴えろといっても無理な注文であるという批判は必ずしもあたっていない、こういうふうに思うわけであります。

【参考文献】
①判例評釈
宇野栄一郎・最判解民昭和45年度〔下〕708頁以下
酒井博行・百選〔5版〕42頁
松本博之・大阪市大法学雑誌18巻3号460頁
②学術論文
佐藤鉄男「法人の代表者」基本問題79頁
竹下守夫「訴訟行為と表見代理」実務民訴（1）169頁
名津井吉裕「訴訟行為」争点149頁
③体系書
伊藤・138-149頁
小林・112-114頁
新堂・180-182頁
高橋・重点講義〔上〕235-237頁
中野ほか編・135-139頁〔坂原正夫〕
松本・上野・111-112頁〔松本博之〕
④コンメンタール
秋山ほか編・Ⅰ369頁以下
条解二版・195頁以下〔新堂幸＝高橋宏志＝高田裕成〕
注釈民訴（1）510頁以下〔高見進〕

第3講　法人の内部紛争における当事者適格

　第3回の講義のテーマは、法人の内部紛争における当事者適格についてであります。材料とするのは、最高裁の2つの判決、すなわち、最判平成7年2月21日民集49巻2号231頁、および、最判昭和44年7月10日民集23巻8号1423頁です。前者は判例百選第5版の14番事件、後者は15番事件であり、それぞれ徳田和幸教授、日比野泰久教授による解説があります。

　本日材料とする2つの判決は、宗教法人の内部紛争において、誰が原告となり、また被告となるかが問題となった事案です。同様の問題は、会社関係訴訟にも当てはまり、このテーマは、長らく株式会社の内部紛争に関する訴訟を中心に活発に議論されてきました。現在では、会社関係訴訟については、会社法（平成17年7月26日法律第86号）など関係法規の整備による立法的な解決が実現していますが、それまでの議論は、未だ明文規定のない宗教法人の内部紛争に関する訴訟を考える上で、なお貴重なものと言うことができます。皆さんにとっても、会社は宗教団体よりも身近な法人でしょうから、前提知識の説明においては、会社の内部紛争に関する訴訟について展開された議論も、積極的に紹介していくつもりです。

Ⅰ．法人の理事者の地位をめぐる紛争

1．法人の内部紛争の概念

　"法人の内部紛争の典型はどのようなものか"という問いに一言で答えるならば、"法人の理事者の地位の所在をめぐる争い"を挙げるのがよいでしょう。法人を代表し事務を管掌する地位にある者ないし機関には、法人の種類に応じて、会社の場合の取締役、宗教法人の場合の責任役員など、様々な呼称がありますが、本日は説明の便宜上、それらの総称として理事者の表現を用いることにします。

例えば、株主総会において、Aさんが取締役に選任されたとします。その株主総会の決議が有効であれば、Aさんの就任承諾を待って、Aさんが取締役の地位に就任します。しかし、「株主総会の決議が不存在である」あるいは「決議は存在したが無効である」という話になった場合には、Aさんが取締役の地位にあるのかどうかをめぐって、会社の内部において紛争が発生します。

宗教法人においては、任命機関が代表役員あるいは責任役員を任命するかたちをとっているので、任命機関による任命行為の効力が問題となります。Bさんを役員に任命した行為が有効であれば、Bさんは、就任承諾の意思表示をすることによって当該役員の地位に就任します。しかし、Bさんが「自分が当該役員の地位に就いた」と主張する一方で、「その任命行為は無効である」という話になってくると、宗教法人内部の役員をめぐる紛争へと発展していくわけです。

2. 訴訟物の決定

法人の理事者が誰かをめぐる紛争においては、訴訟物をどう設定するか、という問題があります。この問題を考えるにあたり、私たちはまず、次のような民事訴訟の基本理論を確認しておく必要があります。それは、"実体法の定める要件事実に法律効果が結合しており、その要件事実が充足されていると主張する者は、その法律効果を訴訟物として構成し、裁判所に訴えを提起する"、というものです。民事訴訟法では、いうなれば、法律効果をそのまま訴訟物に引き込むというかたちがとられているわけです。

しかし、中には、このかたちから外れているものも存在します。その一例が、株主総会決議についての取消しの訴え、無効確認の訴え、あるいは不存在確認の訴えです。民事訴訟の基本理論によれば、"決議が存在すること"および"そこで選任された者が就任を承諾する旨の意思表示をしたこと"が要件事実であり、その法律効果として"その者は取締役の地位にある"、ということになります。つまり、原告が、自分が当該会社の取締役の地位にあることを確認する訴えを提起する、と考えられます。ところが、株主総会決議の効力云々が問題となる場合には、会社法の規定によって、取締役の地位

の確認ではなく、株主総会決議の無効確認や不存在確認の訴えを提起することが認められます。この点が、一般の民事訴訟と異なります。

なお、株式会社の場合にも、「自分の解任決議の方法に瑕疵があった」あるいは「決議の有効・無効に関係なく自分が辞任をしたが、その辞任は無効である」、よって、「自分は依然として取締役の地位にある」というときには、決議の取消し、無効、ないし不存在という訴えのかたちではなく、民事訴訟の本来の姿に戻って、原告が現在も取締役の地位にあることを確認する訴えのかたちをとることも考えられます。しかし、実務的には、取締役の地位にあるかどうかの紛争は、株主総会決議の取消し、無効確認、あるいは不存在確認の訴えというかたちで争われることが非常に多いです。そのような状況にかんがみて、会社法は、830条1項および2項、831条1項1号ないし3号という明文規定を設けるに至ったのです。

株式会社で生じるのと同様の状況は、他の法人においても生じます。ただし、宗教法人の場合には、やや事情が異なります。宗教法人は、一般的な法人と同様の世俗的側面に加え、憲法と関わる宗教的側面も有しているからです。確かに、Bさんがその宗教法人の内部規則に定められた一定の任命機関の決議によって役員に任命された、その決議の無効を、Bさん以外の人が確認する訴えも存在します。しかし、多くの場合は、Bさんが「任命機関が別の人物を役員に任命したがその任命は無効である」とし、訴訟物としては、Bさんが当該宗教法人の役員であることを確認する、というかたちで訴えが提起されています。

3. 判例・通説の立場

さて、ここで、本日の講義全体の理解を容易にするために、一般に、法人の決議や組織上の意思決定行為の存否や効力をめぐる事件が、判例・通説においてどのように取り扱われているのかを、簡単に説明しておきたいと思います。

過去の法律関係には、原告が保護を求める現在の法律関係を直接確認する方が適切であるという理由から、確認の利益は一般的には認められていません。しかし、法人の決議や組織上の意思決定行為については、その存否や有

効性が問題となることが十分に考えられます。この種の行為は、多くの派生的な法律関係の基礎として、現在の法律関係に影響を及ぼしているので、過去の法律行為である決議の存否や有効性の確認によって、多くの支分的な紛争を一挙に解決することが可能になります。また、関係人が多数存在する場合には、相互に統一的な解決を実現することができます。それゆえ、地位の確認でなく、決議の無効確認あるいは不存在確認というかたちをとることも認められているわけです。

　一言に法人といっても様々な種類があり、法人内部の利害関係も多様です。内部紛争をめぐる訴えに関する明文規定の整備状況も、一様ではありません。しかしながら、個別に規定のない場合も、少なくとも確認が紛争の抜本的解決に有効かつ適切である限り、確認の利益がある、とするのが判例・通説の立場です。

Ⅱ．法人内紛争の訴訟における当事者適格

　次に、この種の法人の内部紛争における訴訟の当事者適格者は誰か、すなわち、誰を原告とし被告とするべきか、という問題について、説明します。

　法人の内部紛争における原告適格者・被告適格者が、訴えの類型に応じて明文規定によって定められている場合もあります。たとえば、株主総会決議取消しの訴えにおいては、原告適格者は、現在または設立時の株主、取締役、執行役、および現在の監査役、清算人であり、被告適格者は、当該株式会社です（会社法831条1項、834条17号。なお、会社の組織に関する行為無効の訴えの原告適格者については同法828条2項）。株主総会決議の無効確認および不存在確認の訴えについては、原告適格者を限定する規定はありませんが、被告適格者は、決議取消しの訴えと同じく、当該株式会社であると明記されています（会社法834条16号）。また、一般社団法人や一般財団法人の組織に関する訴えについても、当事者適格を定める規定が存在しています。たとえば、組織に関する行為無効の訴えおよび総会決議取消しの訴えの原告適格に関する、一般社団法人及び一般財団法人に関する法律266条1項および264条2項、また、一般社団法人等の組織に関する各種訴えの被告適格に関する、同

法 269 条は、これに該当します。

1. 全面的利害関係人

ここで、講学上の"全面的利害関係人"という概念を説明しておきます。全面的利害関係人とは、訴訟物について先決問題を通して利害関係を持つのではなく、訴訟物自体について直接的に利害を持つ者をいいます。ある権利の帰属主体や、法規によってある権利の管理権を認められている者には、当該権利の全面的利害関係人として、原告適格が認められます。

これに対して、ある権利の帰属主体が、自己の権利を認めてもらう先決問題として、株主総会の決議の有効性を争う場合には、その者は、当該権利については全面的利害関係人であるけれども、決議そのものについては一面的な利害関係人であるに過ぎません。たとえば、第三者Cさんが株式会社Dに対して、取引に基づいて金銭的な請求をする場合を考えてみます。その取引をしたのは、D会社の取締役であると称するEさんです。原告であるCさんが、D会社に対して、自己の金銭的請求権が成立するという主張を貫徹するためには、自分と取引をしたEさんが、会社の代表権を有する人物であることを立証する必要があります。この場合、選任決議の有効性は、先決問題として問題になります。要するに、Cさんは、会社に対する自己の請求権については、全面的利害関係人ですが、その先決問題としての会社の取締役の選任決議については、一面的な利害関係人に過ぎないのです。

2. 法人の内部紛争と全面的利害関係人

会社法 831 条は、株主総会等の決議取消しの訴えについて規定しています。会社の取締役や株主は、株式会社の管理・運営に関して発言権があり、干渉する実体的な権利があります。このような権利を干渉権と称して、実体的な観念としてこれを措定することが可能です。会社法 831 条柱書きの原告適格者（全面的利害関係人）の規定は、干渉権を背景に置くことによって、理解することができるわけです。

法人の訴訟においては、全面的利害関係人を原告として、まず理論的に究明し範囲づけていく、という作業が重要になってきます。さらに、この種の

訴訟で下された判決には、1対1の個人間の訴訟で下された判決とは異なる効力を持たせる必要があるのではないか、と考えられます。この点、実体法、たとえば会社法は、会社関係訴訟で請求認容判決が確定した場合、当該判決は団体内部の全関係者を拘束する対世効を持つ、としています（会社法838条）。というのも、会社内部で、"Eさんは、Cさんとの関係では取締役であるが、Fさんとの関係では取締役でない"というふうな事態が生じることを、避けなくてはならないからです。

Ⅲ．確認の利益と当事者適格者

続いて、確認の利益と当事者適格者の問題の相互関係についての説明に入ります。この問題に関して、皆さんがはっきりと理解し記憶する必要がある事項は、次の各点です。

1．確認の利益と当事者適格の連動

まず、民事訴訟においては、基本的に、確認の利益と当事者適格は密接不可分に決まります。

密接不可分の連動的な関係とは、次のような意味です。まず一般に、ある法律関係が不明確で、権利者にとって危険な状態になっているとします。それらの不明確さや危険を、確認判決というかたちで除去することが有効かつ適切な場合には、確認の利益があるとされています。このときに、それらの不明確さや危険によって不利益を受ける者が、原告適格者です。そして、それらの不明確さや危険が発生している原因を作った人物が、被告適格者です。つまり、確認の利益というものを考えた場合、その片端には原告適格者がおり、反対側の片端には被告適格者がおり、両者は確認の利益によって結び付けられているのです。確認の利益の分析を通じて、一挙に原告適格者も被告適格者も決まります。

これを簡単な事例、たとえば、"XはYに対して金1,000万円の債権を有していると主張し、Yはそれを否認している"という事例で考えてみましょう。Yの否認という行動は、先ほど述べた権利関係の不明確さや危険を発生

させています。これによって不利益を受ける者は、権利を主張しているX ですから、Xのために確認の利益が肯定されます。また、それらの不明確さや危険を作ったのはYの否認行為ですから、否認しているYが被告適格者ということになります。

2. 確認の利益と訴訟物の連動

確認の利益は、法律関係の不明確さがどの程度であるかの分析によって決まります。

たとえば、賃借権契約の成否が争われている場合、賃借権という権利を訴訟物にして確認の訴えを提起することが可能です。賃借権を主張する者が原告適格者であり、賃借権を否認する者が被告適格者であることは、いうまでもありません。しかし、"原告に賃借権があることについては当事者間に争いがないが、賃料(金額)については争いがある"という場合には、賃料だけが確認の対象になります。同様に"賃料については当事者間に争いがないが、賃料の支払方法または時期については争いがある"という場合には、支払方法または時期だけが確認の対象になります。このように、確認の利益は、双方当事者が争い判断を求めている点についてだけ確認の利益がある、というふうに分析的にみていく必要があります。

3. 既判力と人的相対効

続いて、確認訴訟の既判力の人的範囲(主観的範囲)について説明します。115条1項1号の原則によれば、確定判決の既判力は当事者を拘束し、かつ当事者のみを拘束します。一般的な確認訴訟の確定によって生じる既判力の人的範囲と比較して、法人の理事者が誰かを争う確認訴訟は、どこがどのように異なるのか、ということは、本日のテーマを理解する上で重要です。

4. 要約

説明の締めくくりとして、この後検討する、本日の材料である判決を理解する上で特に留意してほしいポイントをまとめておきます。

まず、法人の内部紛争、とりわけ理事者は誰かをめぐる争いにおける当事

者適格者は誰であるか、という問題です。この点を十分に意識して、これから説明する判決の事実関係を聴いてください。

次に、一般的な確認の訴えの確定判決の既判力と異なり、既判力の及ぶ人的範囲がいわゆる対世的となるのはなぜか、という問題です。会社関係訴訟については、すでに述べたように、多くが会社法によって立法的に解決されています。それに対して、宗教法人の内部紛争については、明文規定がありません。しかし、宗教法人の場合にも、一般信徒など関係者が当事者以外にも多数おり、判決の効果の及ぶ対象を当事者に限定してしまうと、紛争の解決につながらず、法律関係が混乱する危険のあることは、会社関係訴訟の場合と変わりありません。この問題にも、よく意識を向けるようにしてください。

Ⅳ．宗教法人についての基礎知識

以上を前提として、本日の材料である2つの判決の説明に入ります。

事案は、いずれも宗教法人の内部紛争に関するものです。宗教法人も法人であり、株式会社が会社法によって規律されているように、宗教法人法（昭和26年4月3日法律第126号）によって規律されています（民法33条参照）。宗教法人は、多くの皆さんにとって馴染みの薄い法人かと思われますので、最初にその知識を若干補充しておきましょう。

1．包括宗教法人

宗教団体においては、しばしば、Gという寺社、Hという寺社、Jという寺社など多数の寺社が、同一の宗派・宗教団体に属し、その宗派・宗教団体がまとまって包括宗教法人というかたちをとることがあります。この場合、包括宗教法人は、独自の宗教法人規則を持っています。そして、その傘下に入っているG、H、Jの各寺社もまた、それぞれ法人格を有し、寺院規則・規程など独自の宗教法人規則を持っています。両者がこのような関係にあるときには、G寺社やH寺社の住職あるいは神職は、それらの寺社のいわば上位団体である包括宗教法人が任命する、というかたちになっていることが

多いです。本日とり上げる判決の事実関係を見ても、まさにそのかたちがとられています。

2. 住職・神職と理事者との区別

　もう1つ注意するべきことは、寺社における住職・神職と、宗教法人の責任役員や責任役員の代表者である代表役員（宗教法人法18条）とは、法的に性質の異なる存在である、ということです。宗教法人は、一方で宗教業務を行いますが、他方で一般の法人と同様の世俗的側面も有しています。端的にいえば、宗教法人の職員人事、物、それから金銭に関わる業務も行っている、ということです。こういう世俗的側面を底辺とし、その上に宗教業務が乗っかっているわけです。

　住職・神職という職務は、宗教業務を担当する役職であります。すなわち、ある人が住職・神職であるか否かは、宗教上の地位の問題であって、それ自体は裁判所の判決の対象とはなりません。裁判所が宗教の教義等について審判することは許されない——いわゆる民事審判権の限界の問題となります。

　しかし、例えば寺院について実際の寺院規則を見てみると、住職が同時に代表役員や責任役員になる、という形をとっている寺院が多くあります。例えば、本日の材料である判例百選第5版15番事件においても、包括宗教法人がその傘下にある個々の宗教法人たる寺院の住職を任命する権利を持つとされ、傘下の寺院の寺院規則には、住職が合わせて同時に代表役員になる、と定められています。つまり、上位団体である包括宗教法人が、傘下の末寺の住職を任命し、任命された者は、その末寺の寺院規則によって同時に役員となる、という仕組みになっているのです。住職の任命権を上位の包括宗教法人が持っているわけですから、実質的には、個々の寺院の役員を任命する権限は上位団体にある、といっても過言ではありません。

　以上を踏まえて、冒頭で挙げた本日の材料の判決を、判例百選第5版14番事件から順に説明していきます。

V．最判平成 7 年 2 月 21 日

1．事実関係

宗教法人 Y 神社において、Z が宮司に任命されました。宮司に任命されたことにより、Z は自動的に Y の代表役員にも就任し、法務局にその旨の登記がなされました（宗教法人法 52 条 2 項 6 号、53 条参照）。これを受けて、Y の氏子たちである X ら、および町会長の 1 人である A が、Y に対して、Z の代表役員選任手続に瑕疵があったと主張し、Z が代表役員でないことの確認、および、Z の代表役員就任登記の抹消登記手続を求める訴えを提起しました。

代表役員とは、宗教法人の世俗的業務に関する代表権を有する者を指します。したがって、その立場は法律上の地位であり、裁判所が地位の存否を確認することができます。

問題は、自称代表役員 Z に対して、その地位の不存在を確認し、さらに抹消登記手続を求めることのできる者は誰か、そしてその者はどのような基準で決定されるべきか、という点です。

本件の原告側には、当初、3 種類の立場の人々がいました。すなわち、(1) Y とは直接関わりのない町会長、(2) Y と関わりのある X らのうち、代表役員の任免に直接関与している Y の責任役員たちと、責任役員を選考し代表役員の地位にも影響を及ぼしている氏子総代を加えた 11 名、そして、(3) X らのうち、役員任免に影響力を持たない一般の氏子 15 名です。

第 1 審において、(1) に属する A は、Y の役員でも氏子でもない、つまり (2) と (3) に属する X らと違って Y の法律上の構成員でない、という理由から、原告適格がないと判断されました。さらに、最高裁は、Y の法律上の構成員であっても、誰にでも原告適格があるわけではない、との立場を示しました。すなわち、法律上の構成員の中でも、Y という宗教法人の内部における権限、端的に言えば、Y の管理運営にどのような影響力を持つ立場にあるかを勘案して、形式的な法律上の利害関係者を選別し、原告適格があるか否かを判断する、と判示しました。

2. 判旨

一部破棄自判、一部棄却。

「本件訴えは、Xらが、自らの地位ないし権利関係についての確認等を請求するものではなく、ZがYの代表役員の地位にないことの確認及びこれを前提に前記登記の抹消をそれぞれ請求するものであるから、その訴えの利益、また、したがって原告適格を肯定するには、組織上、XらがYの代表役員の任免に関与するなど代表役員の地位に影響を及ぼすべき立場にあるか、又は自らが代表役員によって任免される立場にあるなど代表役員の地位について法律上の利害関係を有していることを要するものというべきである。

……右の通り宗教法人法及び本件神社規則によれば、Yの責任役員は、代表役員の任免に直接関与する立場にあり、また、氏子総代も、総代会の構成員として責任役員を選考し、ひいては代表役員の地位に影響を及ぼすべき立場にあるということができるから、Yの責任役員及び氏子総代は、いずれもYの代表役員の地位の存否の確認等を求める訴えの原告適格を有するというべきである。しかしながら、氏子は、Yの機関ではなく、代表役員の任免に関与する立場にないのみならず、自らが代表役員によって任免される立場にもないなど代表役員の地位について法律上の利害関係を有しているとはいえないから、右確認等を求める訴えの原告適格を有していないというべきである。」

3. 論点

判旨は、理事者（本件においては代表役員）の地位について確認の訴えを提起する者は、組織上、理事者の地位に影響を及ぼすべき立場にあるか、または、自らが理事者の地位について法律上の利害関係を有していなくてはならない、としています。判決理由にいうところの、理事者の地位についての法律上の利害関係としては、単に当該法人の法律上の構成員であるだけでは足りず、より具体的な法律上の利害関係があることを要求しています。そして、そのような利害関係の存否は、理事者の任免への関与や影響力の大きさを基準にして判断されます。

4. 学説の評価

学説や下級審裁判例では、原告適格者の範囲をもっとひろく認めるべきである、との主張がみられます。それは、理事者の地位についての法律上の利害関係の概念を緩やかに考えることによって、実現されます。

最も緩やかに解する見解からは、法人の法律上の構成員であればよい、たとえば宗教法人であれば信者や檀徒にも原告適格がある、と主張されています。この見解によれば、理事者の任免に関する団体法上の権利を有しない構成員も、事実上、自分の直接的な権利義務や法律関係とは関わりなく、他人間の法律関係を争うことができることになります。

一方で、構成員に無条件で原告適格を認めることはせず、法人の構成員性の判断を実質的に行い、実質的利害関係者にのみ原告適格を認めるべきである、という見解もあります。この見解に言う"実質的利害関係者"とは、たとえば前理事者のような、現在でこそ法人の意思決定に直接関与していないけれども、これまでに長年関与し続け、財政的にも一時的ではなく当該法人を支え、その維持運営に携わってきた者を指します。

VI. 最判昭和 44 年 7 月 10 日

1. 事実関係

Xは、包括宗教法人 Y_1 の傘下にある A 寺の住職であり、それと同時に、住職を代表役員・責任役員に充てるという A 寺の寺院規則に従い、同寺の理事者でもありました。この X が、上位団体である Y_1 に対して辞任の意思表示をしたため、Y_1 は、後任の住職として Y_2 を任命し、Y_2 は寺院規則に基づいて自動的に理事者にも就任しました。ところがその後、X は、辞任の意思表示は、心裡留保等の理由から出たもので真意ではなく無効である、と主張して訴えを提起しました。

X は、辞任の意思表示は無効であるから、自分が依然として A 寺の住職であり、したがって理事者でもある、と主張しました。それに対して、Y_2 は、自分が後任住職に任命されたのだから、寺院規則に従って自分こそ理事者である、と主張しました。宗教法人法 18 条によると、宗教法人の代表役

員は1名でなければなりませんので、事実上この一枠をめぐってXとY₂とが争うかたちになりました。

この事案において、Xは、自分が住職かつ理事者であることを確認するという判決を求める訴えを提起しました。第1審は請求棄却、控訴審は第1審を取り消して、住職の地位の確認請求については訴えを却下し、理事者の地位の確認請求については認容判決を下しました。住職というものは宗教上の地位なので、裁判所にはその地位確認に介入する権限はなく訴えは請求適格を欠く、とした控訴審以降の判断は、先に述べた民事審判権の限界の問題であり、当然の結論ということができます。それに対して、理事者というものは法人の法律上の地位であり、裁判所に地位の確認を求めることができます。第1審と控訴審とで判断が分かれた理事者の地位について、最高裁は次のように判示して上告を棄却しました。

2. 判旨

破棄自判。

「Xは、本訴において、宗教法人A寺を相手方とすることなく、Yらに対し、Xが同宗教法人の代表役員および責任役員の地位にあることの確認を求めている。しかし、このように、法人を当事者とすることなく、当該法人の理事者たる地位の確認を求める訴を提起することは、たとえ請求を認容する判決が得られても、その効力が当該法人に及ばず、同法人との間では何人も右判決に反する法律関係を主張することを妨げられないから、右理事者の地位をめぐる関係当事者間の紛争を根本的に解決する手段として有効適切な方法とは認められず、したがつて、このような訴は、即時確定の利益を欠き、不適法な訴として却下を免れないことは、当裁判所の判例の趣旨とするところである（最高裁昭和39年（オ）第554号同42年2月10日第二小法廷判決民集21巻1号112頁、同39年（オ）第1435号同43年12月24日第三小法廷判決裁判集民事93号登載予定〔859頁〕参照）。法人の理事者が、当該法人を相手方として、理事者たる地位の確認を訴求する場合にあつては、その請求を容認する確定判決により、その者が当該法人との間においてその執行機関としての組織法上の地位にあることが確定されるのであるから、事柄の性質上、何人も右権利関係

の存在を認めるべきものであり、したがって、右判決は、対世的効力を有するものといわなければならない。それ故に、法人の理事者がこの種の訴を提起する場合には、当該法人を相手方とすることにより、はじめて右理事者の地位をめぐる関係当事者間の紛争を根本的に解決することができることとなる。」

3. 論点

最高裁は、A寺に被告適格があるとし、理事者は誰かという紛争を根本的に解決するためには、A寺を被告とする必要がある、と判示しました。ここで想定されている、紛争の根本的な解決は、判決の対世効、すなわち、何人も判決で示されたのと異なる者を理事者であると主張できなくなることによって、実現されます。つまり、根本的な解決とは、Xが理事者であるということが判決で確定した場合、法人の理事会、信徒、監査役、顧問、寺院規則によっては信徒代表など、諸々の関係者、そして第三者が皆、この判決に拘束され、Xが理事者であるということをもはや争えなくなる、ということです。

このような対世効を生じさせるためには、被告が全面的利害関係人でなくてはなりません。本件判旨によれば、それはA寺です。A寺こそが全面的利害関係人であり、法人が当事者でない判決は法人に対して効果が及ばないことは当然であって、上位団体である包括宗教法人Y_1を被告としたことも、自分こそが後任の理事者であると主張するY_2を被告としたことも、誤りであるとされています。Y_1は内部紛争に関する全面的利害関係人ではなく被告適格はない、Y_2も同様に全面的利害関係人でない、A寺は全面的利害関係人であるけれども、A寺という法人を被告としないならばA寺はこの確定判決に縛られない、つまり、請求認容判決が下されてもその判決の効力はA寺に及ばない、という理屈になると考えた結果であると推察されます。

4. 学説の評価とその展開
（ⅰ）伝統的な判例・学説

法人の内部紛争における被告適格については、原告適格とは異なり、最近

まで明文規定がありませんでした。判例も学説も当然のように、法人が被告となるべきである、と考えていたようです。その理由となってきたのは、まず、理事者という地位は法人との法律関係（委任契約または準委任契約）に基づく法的地位であり、訴訟で争われる法人の意思決定の効果は法人に帰属する以上、訴訟物たる法律関係の主体、つまりXとA寺に当事者適格を認めるべきである、という認識です。また、訴訟後の円滑な法人運営を実現するべく、判決効を第三者にも及ぼし画一的に確定するためには、全面的利害関係人である法人を当事者としなくてはならない、という認識も挙げられます。

(ⅱ) **学説の展開**

その後、このような伝統的な姿勢に対して、会社関係訴訟を主な対象として、学説から問題提起がなされ、議論が展開されていきました。

(1) 議論の風穴を開けたのは、理事者の選任に関わる決議をめぐる紛争においては、原告は、法人ではなく、自らが無効と主張する決議によって選任された個人を被告とするべきである、という見解でした。この見解によれば、最判昭和44年7月10日の事案では、Xは決議無効確認の訴えを、A寺ではなくY_2に対して提起するべきであったことになります。他の諸々の事項に関わる決議をめぐる紛争についても、この見解は同じように、該当事項について最も利害対立の大きい理事者（株式会社であれば代表取締役）個人を被告とするべきである、と主張しています。この出発点に立つと、法人はそれほど強い利害関係を感じるものではなく全面的利害関係人ではない、むしろ、理事者の選任に関わる決議については無効とされた決議によって選任された個人、また、選任に関わらない株主総会の決議については理事者個人が、最も強く利害関係を感じる者、すなわち被告適格者である、ということになります。

この見解は、全面的な利害関係人を当事者とすることによって、充実した訴訟追行が期待でき、判決効を第三者に及ぼすこともでき、もって初めて、伝統的な判例・学説が重視する法人の内部紛争の根本的解決が実現される、と説きます。全面的な利害関係人を保護し、訴えを提起した目的を達成させるためには、判決の対世効が必要である、という順序で思考を展開させるわけです。つまり、この見解の思考回路と、紛争の根本的解決 ＝（イコール）対世効の必

要性を出発点とする伝統的な判例・学説の思考回路とでは、出発点と到達点が反対に位置しているのです。

(ⅲ) 新たな見解の登場

　この問題提起をきっかけにして、伝統的な判例・学説とは異なる様々な見解が提唱されていきました。

　例えば、法人に加えて、効力が問題とされる決議で選任された理事者に、法人とは別に被告適格が認められるべきである、という見解もその1つです。論者によれば、その根拠は、多数の利害関係人の利害を集約して構成員全体の利益のために行動する、と期待しうるのは法人であるけれども、当該理事者は、一般の構成員としての利益云々を超えた重要な利害関係を有しているから、とされています。この見解に立つと、法人が第一次的な被告、当該理事者が第二次的な被告、というわけです。

　また、法人は訴訟に中立ないし無関心な一般構成員を代表し、効力が問題とされる決議で選任された理事者は反対利益を代表する立場にあるとし、一般構成員にも判決効が及ぶ以上、法人は彼らの手続保障のために被告となるべきである、とする見解も提唱されています。この見解は、当該理事者を第一次的な被告、法人を第二次的な被告としつつ、当該理事者が被告とされている必要は必ずしもないとし、当該理事者に自ら訴訟追行の意思があるときには、法人と共同で必要的共同訴訟人となる、片面的類似必要的共同訴訟である、と主張しています。

　さらに、訴訟が成立する前後で被告適格者が異なる、とする見解もあります。論者によれば、訴訟が適法に成立するまでは、基本的に法人が決議の効果の帰属主体として形式的に被告となります。訴訟が成立した後に実際に訴訟を追行する被告は、原告から訴訟告知を受けた利害関係人のうち告知を受けて訴訟に参加した者であり、当該理事者もその中の一人となります。参加者たちは、共同訴訟参加なり、共同訴訟的補助参加なりによって各々の利益の実現に資する側に加わって、訴訟行為をすることになります。なお、この見解からは、当該理事者は、決議の内容によっては訴訟成立前の段階で法人と共に被告とされなくてはならないこともある、と考えられています。

5. 立法的手当て

　以上のような議論を受けて、2005年に制定された会社法（平成17年7月26日法律第86号）では、「会社の組織に関する訴え」の被告が法定されました（同法834条）。株主総会の決議不存在または無効確認、および決議取消しの訴えの被告適格者は、当該株式会社、つまり法人です（同条16号、同17号）。法人の理事者は法人との間に法律関係があるので、法律関係の主体である法人の被告としての訴訟追行権を否定することはできません。また、決議は法人運営の基本となるもので、決議の効力について最も強い利害関係を有している者は法人と考えられるからです。続いて、公益法人制度改革として2006年に制定された一般社団法人及び一般財団法人に関する法律（平成18年6月2日法律第48号）にも、「一般社団法人等の組織に関する訴え」の被告が法定され（同法269条）、社員総会等の決議不存在、決議無効、および決議取消しの訴えの被告は、当該一般社団法人等とする旨が明記されました（同条4号、同5号）。これらは、すでにⅡ.の冒頭で紹介した通りです。

　理事者など強い利害関係を有する者たちは、基本的に法人の訴訟追行を通じて自己の利害を反映させ、立場によっては法人の代表者として訴訟を追行することもあります。彼らが職務執行停止仮処分などによって会社の職務執行から外されている場合には、独立当事者参加や共同訴訟的補助参加によって、自己の利益を訴訟に反映させる道を開くことが必要になります。それは、彼らへの手続保障となり、彼らにも判決効が及ぶことの正当化根拠ともなるからです。

Ⅶ. 総括と私見

　以上では、法人の内部紛争を裁判によって解決しようとする場合の当事者適格、つまり誰が原告となり被告となりうるのか、という問題について説明してきました。最後に、本日の講義をまとめるとともに、若干のコメントをしたいと思います。

1. 原告適格について

　理事者の地位の不存在確認を求めることのできる者、つまり原告適格者には、法人の構成員という立場を超えて、具体的な法律上の利害関係を有していることを要求する立場が、最高裁の見解であり、学説においても基本的に有力です。

　単に法人の構成員であれば足りるとするならば、法人運営を実質的に掌握する目的で、味方の人数を増やすとともに、理事者人事を混乱させたり操作したりする頭数として、無関心な人を構成員に加える人物が現れないとも限りません。また、決議に関与しておらず状況を正確に把握していない構成員が、不確実な情報に振り回される可能性も皆無ではありません。よって、構成員全員に無条件に原告適格を認めることには疑問の余地があり、条件の充足を要求して篩にかける判例・学説の方向性は、妥当であると考えます。

　どのような権限や立場をもって具体的な法律上の利害関係の有無を判断するかは、個々の事案に応じた対応によらざるを得ません。一言に法人といっても個性があり、宗教法人であれば宗教法人法の範囲で、慣例・慣習、職位の呼称や具体的権限など様々な事項に、いうなれば内々の御作法を反映させて、体制が構築され運営されているであろうと予想されるからです。このような状況で、法律上の利害関係の有無に関する画一的な基準を設けることは、きわめて難しく、また、当該法人の特徴を考慮する道を閉ざすことにつながりかねないことから、適切とも思えません。個々の事案に応じて判断することを是認しつつ、その判断基準を、自身が不利益を被る可能性のある者、中でも高い確率で大きな影響を受ける可能性のある者への手続保障が十分であるか、という観点から検討するべきであると考えます。

　他人の地位を争う者に裁判へアクセスする権利を保障する必要性は、本来的には高くはありません。当該法人の規律に基づく管理運営や理事者任免の権限の有無は、原告適格を認めるか否かに際しての、1つの分かりやすい実践的な基準である、と考えます。ただし、提訴時期によっては、実際に任免した者と提訴時の権限保持者が異なる場合もあり、さらに、訴訟が長期化すれば、係属中に権限保持者が交代する場合もありうるでしょう。訴え提起時や訴訟終結時には過去の権限保持者の立場にある者でも、実質的に訴えの利

益ありとして、原告適格を認めてよいと考えます。これらの者にも原告適格を認めることは、法人の個性と自律性を尊重しつつ、裁判所で法規に基づいて解決する道を確保されるべき法律上の争訟が、しかるべき手続で審理・判断されるために有効であると考えます。

最判平成7年2月21日の事案においても、Xらのうち、現在は一般の氏子であっても、Yを代表役員に選任する手続に影響を及ぼした者には、V. 1. で分類した（3）一般の氏子ではなく、（2）の氏子とともに原告適格を認めるのが相当です。

2. 被告適格について
(i) 全面的利害関係と対世効

全面的利害関係と判決の対世効は、不可分の結合関係にある、と理論的には考えられます。それは、両者の関係は、常にどちらか一方から出発し他方に到達するというものではない、ということです。

伝統的な判例・学説からも、これと同様の理解が可能です。というのも、法人の内部紛争の根本的解決には対世効が不可欠であると考えることと、全面的利害関係と対世効とを別々に考えることとの間に、矛盾は生じないからです。全面的利害関係人を関与させずに対世効を発生させることは、理論的に考えられません。しかし、全面的利害関係人が関与したからといって、常に対世効が発生するわけではありません。

要するに、ここにいう"不可分"とは、対世効の発生には全面的利害関係人の関与が不可欠、という意味であって、全面的利害関係人が関与すれば常に対世効が生じる、という意味ではないのです。先に述べたように、通常の民事訴訟では、権利を主張する者（原告）も義務を負うと名指しされた者（被告）も全面的利害関係人ですが、判決の既判力は、両当事者を拘束するだけで第三者に及ぶことはありません。

では、なぜ対世効が発生しうるのか——その理由は、法人の内部紛争についての判決の特殊性にあります。民事訴訟法に明記されていない場合にも、会社法838条など実体法上の規定を手掛かりとして、対世効を認める法解釈の可能性も検討の余地がありますし、またそうする必要がある場合もあると

考えます。

（ⅱ）被告適格者

（1）　法人の内部紛争における被告適格は、当該法人にあると考えます。被告適格について明文規定のある法人はもちろん、ない法人についても同様に考えるのが妥当でしょう。学説においても、少なくとも会社法に規定が置かれた後は、規定のない他の法人についても同様に被告適格を認める見解が、多数派となっています。

　法人を被告適格者とする根拠として、まず、法人の意思決定機関の決議の効果を受けるのは、法人であることが挙げられます。決議の効果の帰属主体が法人である以上、当該法人を被告とせずに内部紛争についての訴訟を追行することは、失当であると考えます。

　次に、この類の訴訟において、適切かつ十分な防御方法を提出することができるのは、現実的にみて法人であろう、と予想されることが挙げられます。そもそも全面的利害関係人を被告にすることが求められるのは、そうすれば適切で十分な防御方法が提出され、正当な判決が下されると期待できるからです。これを前提とすると、決議の効力に関わる訴訟においては、法人こそが、最も適切かつ十分な防御方法を提出することのできる立場にある、と考えられます。理事者個人に利害関係があることは確かではありますが、法人の意思決定機関、特に理事者の意向に反して、個々の役員が行動できる場面というのは、実際にはまれではないかと推測されます。訴訟に必要な資料の収集は、意思決定機関における話の流れ、あるいはそのトップである理事者の指示があって、初めて可能になるのであり、意思決定機関のメンバーの１人が防御のために資料を収集しようとしても、動くに動けないというのが実情であろう、と懸念されるからです。もちろん、法人の種類や性質によって差異はあるにしても、このような実情への懸念を前提とする限り、法人が被告適格者であるという結論が妥当である、と考えます。

　法人は、中心的な防御者として防御の機会を与えられるべき存在です。法人の関与なしに訴訟が追行され、下された判決に法人を含め対世的な効力が生じるということは、法人の手続保障の観点からして認め難いところです。

（2）　続いて、法人以外で、決議の効力を維持することに利益を有する個人、

たとえば当該決議によって原告に代わって新しく選任された役員個人には、被告適格があるのかどうかが問題となります。上述の (1) では、法人を全面的利害関係人と位置づけることができるか否か、という問題を検討しましたが、ここでとり上げるのは、法人が唯一の被告適格者であって、利害関係のある個人は被告適格者ではないのか、という問題です。

まず、(1) と (2) とは別の問題であることに、注意しなくてはなりません。当該個人も法人と同じく全面的利害関係人であるという理解も可能であり、実際に、法人と並んで当該個人を被告適格者とするべきかどうか、議論があります。法人も当該個人も全面的利害関係人であり、原告は法人を被告としつつ併せて必ず当該個人も被告としなければならないとすれば、決議の効力に関する訴訟は、必要的共同訴訟ということになります (40条)。

この問題を考えるポイントは、決議の効力を維持することについて利益を有する個人の手続保障にあります。法人を唯一の全面的利害関係人として下された判決の効力は、対世効によって当該個人にも及ぶ以上、当該訴訟の判決の内容によって利害が生じる者の手続保障が看過されてはならないからです。たしかに、個々の役員は、実体法上法人の組織構成を左右する地位にありません。法人の組織に関する訴えは法人の問題であり、理論的には、個々の役員が個人レベルであれこれと介入する権限はない、と考えられます。そしてそれは、問題とされる決議によって役員に就任したと主張する者の手続保障として、決して十分とはいえません。被告である法人が、馴れ合い訴訟をしたり、拙劣で不十分な防御活動に終始したりする危険があるにもかかわらず、訴訟の帰趨で自らの利益が左右される個人には、防御の機会が与えられず、しかも対世効によって拘束される、という事態になるからです。

とは言え、当事者適格がないとしても、当該役員は、法人に補助参加することによって、訴訟関与の機会を得ることができます (42条)。また、判決効が自分に及ぶことを根拠に、より独立性の高い共同訴訟的補助参加のかたちをとることも認められます。これらの手段を用いることで、当該個人に十分な手続保障を図ることが可能であり、よって、敢えて当該個人に独自の当事者適格を与える必要はない、と考えます。

【参考文献】
①判例評釈
西謙二・最判解民平成 7 年度 85 頁
髙地茂世・法教 180 号 96 頁
柳川俊一・最判解民昭和 44 年度 751 頁
②学術論文
谷口・多数当事者 228 頁
本間・論集 189 頁
安西・22 頁
③体系書
伊藤・198-200 頁、577-579 頁
小林・117-118 頁
新堂・270-281 頁、301-302 頁
髙橋・重点講義〔上〕308-319 頁
中野ほか編・158-159 頁〔福永有利〕、543-544 頁〔伊藤眞〕
松本＝上野・270-271 頁〔松本博之〕
④コンメンタール
秋山ほか編・Ⅱ 478 頁
条解二版・588-589 頁〔竹下守夫〕
注釈民訴（4）444-447 頁〔伊藤眞〕

第4講　任意的訴訟担当

　第4回の講義は、任意的訴訟担当についてであります。材料としましては、判例百選第5版13事件です最判昭和45年11月11日を使用します。これにつきましては、松原弘信教授の解説があります。
　例によって、私の講義はまず事実関係について、皆さんが感度をお持ちになることに必要な前提知識を第一に説明します。次に事実関係を説明します。続いて判旨を取りまとめておきます。そしてそれが学説からみてどうなるかということを説明します。最後に私の見解を申し上げます。

Ⅰ．任意的訴訟担当の前提知識

1．第1の前提知識

　本日取り上げる問題は任意的訴訟担当といわれるものであります。このうち訴訟担当という言葉は、他人の権利を、ある人が当事者となって訴訟追行する現象を指します。いうなれば、権利者でもない者が他人の権利を訴訟物として、自ら当事者となって訴訟を行う、こういう現象を訴訟担当といいます。
　これには2つあります。皆さんがよくご存知の例としましては、民法423条の場合があります。これは債権者が権利者でもないのに、債務者の第三債務者に対する権利を訴訟物として訴訟を行う場合であります。しかし、いずれにしてもこれは訴訟担当であります。原告となるのは債権者でありまして、債務者ではないからであります。
　また、もう1つの例を述べます。破産法の規定で、その44条2項前段によりますと、破産管財人は中断した破産者を当事者とする破産財団に関する訴訟につき、破産債権に関しないものを受け継ぐことができる旨定められて

おり、権利者でもないのに、破産者に帰属する権利や義務を訴訟物として訴訟を行うことができるわけであります。

　このように法律の規定がある場合は、法定訴訟担当としてくくられるわけであります。ところが本日取り上げるのはそうではなくて、権利者が自分の意思で他人に訴訟追行を行う授権をする場合であります。「権利者の意思により」というところが法定訴訟担当と決定的に違います。法律の規定によるのではないのであります。その例は民事訴訟法の30条にあるわけであります。30条によりますと、共同の利益を有する多数者は、その中より総員のために、原告もしくは被告となるべき1人もしくは数人を選定し、またはこれを変更することができる旨定められております。ここでいう多数者というのは、同じ列車に乗って同じ事故で被害を受けた、これらの者が電鉄会社に対しまして損害賠償請求の訴訟を起こす、この場合の多数者を連想していただきたいわけです。それらの人々は適当な1人もしくは2人を選んで、その者に、自分たちの権利を訴訟物として訴訟することについて授権するわけであります。訴訟追行権を与えるのであります。彼らの意思によってそうするのであります。これが実定法上の任意的訴訟担当の1つの場合であります。

2．第2の前提知識

　ところでこれからの説明で何回かでてくる頼母子講（タノモシコウ）というものを説明しておきます。頼母子講は無尽講ともいいます。一種の民法上の組合に類似した現象であります。これの目的は、相互扶助の精神に基づく庶民金融であります。方法はたとえば20名の人々が集まって月に1万円ずつ掛金を支払う、そして毎月1回くじ引きを行う、当たった人は20万円を受け取るというものです。実際には運営費がかかりますので、集まった金を全部払ってしまうことはできませんけれども、話を簡単にするために、20名の人が1万円ずつ月々掛金を支払う、月1回講会を開く、そしてくじ引きを行う、当選者は20万円を受け取る、このようなことを繰り返していくわけであります。いまの例ですと、20カ月経てば全員が講金を受け取ることになります。なお、冒頭に講金を受け取った人は、その後も月々やはり掛戻金を払わなければなりません。

これによると彼らの支払う金には2種類あります。まだもらっていない人、当選してない人は掛金を払います。これに対して、1回貰ってしまうと割賦弁済と同じで、貰ったお金を月々1万円ずつ返していくわけでありますから、これは掛戻金といいます。あるいは掛返し債務等という言葉もあります。

こういう全体の管理運営を行うのは誰かといいますと、これは講の業務執行員であります。世話人とも呼ばれることもあります。この性質は民法667条以下に定められている組合契約の業務執行員と基本的な性格は同じでありますけれども、内容をみてみると、未取口者と、既取口者で掛返し債務を負っている人々との間では、利害が正反対になるわけでありますので、民法の普通の組合の場合と異なって、解釈も変えていかなければならないことがあります。

たとえば、未取口者全員で解散を請求することができる等と解釈するのが妥当であります。この点は民法682条と683条を後であたっておいていただきますが、こういう変更を加える必要があります。あるいはまた、入札くじ引きの当選の直後に任意に脱退する、このようなことは到底認めることができません。この点も民法678条の条文と比較して後で検討をしていただきたいのであります。

また、民法では出資に応じて儲かった場合に儲けを分けることになっておりますけれども、頼母子講とか無尽講とかいわれる場合には、集まった金を全部分配してしまうわけでありますから、民法674条の利益の分配に関する規定は働かない、こう考えていかなければなりません。

この掛金をちゃんと集めなければまた既取口者に対しましては、掛戻金をきちんと徴収していかないと講の目的を達成できないわけであります。しかし、そのお金は世話人なり業務執行員なりの個人の金ではなくして、みんなの金であります。こういうことがいえるわけでありますので、たとえば、掛戻金を5名の人が払わないので訴訟を起こすという場合に、もし世話人が5人に対して掛戻金を請求する訴訟を起こすということを認めるとすれば、これは任意的訴訟担当となります。いうなれば法の定めはないものの、他人の権利について業務執行員が訴訟追行を行うわけでありますから、一種の任意

的訴訟担当として位置づけていかなければならないのです。判例はこれを肯定しております。

3. 第3の前提知識

　建設工事共同企業体というものを説明しておきます。ある地方で大きな建物を建てる場合に、日本で有名なゼネコン2社と地元業者2社合計4社で組合を作って、請け負ったビルの建設工事を行うというときに使われる言葉であります。実際には組合を作っている4社が、施主との間で共同請負をしているわけであります。たとえば駅ビルの建築とか、商店街の開発とか、高速道路をつくるとか、大学を作るとか、こういうふうな場合によく起こるのが建設工事共同企業体という現象であります。

　これを利用する場合、事業目的達成のために組合契約をします。そして、組合員である4つの会社がそれぞれ出資をします。労働者とか、技術者とか、金銭とか、建設機械等、こういうふうなものを出資して事業を行うわけであります。事業のやり方は一般には運営委員会を作っております。4社から出資に応じて委員を出して、そこで運営委員会を作る、その規約も定める、こういうことになります。

　この場合、一般には規約の定めにより、業務執行組合員を定めるわけであります。業務執行組合員は運営委員会の決定に従って業務執行をする点では、代表取締役が取締役会の決議に従いながら会社の業務を執行するのと類似したように定められていることが多いのであります。そして業務執行組合員は対外的に共同企業体、その実質は全組合員でありますが、これを代表して手形を切り、契約を行う、こういうふうなかたちになるわけであります。

　さて、この建設工事共同企業体が第三者と契約をして、債務不履行ということになり損害賠償請求をする、こういうことになりますと、組合でありますから損害賠償請求権は全組合員に帰属するのであります。しかし、業務執行が業務執行組合員に任ねられているという場合に、他の3社が同意すれば、実質的にこの4社に属する損害賠償請求権を訴訟物として、業務執行組合員が原告となり自己の名において訴えを起こす、こういう現象があるわけであります。本日のテーマは、ずばりこの建設工事共同企業体が任意的訴訟

担当というかたちで訴訟を起こしている事案であります。

4. 第4の前提知識

さて第4点として、組合というものは一般に訴訟との関係ではどういうふうに取り扱われるかという点を簡潔に説明をしておきます。現在、通説によりますと、民法上の組合自体には当事者能力がない、全組合員が当事者になる、こういう考え方がとられております。しかし、判例は組合に代表者の定めがあれば、民事訴訟法29条の法人格なき社団であるとします。実は社団の実質がないのにもかかわらず、法人格なき社団性を肯定して、民事訴訟法29条を適用しまして組合自体が原告となる、こういうことを判例は認めているわけであります。この点で通説と判例との間に対立があるということを申し上げておきます。

次に組合の合有財産、これを訴求するには全員が原告とならなければならない、つまりそして民事訴訟法40条が働く固有必要的共同訴訟であると解釈されております。なぜかといいますと、たとえば民法676条1項・2項を参照していただきますが、民法でいう合有に当たるからであります。組合の財産というものは、全組合員の合有であり、持分権の単独行使は認められない、したがって組合員単独では訴訟を起こすことはできない、こういう点が1つあるということを覚えていただきます。

それから組合員が第三者を相手取って訴えを起こす場合に、選定当事者の制度を用いることができます。たとえば組合員が5名いる場合に、その中の1人を選んで、これに訴訟追行権を授与できます。これは先ほどみていただいた民事訴訟法30条の選定当事者の規定であります。この場合にはその1人を原告として選定する旨の選定書という書面を他の人々が作成して、選定された人に与えて、これを裁判所に提出することになります。

もう1つの注意事項として、組合の業務執行組合員は、民法670条と671条、672条にその定めがありますけれども、民事訴訟法54条でいうところの法令による訴訟代理人ではありません。第2講で表見法理が民事訴訟の場面で働くかという問題を取り上げたときに申し上げましたが、商法20条以下に支配人という制度があり、商法21条1項によれば、これは裁判上、裁

判外のすべての事柄について権限をもっております。これが法令による訴訟代理人、民事訴訟法54条の典型事例であります。

しかし、現在通説として考えられているのは、民法上の組合の業務執行組合員というものは、民法に定めがありますけれども、法令による訴訟代理人ではありません。この点を注意していただきたいわけであります。今回やりますのは代理人という問題ではなくして、自分が他人の権利について授権を得て原告として訴訟をする、こういうことが問題なのであります。

Ⅱ．任意的訴訟担当の事案の事実関係と判旨

1．大法廷判決の事実関係

本件の事実関係を説明いたします。Xほか4社、合計5社がAという企業体を組織しました。そしてその規約上、業務執行組合員には財産管理権を含めて業務執行権とか対外的な代表権を与える、というふうに規約で定めたわけであります。先ほどの建設工事の企業体なのでありますが、規約を定めまして、その規約によりますと業務執行組合員を定める、この者には財産の管理権を与える、また業務の執行権を与える、第三者との関係で代表権を与えます。

こういうふうなことが定められているわけであります。こういう状態の中で、Xは業務執行組合員に任じられ就任を受諾しました。

さて、Aという企業体はYから工事の発注を受けました。工事請負契約が成立したわけです。ところが工事に着手した後で、発注者は工事を中止せよと命じて、残りの工事を他の業者に発注してしまった、そこでXは自己の名においてYに対して損害賠償を求めた、これが本件であります。この損害賠償請求権はX個人のものではなくして組合員全員に帰属する権利であります。

2．本件大法廷判決の判旨
（ⅰ）本件判旨

「〔民訴法47（現30条）は〕任意的な訴訟信託が許容される原則的な場合を

示すにとどまり、同条の手続による以外には、任意的訴訟信託は許されないと解すべきではない。すなわち、任意的訴訟信託は、民訴法が訴訟代理人を原則として弁護士に限り、また、信託法11条（現10条）が訴訟行為を為さしめることを主たる目的とする信託を禁止している趣旨に照らし、一般に無制限にこれを許容することはできないが、当該訴訟信託がこのような制限を回避、潜脱するおそれがなく、かつ、これを認める合理的必要がある場合には許容するに防げないと解すべきである。

そして、民法上の組合において、組合規約に基づいて、業務執行組合員に自己の名で組合財産を管理し、組合財産に関する訴訟を追行する権限が授与されている場合には、単に訴訟追行権のみが授与されたものではなく、実体上の管理権、対外的業務執行権とともに訴訟追行権が授与されているのであるから、業務執行組合員に対する組合員のこのような任意的訴訟信託は、弁護士代理の原則を回避し、または信託法11条（現10条）の制限を潜脱するものとはいえず、特段の事情のないかぎり、合理的必要を欠くものとはいえないのであつて、民訴法47条（現30条）による選定手続によらなくても、これを許容して防げないと解すべきである。したがつて、当裁判所の判例（昭和34年オ第577号・同37年7月13日言渡第2小法廷判決・民集16巻8号1516頁）は、右と見解を異にする限度においてこれを変更すべきものである。

…民法上の組合たる前記A企業体において、組合規約に基づいて、自己の名で組合財産を管理し、対外的業務を執行する権限を与えられた業務執行組合員たるXは、組合財産に関する訴訟につき組合員から任意的訴訟信託を受け、本訴につき自己の名で訴訟を追行する当事者適格を有するものというべきである。」

(ⅱ) 判旨の整理

さて、判旨を整理してみます。まず判旨の第1点、民事訴訟法30条の選定当事者の規定は原則的な場合を例示したものであって、任意的訴訟担当はこの場合に限られるものではない、つまり民事訴訟法30条は共同の利益を有する多数者というふうに書いてあるけれども、こういう要件に狭く限定されるものではない、端的にいえば、民事訴訟法30条の制限規定性を否定しているわけであります。1つの例示規定に過ぎない、これが本件判旨の冒頭

に現れる第1点であります。

そして、民事訴訟法30条に当てはまらない場合であっても、判旨は第2点としてまず民事訴訟法54条1項に定める弁護士代理の原則、信託法10条の定める訴訟信託の禁止、これを潜脱する恐れがなく、かつ合理的必要があれば、任意的訴訟担当は許されるとします。すなわち、30条の要件を充たしていない場合でも、弁護士代理の原則を潜脱するものでなく、信託法10条が訴訟信託を禁止しているけれども、これを潜脱する恐れがなく、かつ合理的必要があればよろしいのです。

さらに第3点として、この一般論を前提として、本件判旨は本件の事実関係に着目して、次のように述べております。本件では実体上の管理権と対外的な業務執行権と共に、規約上訴訟追行権の授与がなされている。つまり本件A企業体の規約をみると、対内・対外の業務執行権が業務執行組合員に与えられます。それだけでなしに訴訟追行権も与えられます。つまり他の組合員の権利について業務執行組合員が訴訟追行をすることができる、こういうふうに定められています。

第4点として、XはA企業体の業務執行組合員の地位にあります。そうであるとすれば、先ほど述べた弁護士代理の原則とか、訴訟信託の禁止の原則とか、こういうふうなものを潜脱するおそれはありません。そして合理的必要も認められます。こういうふうに判示しているわけであります。なお、判旨をよく読んでみると、特段の事情のない限り合理性がないとはいえない。こういうふうな言い回しをしておりますので、特段の事情としてどういうことが考えられるかということが問題になります。

以上のような特段の事情をいれますと、合計4点をこの判決は判示しているわけであります。

(ⅲ) **判旨の留意点**

次にこの判旨の留意点をご説明申し上げて、徐々に検討にはいります。

先ず判旨の留意点の第1点としまして、民事訴訟法30条は制限規定ではない、例示規定に過ぎない、その他にも任意的訴訟担当が認められる、こういうふうに述べております。この判旨は弊害のない限りひろく私的自治を訴訟追行権の授権にまで及ぼしていこうという自由な思考をとっているわけで

あります。私はこの基本的な思考に賛成であります。

　判旨の留意点の第2点としまして、従来、学説は民事訴訟法54条に定められている弁護士代理の原則と、信託法10条に定められているところの訴訟信託の禁止とを根拠に任意的訴訟担当を30条の場合に限定してきました。訴訟を主たる目的とした信託は禁止する、こういう信託法10条、民事訴訟法54条とかを根拠にして、任意的訴訟担当というものを厳しく制限をしてきたのであります。学説をみても判例をみても、ほとんど任意的訴訟担当の事例が見当たらない、わずか数件しか見当たらない、こういうふうに狭い限定的な考え方をしていたのであります。

　判旨の留意点の第3点としまして、本件判旨は実体上の管理権を含めて業務執行権とか、対外的な代表権と一緒に訴訟追行権の授与がなされている点を重視しております。すなわち対外的な代表は一種の業務執行でもありますが、こういうものとその業務に関係する訴訟追行というものは密接不可分であるから、訴訟担当を肯定するのは何の弊害もなく、こういう場合には訴訟信託の禁止にもあたらないし、弁護士代理の原則の潜脱でもない、これは健全な業務のあり方である、こういうふうにみているわけであります。事件をそうみて任意的訴訟担当を肯定していこうとするもので、正当なものがあります。判旨を厳格にみつめて、その文意を正確に追うということが、法律学では非常に重要です。この判旨ではどこまで明確か、どこまで明確でないか、文章をどこで区切るのか、この修飾句はどこまでかかるのか、そういうことをしっかりと読むというのは、法律を勉強する場合には絶対に必要な注意事項であります。

　私はこの判旨をいま述べたように、組合の業務執行を任された組合員が業務を日々おこなっていく、その業務に関連して訴訟が起こった、紛争が起こった、これは業務執行組合員が、いうなればひろい意味での業務の中に、訴訟追行ということも含めて考えてよろしい、健全な現象である、こういうふうにみているわけで、任意的訴訟担当を認める合理性の根拠を本件の判例としては、訴訟追行権は実体的な管理権、業務執行権、これと一緒になされる授権なのであるから合理的である、こういうふうに考えているとみて差し支えがないのではないかと思います。

判旨の留意点の第4点としまして、この判決が訴訟担当者の地位を発想の原点としていること、分析の主要な対象としていること、これはきわめて重要であります。裏からいうと、訴訟担当を認めるか認めないかということは、訴訟の権限を授与する側、すなわち権利者の側、これの授権の動機・目的・状況というものが中心なのではなくて、訴訟担当を受ける担当者の方の地位・中身、この分析が大切であるということを、この判例は示していると思います。

そして訴訟担当を肯定するかどうかということは訴訟要件の問題なのでありますから、いうなれば国家的な立場から、その者を原告として他人の権利を訴訟物として、訴訟をさせることが妥当なりや、この考え方でいかなければならないわけであります。授権する側の分析は重要でないということを申し上げておきたいし、その意味でこの判旨の発想は正当であると申し上げておきます。後に再論します。

判旨の留意点として第5点。これは業務というものは継続性をもつということであります。単発的に実体的な管理権と訴訟追行権をAがBに与える、こういう場面ではありません。一定の目的をもって組合が組まれて長期にわたってその事業をおこなう、したがって業務執行組合員は、長期にわたって継続的に業務をおこなっていくわけであります。このような実体的な管理権、業務執行権、こういうものにプラスして訴訟追行権が授権されているのであります。したがって、この判旨の射程距離というものを考えていかなければなりません。組合とか、会社とかの継続的な業務という場面ではなくて、私がもっているこの権利を平素付き合いのないBに、いろんな事情で、いわば単発的に管理処分権を与えて併せて訴訟追行権を与える、こういうふうなケースに本件判旨をあてはめてよいかということは、慎重でなければならないということがまず注意事項であります。

Ⅲ. 正当業務説の評価

1. 正当業務説

では判旨をどう評価するかということを次に検討するわけですが、その前

に学説の整理をします。

　かつての通説は正当業務説といわれるものであります。これは権利の帰属主体が、管理処分権を他人に授権するについて、正当な業務上の必要があれば任意的訴訟担当を認める、こういう考え方であります。正当な業務上の必要があれば任意的訴訟担当を認めてよろしい、これが兼子説でありますが、かつて通説的な地位を占めてきた考え方であります。

　正当な業務の例としましては、頼母子講の世話人あるいは講元（規約を作って事業として無尽をやろうという最初の発案者）とかいわれる人々が掛金や掛戻金を集めるわけでありますが、こういう掛金や掛戻金の徴収について、職務執行をしているのは世話人あるいは講元であります。これは彼の正当な業務です。したがって、正当な業務の周辺にあるそれと密接不可分な訴訟、掛戻金の請求訴訟について、訴訟追行権を授権すれば、彼は訴訟担当を適法に行うことができる、これが1つの例であります。

　第2の例は労働組合が訴訟担当者となって、そのメンバーである組合員の会社に対する請求権を、訴訟物にして訴訟担当をする場合であります。この正当業務説では、組合員個人の会社に対する権利、これを労働組合が授権を受けて原告となって訴訟追行をする、こういうことを肯定するわけであります。これについては組合の存在理由というものを実定法規に基づいて分析をしてからでないと、正当業務といえるかどうかは問題があります。最高裁判決では組合員の会社に対する権利につき、労働組合の原告適格を否定しております。私はかなり長期間ドイツの地方裁判所で勉強しましたが、また労働裁判所でも勉強しましたが、ドイツでもこれに関しては私の知る限り訴訟担当を認めておりません。どうやら組合の任務というものは、個々のメンバーの権利まで取り上げるというところまではいっていないのだ、こういうふうな見方が理論として構成できるのであります。実際にはそういうことをやりますと労働貴族がピンはねをする、こういう問題につながってくるわけであります。私も日本の実務で数回これに似た経験があります。個々の組合員の会社に対する請求権を一生懸命代理人弁護士として裁判をやって、たとえば数100万円とか、数1000万円とか取りますと、半分組合（幹部）が持って行ってしまうとか、計算の中身を見ないとよくわかりませんけれども、どうも

私には労働貴族が、ピンはねしているようにみえてならなかったのであります。正当業務説は組合の原告適格を肯定しておりますけれども疑問がある、判例は反対であるというふうに解説をしておきます。

2. 正当業務説の評価

さて正当業務説に対する評価をこれから行います。あるいはまた批判を行います。そもそも原告適格というものは訴訟要件の問題であって、公益的視点から決定しなければならないものであります。上述したように授権をする側ではなくして授権を受ける者、すなわち訴訟担当者に着眼すべきであります。そういう意味で正当業務説は講の世話人の業務とか、労働組合の存在理由とかいう角度から分析を進めている点で、訴訟担当者に着眼しており、正当な思考方法をとっていると思います。正当な業務であれば、業務自体は実体的なものであるけれども、その業務に関連した訴訟を任されるということは是認してよろしい、こういうふうに考えているのでありまして、正当な考え方であると思います。そして実体的な現象である業務執行というものが、正当性を持つ以上は、弁護士代理の原則とか、訴訟信託の禁止とか、そういうものの潜脱ということは問題にならない、こういうふうにこの説は考えるわけであります。この点もまた正当であると思います。講の世話人につきましても、掛戻請求権、これを行使して金銭を支払わせるというのは、世話人の正当な業務である、だからこの正当な業務に密着している訴訟というものを担当することは認めてよろしい、こう考えるわけであります。

したがいまして、本件のＡ企業体の請負工事に関わる損害賠償請求訴訟で、業務執行組合員が他の組合員に帰属する、いわば他人の権利を訴訟物として、原告となって訴訟を行う、これは正当業務説から完全に説明することが可能であります。学者によっては本件判旨は正当業務説を適用したものである、こういうふうにみている方もおられるわけであります。そしてそれは正当であると思うわけであります。

さらにこの説はその持っている理論の基本性格からして、次のようなケースにも及ぼしていくことができるのではないかと思います。すなわち頼母子講とか、民法上の組合とかの他に、たとえばマンションの各室のオーナーの

Ⅲ．正当業務説の評価

団体が継続的に管理人を雇う、そしていろいろマンションの補修を行う。こういうふうな場合に、規約の定めによって補修工事の請負契約とか、それにかかわる金銭の授受、徴収とか、あるいは工事に欠陥があれば、それの補修を請求していく、あるいは必要によって損害賠償請求を行うとか、あらゆることを管理人に規約によって認めている、こういうふうな場合に、この管理人の正当な業務として、実質的にはマンションの50人なり100人なりのオーナーに帰属しているところの損害賠償請求権を自己の名において訴訟をする、こういうふうなことも許されるのではないかと思います。

　ドイツ等でしばしば起こる事例でありますが、同業者の団体が商売のやり方を健全にする、とりわけ競争というものを正しく維持しようということで団体を作る場合があります。ところがその中の1人のメンバーが売り出している商品に酷似したものを第三者が売り出している、一般消費者は錯誤に陥る、商品素姓が誰のものであるか、出所が誰かということが分からない。こういうふうな場合に、不正競争ということになるわけであります。そうすると同業者の団体の中の一員が自分の商品と間違うものを売り出している団体外の会社を相手取って、差止請求権を持つことになります。その商品の取扱いを禁止する請求権を持つことになります。これを同業者の団体が自ら原告となって訴求する、不正同業者、第三者を被告として訴訟する、こういうふうなことも認めてよろしい、なぜならば、その同業者団体は競争を促進することを目的とする、そして清潔な取引方法、公正な取引方法を維持促進することを目的とする、これは正当な団体である、その団体が自分たちの業務の一貫として、メンバーが持っている差止請求権の授権を受けてメンバー外の会社に対して訴訟をする、こういうふうなことはやはり正当業務説からも認めることができるわけであります。

　また、消費者が独禁法違反により、大会社に対して損害賠償請求権をもっている場合、この訴訟の訴訟追行を、消費者団体で法人格を具備するものに援権することも適法とみることができます。このように、任意的訴訟担当をひろく認めていくのが社会の実情にそった解釈であります。

3. 正当業務説への批判

　ところが、正当業務説は、業務の正当性ということを訴訟担当の適法性を肯定する基準としているために、次のようなケースを取り入れることができないという重大な欠点があると考えられております。私はそれを欠点と思い、そして最近は民訴学者の多数説がそう考えているということを付け加えておきます。すなわち正当な業務という概念にはいらない事例で、しかも任意的訴訟担当を認めた方がよいと学者が考えている事例であります。

　これは債権譲渡のケースが第1の例であります。すなわち債権を譲渡して、譲渡後は譲受人が債権者になります。ですからその権利を行使するためには、譲受人が原告になるのが本来の姿であります。けれども譲受人、すなわち権利者が債務者に対して訴えて、実は始めから権利がなかった等ということになりますと、債権譲渡というのは債権の売買でありますから、すでに代金は支払済みである、たとえば100万円の債権を85万円で譲り受ける、こういうことになるわけでありますけれども、100万円どころか訴訟を起こしてみたところが、一文も取れなかった、始めからなかった、権利は存在しなかった、こういうふうになりますと、譲受人は譲渡人の責任を追求することになります。

　こういうふうな場合に、本来の権利主体であるところの債権の譲受人に代わって、その授権を受けて債権の譲渡人が責任を果たすべく原告として第三債務者に対する訴訟を担当する、こういうのは当然に認めるべきであります。しかし、どうもこれは正当業務という言葉ではうまく取り込めない場面であります。継続性を有する「業務」という表現ではうまく説明がつきません。

　第2の例として、土地を売った、買った人が第三者から訴えられている、こういう単純なケースを考えてみましょう。代金を支払って土地を買ったのであるけれども、第三者が真の所有者であるということで取り上げられてしまう、当然に土地の売主は責任追求を受けることになります。この責任追求を回避するために、売主が買主すなわち権利者に代わって、その者から訴訟追行の授権を受けて、自分が原告になって所有者であると主張している第三者に対して訴えを起こす、訴訟物は買主の権利である、こういう場合であり

ます。当然これも訴訟担当を肯定すべきであります。

　また、第3の事例として、ある人が不動産を譲渡担保として金を借りた、ところがこの不動産が不法占拠されている、相手側は不法占拠ではない、自分こそ正しい権利者であると述べている、経済的には担保を差し入れて金を借りた。その担保が不法占拠されている、こうなりますと、譲渡担保を差し入れた者が真の権利者に代わって、不法占拠者に対して訴訟を起こす、これも是認されてしかるべきであります。

　第4に、共有者の1人は共有権全体を行使することはできません。そこで、共有権確認というのは、判例によれば、共有者全員が原告となって起こすべき固有必要的共同訴訟とされています。けれどもこの共有者の1人に他の共有者が権利を授権して、共有権全体を訴訟物として訴訟を起こす、こういうふうなことは認められてもよろしいはずであります。

　このようにこれらは全部肯定すべき事例であると思います。けれども継続性を持つ正当業務という観念では、これらを取り込むことはできない。むしろ私の見解では正当業務として考えられる講であるとか、組合であるとか、それらを全部まとめて、次の基準で任意的訴訟担当というものの是非を決定するのが正当であると思うわけであります。

　すなわち、第1点は訴訟追行の権利者からの授権であります。第2点は訴訟担当者の側が訴訟担当について、自己固有の法律上の利益を持つ。この2つで問題を処理するのが正当であると思うわけであります。これはドイツの通説・判例に従って要件を整理しているものであります。なお、法律上の利益という2番目の要件は、ドイツにおけると同様に、かなりひろく解釈をしても差し支えがないというふうに思っております。

　たとえば民事訴訟法30条の典型的な選定当事者の事例でありますけれども、列車事故の事例でいえば、選定者自身も電鉄会社に対して損害賠償請求権を持っている場合、他の人々がまちまちに訴訟を起こしますと、同じ事故でありましても、ある判決は過失があり、ある判決は過失なし等と区々な判決が下ることが考えられます。それよりも熱心な1人または2人の者に全員が自分たちの権利を預けて訴訟を行わせる、またそれを1人または2人の人が引き受けて、統一して全員の協力を受けて訴訟を行う、こういうふうなこ

とを行うことについて、担当をする被選定者も固有の利益があると解されます。

　選定をする側の人々、授権をする側の人々、これについては動機はどうでもよいのです。自分は裁判所を見るだけでゾーッとする、だから任せる。それでも結構である。自分は時間がない、だから任せる、それでも結構である、けれどもそちらは重要でないのであります。選定者の側が被害者の1人である多数者の中の1人に訴訟を授権すること、すなわち、被選定者も同時に発生した損害賠償請求権の帰属主体であることが必要であります。一緒に被害を受けた人々の裁判がどうなるかということについて、彼は法律上の利害関係がある、したがって彼に授権さえあれば、全体の権利について訴訟担当することは適法視されるべきである、こういうふうに思うわけであります。

IV. 実質関係説の評価

1. 訴訟担当者のための訴訟担当

　もう1つの学説、現在の多数説といってよろしい説であります。これは福永有利教授の見解であります。学会では実質関係説と呼ばれております。この見解は大きく取りまとめますと、訴訟担当を2つに分けておられます。第1のグループは、訴訟担当者が訴訟追行について自己固有の利害を持つ、こういう場合に訴訟担当を認めていこうとするものであります。そして自己固有の利害関係を持つという意味は、具体的には民事訴訟法42条の補助参加の規定でいわれる法律上の利害関係と同じである。こういうふうに説かれるわけであります。この第1グループは、いわば訴訟担当者のための訴訟担当であります。

　例として先ほど挙げました債権譲渡の場合、あるいは家屋の売主が現在では権利者ではなくなりましたけれども、買主の授権を受けて家屋の取戻訴訟を行う場合、あるいはまた、先ほど不動産でありましたけれども、譲渡担保として差し入れたものが、債務者を自分の名で訴えるという譲渡担保の場合、あるいはさらに、割賦販売の場合でありますが、所有権留保条件で物を

買う、そして割賦弁済を行う、完済したときに所有権は買主に移る、こういう場合に不法行為者が目的物を毀損して損害を発生させたという場合もあります。このとき、物の所有権はまだ売主会社側にあるわけです。すなわち、Xは消費者で買ったばかりで、割賦金はまだ3回しか払っていない、10回しか払っていない、まだ所有権はXのものではない、しかしXはそれを占有して使っております。これを「所有権留保付売買」といいます。割賦販売はつねにそうです。

ところが第三者がきて、これを壊してしまったとき、損害賠償請求権は会社に帰属します。会社が所有権の侵害を受けております。けれどもこういう場合に、会社がXに訴訟追行を授権すると、Xが自分の名において、会社に帰属する損害賠償請求権を訴訟物として訴えることになる、こういうことを認めてよろしい、これは担当者が訴訟追行に固有の利益を感ずる場合である、担当者のための訴訟担当である、こういうふうにいわれるわけであります。この限度において私は福永説の第1グループには全面賛成であります。そして私自身はドイツの通説・判例を支持するものでありますが、このドイツの通説・判例と第1グループはほとんど同じで、私は賛成であります。第1グループに関する限り、当事者適格というものは国家的な視点から検討しなければなりません。訴訟担当をする者が、担当することについて法律上の利害を持っている、だからこれは国家的な視点からみても、正当なものとして原告適格を訴訟法上肯定してやろう、こういう考え方でありまして賛成できるものであります。ただし、福永教授のいわれる固有の利益イコール補助参加の利益という説明には反対であります。補助参加の利益と訴訟担当の場合の、担当することについての利益とは基準が異なります。

2. 権利主体のための訴訟担当

さらに福永教授は第2グループというものをお立てになりまして、これは権利主体のための訴訟担当といわれます。先ほどは担当者の利益のための訴訟担当でありましたが、今度は授権をする方、すなわちの権利主体の方、こちらの方の便宜のために訴訟担当を肯定しようというのであります。

その事例をみてまいりますと、次のようなものを挙げておられます。講の

世話人は、先ほどこれは正当業務である、被担当者の業務という角度から説明をしましたけれども、福永教授の説では、講の世話人というのは権利者のための訴訟担当である、講員のための訴訟担当である、掛戻請求訴訟であれば未取口者のための訴訟担当である、こういうふうに位置づけられております。

労働組合が組合員の会社に対する請求権を訴訟物として原告となる、これもこのグループに入れておられます。そしてこれは組合員の便宜のためである、組合員の利益のために訴訟担当を認めるのである、こういうふうに権利主体のための訴訟担当のグループに入れておられるわけであります。

さらに民法上の組合の業務執行組合員が、組合に帰属する権利を訴訟物として訴訟を行う、これも権利主体のため、換言すれば組合員のための訴訟担当である、こういうふうに位置づけられております。

それからよく不動産屋がやっている現象でありますけれども、家主のため、家屋の賃貸借を包括的に管理している管理人があります。30軒とか50軒とか、家屋を持っている人の全資産について継続的に賃借人と賃貸借契約を結ぶ、契約解除の内容証明を出す、いろいろなことをやる、家屋の修理も行う、家賃の徴収も行う、催告も行う、こういう広範な権限を与えられております。包括的に管理している管理人、こういうふうな場合の管理人を訴訟担当者とする訴訟担当、私もこれを家主との契約内容によっては認めてよいと思うのでありますが、これの位置づけも権利主体のための訴訟担当の中に組み入れておられるわけであります。

権利主体のための訴訟担当の基準は何か、つまり、これら数個のものをくくる基準でありますが、これにつきましては福永教授は次のように述べられております。

第1の要件は包括的な管理権です。第2の要件は訴訟物について権利者と同等もしくはそれ以上の知識を持っていることです。この2つが重要な基準である、こういうふうな場合には、権利主体のために訴訟担当を認めてよろしいのではないか、こういうふうに述べているわけであります。

3. 実質関係説に対する私の見解
(i) 権利主体のための訴訟担当に対する見解

　私はこの見解を批判してみたいと思います。この説は権利主体のための訴訟担当という概念を用いるわけでありますが、訴訟担当というものが権利者にとって利益となる、あるいは便利であるというのは授権の動機であって、訴訟担当の適法性の根拠とはならないと思うのであります。訴訟担当者が担当することの適法性というのは、むしろ担当者が他人の権利について訴訟をすることに正当な法律上の利害を感じている、だから法律の立場からそれを守ってやることが必要である、このような視点が重要であると思うわけであります。

　したがって正確には訴訟追行についての法律上の利害を訴訟担当者が感じている、こういうふうにものをみていき、そのような利害を感じている立場に担当者があるから、法の立場からそれを認めてやろう、国家の立場から認めてやろう、こういうふうに考えていくのが正しい視点であるのです。訴訟担当を認めるかどうかということは、国家の視点から是認できるひろい意味での権利保護の利益が、担当者にあるかどうかという問題である、国家がどこまで訴訟要件の視点から他人の権利について、訴訟をすることを認めるか、こういう視点が重要なのだというふうに説くのが、ドイツの通説・判例の立場であり、きわめて正当であると思うわけであります。

　授権する側、真の権利者側の動機というのは、先ほど述べたように、国家が権利者でもない者に、原告適格を認めるかどうかの判断をする場合には重要な要素ではないのです。担当者側に正当な利益があれば、授権の動機が、その日夫婦喧嘩をしたからであろうと、裁判所の建物をみると気分が悪くなるという動機であろうと、担当者に媚びへつらうためであろうと、あるいは自分の仕事が多忙であって訴訟に関わっていられないということであろうと、それは関係のないことであります。その事情でもって他人の権利についての原告適格を認めることは、是か非か、そういうふうなことを判断するのは、訴訟要件の一貫としての原告適格の判断をする思考方法としては、誤りであるというふうに思うのであります。

　大分昔のことになりますけれども、確かにドイツのポーレ教授が授権の側

の状況というものを考慮に入れるような見解を述べられたことがありますが、ドイツの通説・判例はそのような見解を採用していないのが、実際の状況であります。

さらに民事訴訟法30条の規定が任意的訴訟担当を是認しているのは、被選定者すなわち訴訟担当者が、区々に別れる判断を避けようとしていることを保護する利益があるというふうに国家が考えているから是認できるのです。たしかに授権する方は、一番能力があって熱心な、また電鉄会社と交渉する時間もある彼にやらせた方がよい、そうすれば一円でも余計に損害賠償が取れる、それから人々が1つずつ訴訟を起こすと、主張もまちまちになり、訴訟資料もまちまちとなり、必要に応じて同じ証人が10も20もの事件の法廷に立って証言しなければならない、こういうことを避けるために、民事訴訟法30条の制度が設けられた、こういうふうに述べるけれども、請求権者の1人が同一の事故で他の人の権利の訴訟追行を担当し、この担当が適法とみられるのはやはり彼自身が他人の権利、他の被害者の権利を行使して、自分の権利と一緒に一体として訴訟を行う、こういうことについて正当な利益を持っているがゆえに認める、こう理解した方が正当であろうと思います。多数者の中の1人に任せることが重要であります。被害者でもない目撃証人がその電鉄事故にどんなに詳しい知識を持っていても、この者は被害者の人々の権利を授権を受けても訴訟担当をすることはできないのであります。国家としてはそういう訴訟担当は是認できないと思います。

福永説のいう権利主体のための訴訟担当としてあげられる設例は、私もその訴訟担当を全部認めてよいと思うし、ドイツの通説・判例も全部認めているわけであります。これは担当者の側からみて権利保護の必要、ないしは担当者の固有の利益を保護するに値する場合として取り込むことができます。権利主体のための訴訟担当として、福永教授が挙げられておられる先ほど紹介した事例というのは、全部訴訟追行者の法律上の利益という基準で、全部取り込むことができると私は思うわけであります。

(ⅱ) 訴訟担当者のための訴訟担当に対する見解

福永説は訴訟担当者のための訴訟担当というグループを論じるときに、基準として民事訴訟法42条の利害関係という言葉を使っておられますけれど

も、私はこれは正確を欠くのではないかと思うわけであります。なぜならば、民事訴訟法42条の利害関係というのは、他人間の判決の主文が自分の実体法の地位の前提となる、あるいは先決問題である、こういうふうな場合に利害関係があるのである、こういうふうに通説は説明しております。

しかしそうでない場合も、どしどし任意的訴訟担当として認めて差し支えがないと私は思うのであります。たとえば民事訴訟法30条の選定当事者の事例を考えてみますと、これは補助参加の要件はストレートには満たさない場合であります。参加人の実体法上の地位を決めるときに、他人間の判決の主文が前提となる、実体法の論理として前提となる、先決問題である、民事訴訟法30条の先ほどの事故の事例の場合は、こういうふうな関係にはありません。また家屋の管理人というのを先ほどやりましたけれども、これは補助参加の基準で説明がつけられるだろうか、むしろこれは、ドイツの通説・判例のように家屋の管理人という者は、管理業務の完全性にとってプラスになるから、権利者の権利を訴訟物として訴訟担当をする利益がある、したがってそれは適法である、こう考えたほうがよいのではないかと思うのであります。

それから共有物を破壊された場合の損害賠償請求権でありますけれども、これは各共有者は持分権侵害の損害賠償請求権を持つだけでありますが、共有者全員の損害賠償請求権を授権を受けて訴訟担当する、この場合もどうもこれは42条では説明がつかないのであります。しかし、やはりこれは訴訟担当として認めなければならないと思います。

結論として私は正当業務説は狭すぎる、むしろドイツの通説・判例にしたがって、権利者からの訴訟追行の授権、それから担当者が他人の権利について自己の名で訴訟追行することについて、保護に値するところの法律上の利益を持っている、こういう弾力的な基準でひろく事例を取り込むのがベターである、というふうに、私は思うわけであります。

なお本件判旨の中で、特段の事情がない限り合理的である、こう書いてありますけれども、この意味はドイツの判例の中から、私が発掘したのでありますけれども、次の例が考えられます。すなわち金持ちから訴えられれば自分が勝ったときに、訴訟費用を確実に回収することができます。しかしなが

らその真の権利者が訴えてくれないで、第三者に訴訟担当させた、この訴訟担当者が無資力者である、このときにこの担当者が負けた場合には、被告は訴訟費用の請求権があります。またこの訴訟でインチキが行われた場合には、不当訴訟として損害賠償請求権があります。民法上訴訟行為そのものが不法行為であるという場合に損害賠償をとろうと思っても相手方が無資力者である、こういう主として無資力者に訴訟担当させるという場合には、先ほど述べた授権とか、担当者の正当な法的利益とかいうものが揃っていても、やはり適格は否定すべきである、こういうふうに思うのであります。

【参考文献】
①判例評釈
上原敏夫・百選〔第2版〕60頁
宇野栄一郎・最判解民昭和45年度〔下〕813頁
松原弘信・百選〔4版〕32頁
②学術論文
伊藤眞「任意的訴訟担当をめぐる解釈と立法」鈴木古稀89頁
中野・論点Ⅰ111頁
八田卓也「任意的訴訟担当論の現況についての一考察」神戸法学60巻3＝4号256頁
③体系書
伊藤・191-197頁
小林・122-124頁
新堂・298頁
高橋・重点講義〔上〕297-308頁
中野ほか編・178-184頁〔福永有利〕
松本・上野・266-267頁〔松本博之〕
④コンメンタール
条解二版・164頁以下〔新堂幸司＝高橋宏志＝高田裕成〕
注釈民訴（1）411頁以下〔新堂幸司〕

第5講　相殺の抗弁と重複訴訟係属の禁止

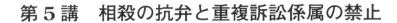

　第5回の講義のテーマは、相殺の抗弁と重複訴訟係属の禁止についてです。材料とするのは、最高裁の3つの判決、すなわち、最判平成3年12月17日民集45巻9号1435頁、最判平成10年6月30日民集52巻4号1225頁、そして、最判平成18年4月14日民集60巻4号1497頁です。最初の2つの判決は判例百選第5版の38番①事件と②事件、最後の判決はA11事件であり、判例百選第5版38番掲載の両判決には内海博俊准教授、3番目の判決には濱﨑録教授による解説があります。
　講義の進め方としまして、本日はまず、前提知識として、相殺の抗弁および重複訴訟係属の禁止について、それぞれ説明します。その上で、両者が交錯する場合について、判例百選第5版に掲載された3つの判例を中心に、学んでいくことにします。

Ⅰ．相殺の抗弁

　相殺の抗弁とは、訴求債権に対して、被告が反対債権を供して、両債権による相殺（民法505条以下）があった、あるいは、相殺をする、と主張することです。相殺の抗弁は、弁済（改正民法473条）や消滅時効（民法166条以下）の成立のような他の抗弁とは異なる特徴を有しています。それゆえ、相殺の抗弁は、以下に挙げる既判力や審理順序などの局面で、訴訟法上、特別な取扱いを受けています。

1．既判力
　相殺に供された債権の存在または不存在の判断は、判決理由中の判断でありますが、既判力を生じます（114条2項）。既判力は、原則としては訴訟物

についての判断にのみ生じるとされており（同条1項）、相殺の抗弁についての判断はその例外ということになります。

相殺の抗弁に関して例外的な扱いがなされる理由は、被告が相殺の抗弁に供した反対債権（自働債権）について裁判所が実質的に審理した場合、当該訴訟において、少なくとも対当額の限りでは、事実上反対債権の存否の判断が示されたものと考えることができるからです。

具体的には、被告の主張する反対債権の存在が認定されて、訴求債権と反対債権の双方が相殺によって消滅した場合、あるいは、反対債権の不存在が認定されて、相殺の抗弁自体が排斥された場合などが、それに該当します。いずれの場合にも、その結論に至る過程で、反対債権に関して、"反対債権は存在したが相殺で消滅した（よって、今では存在しない）"、あるいは"反対債権はそもそも存在していなかった（当然、今も存在しない）"、と実質的に判断されているからです。つまり、訴訟物のみならず反対債権をめぐる争いも、当該訴訟の審理を通じて解決されたと認められるので、相殺の抗弁に関する判断も既判力を有するとされるのです。もしも、これらの場合に反対債権の存否についての判断に既判力が生じないとするならば、反対債権をめぐって再び訴えを提起して審理を求めることが可能になってしまいます。その意味では、相殺に供された債権の存否の判断は、既判力を生じる"べき"であると考えてもよいかもしれません。

このようなわけで、相殺の抗弁は、形式的には判決理由中の判断であり、原則を貫くならば既判力の客観的範囲の外にあるところを、特に立法的に例外規定を設けて、既判力を生じるとされているのです。

2. 審理の順序

民事訴訟において、相殺の抗弁は一般に予備的に主張されます。それは、相殺の抗弁に特有の、次のような事情を背景としています。すなわち、原告の主張を争う被告が目指す"本命"の判決結果は、"訴求債権は存在しない"という理由に基づく請求棄却判決です。しかし、被告がいくら訴求債権は存在しないと主張・立証を試みても、裁判所が、弁論の全趣旨と証拠調べの結果から、訴求債権は存在するという心証を得る可能性は残ります。そのよう

な事態になっても、訴求債権全額を実際に支払わなくてはならない状態に陥ることのないよう、ある種の"保険"として主張しておくのが、相殺の抗弁です。端的にいえば、あくまでも"訴求債権の不存在という自己の主張が認められない場合に備えた次善の策"、それが相殺の抗弁の立ち位置なのです。

　本来、提出された主張をどのような順序で審理するかは、裁判所が自由に決めてよい事項です。このことは当然ながら、抗弁にもあてはまります。被告が複数の抗弁を提出し、それらのうちある特定の抗弁を優先的に審理して欲しい、と審理の順序を指定したとしても、それはあくまでも被告の希望の表明に過ぎず、裁判所がそれに拘束されることはありません。審理の順序について裁判所に選択権を与えても、被告には、感情的な問題は別として、特に看過し難い現実的な不利益が生じるとは考え難いところです。というのも、特定の抗弁の審理に拘泥しなくても、主張した抗弁のうちいずれか１つが認められれば、「その余の主張について判断するまでもなく」請求は棄却され、被告の勝訴となります。また、抗弁についての判断は、基本的に判決理由中の判断であって既判力を生じません。よって、抗弁に供した事実は、後日、別の訴訟で再び主張することができ、その際には、当該事実について、先行する訴訟におけるのと異なる内容を主張することも、認められているからです。

　しかし、相殺の抗弁については、審理の順序についても例外的に、被告の希望を容れて予備的に審理されます。具体的には、裁判所は、まず、あらゆる主張・立証に基づいて訴求債権の存否を審理し、訴求債権が存在すると判断した場合に限って、反対債権の審理に入ります。それが、相殺の抗弁が、予備的抗弁あるいは仮定抗弁と呼ばれるゆえんです。相殺の抗弁を例外的に扱う理由は、次の点に求められています。すなわち、相殺の抗弁は、訴求債権の存在を認めた上で、これを自分の有する反対債権と対当額で消滅させる、という主張です。訴求債権の存否を争っている以上、被告が積極的に（たとえそれが暗示的にであっても）自分の債権を犠牲にすることを希望しているとは考えられません。そんなことを主張すれば、制限付自白と判断されかねません。原告の請求原因事実に対する被告の自白の成立を防ぎつつ、既判力を生じる反対債権の存否について実体判断をする方法として、相殺の抗弁を

予備的な審理・判断の対象と位置づけることは、理に適っているということができます。

Ⅱ．重複訴訟係属の禁止

1．142条とその趣旨

　当事者は、裁判所に係属する事件について、さらに訴えを提起することはできません。これが重複訴訟係属の禁止であり、142条に規定されています。重複訴訟係属の禁止は、重複訴訟の禁止、重複起訴の禁止、二重起訴の禁止などとも呼ばれています。

　142条の趣旨として、まず、審理の重複による訴訟不経済の防止が挙げられます。重複訴訟係属を認めると、同じ事件を重ねて審理する、という非効率的な作業の実施を認めることになりますが、それは、限られた司法資源のむだ遣いといわざるをえません。次に、判決相互の矛盾回避が挙げられます。裁判の結果は、当事者の訴訟行為および受訴裁判所の訴訟運営から大きな影響を受けます。同じ事件が複数の法廷で審理されると、相矛盾した判断に至る危険があります。それらがそれぞれ既判力を生じるとなれば、当事者も市民も混乱し、司法への信頼が損なわれることは確実です。さらに、相手方の応訴の煩わしさの防止も、学説から有力に指摘されています。重複訴訟係属を認めると、相手方当事者は、同じ内容の訴えに複数回応訴するという煩雑さを甘受しなくてはならなくなるが（159条1項および3項）、それは妥当でない、という指摘です。以上のような不都合が発生しないようにすることが、142条の趣旨とされています。

　伝統的な見解は、これらの不都合のうち、判決内容が相矛盾する事態の回避に重点を置いてきました。それに対し、近時の有力説は、審理の重複による訴訟不経済の回避をより重視します。この見解は、反訴が訴えでありながら（146条4項参照）142条の趣旨に反しないことを理由に同条に抵触しないとされていることに注目し、142条は重複する"提訴"というよりも重複する"訴訟"を禁じる趣旨である、と主張しています。

2. 事件の同一性

続いて、2件の訴訟の間に事件の同一性が認められるのは、どのような場合かについて、検討します。

事件の同一性は、伝統的に、当事者の同一性と訴訟物の同一性とを基準にして判断されています。これらの同一性については、厳密に考える見解もありますが、概して柔軟に解釈されています。

まず、当事者の同一性については、形式的に同一かどうかに留まらず、実質的な観点に立って判断されています。たとえば、判決効が及ぶとされる者（115条）は当事者と同視されますし、原告と被告が入れ替わっていても同一性は認められています。

また、訴訟物の同一性についても、重複訴訟係属禁止の趣旨を反映した判断がなされています。たとえば、訴訟物たる権利関係が同一または近似している場合には、同一性が認められています。XがYに対して売買代金債務不存在確認の訴えを提起した後に、YがXに対して当該売買代金債権の支払いを求める訴えを提起することは、認められません。くわえて、主要な争点（攻撃防御方法）、ひいては、訴訟物たる権利関係の基礎となる社会生活関係が共通していれば、同一性を認めるとする見解も有力です。この見解からは、売買契約の当事者間で、目的物の所有権確認の訴えが提起された後に、当該目的物の引渡しを求める訴えを提起することも、認められません。いずれの訴訟も、訴訟物は異なるものの、売買契約の効力という争点の同じ訴訟だからです。

なお、実際に重複訴訟係属が問題となるような事案が、以上のような単純な構造であることは、あまりありません。むしろ、実質的に審理の全部または大部分が重複したり、判断の矛盾抵触の危険があったりするような事案が多いです。

III．相殺の抗弁と重複訴訟係属の禁止

1. 問題の出発点

相殺の抗弁は、あくまでも防御方法、つまり訴訟上の主張であって、訴え

ではありません。したがって、相殺の抗弁の主張について、142条の直接適用が問題になることはありません。相殺の抗弁と重複訴訟係属の禁止は、142条の類推適用の可否、いい換えれば相殺の抗弁の適法性の問題として議論されます。

　この問題は、同一債権が複数の訴訟に登場し、かつ、当該債権が片方の訴訟において相殺の抗弁として供されている場合に生じます。この条件を充たすケースは、先後いずれの訴訟において当該債権を相殺の抗弁としているかによって、さらに細分化されます。すなわち、1つは、訴求中の債権を別訴で相殺の抗弁に供するケースで、いわゆる"訴え先行型"と呼ばれるものです。もう1つは、相殺の抗弁に供した債権を別訴で請求するケースで、いわゆる"抗弁先行型"と呼ばれるものです。また、同一債権が複数の訴訟の双方で相殺の抗弁として提出されるケースもあり、これは"抗弁並存型"と呼ばれています。これらのうち特に問題となるケースは、訴え先行型と抗弁先行型です。

2. 訴え先行型と抗弁先行型

　訴え先行型に該当するのは、"YからXに対する賃金債権の支払いを求める訴訟の係属中に、XがYに対して売買代金債権の支払いを求める別訴を提起し、その別訴において、Yが訴求中の賃金債権を自働債権として相殺の抗弁を主張した"というようなケースです。それに対して、抗弁先行型に該当するのは、"XのYに対する売買代金債権の支払いを求める訴訟において、Yが賃金債権を自働債権として相殺の抗弁を主張し、その訴訟の係属中に、YがXに対して、同一の賃金債権の支払いを求める訴えを提起した"というようなケースです。

　訴え先行型と抗弁先行型とは、問題となる点が異なり、ゆえに問題提起の仕方が異なります。すなわち、訴え先行型の場合には、"相殺の抗弁は142条の規定する「訴えを提起すること」には該当しないが、同条を類推適用するべきではないか"という問題提起が妥当します。それに対して、抗弁先行型の場合には、"相殺の抗弁は142条の規定する「係属する事件」には該当しないが、同条を類推適用するべきではないか"という問題提起が妥当しま

す。

しかし、いずれにも審理の重複による訴訟不経済が生じる危険があります。また、相殺の抗弁についての判断は既判力を生じることから、いずれにも前訴と後訴の判断が矛盾抵触する危険があります。このように、いずれにも142条の趣旨に反する可能性があることから、142条の類推適用の可否は、訴え先行型の場合にも抗弁先行型の場合にも問題となります。

3. 学説

この問題について、学説では様々な見解が示されています。

近時の学説においては、訴え先行型と抗弁先行型のいずれの場合にも142条の類推適用を肯定する見解が主流です。これを先ほど2.で挙げた事例で考えるならば、後訴における相殺の抗弁も給付請求も不適法ということになります。この見解では、142条の趣旨は審理の重複によるむだや判決の矛盾抵触が生じる危険を防ぐことにあるが、どちらのケースにもその危険があるのだから、未然に防ぐべく142条を類推適用するべきである、と考えられています。

それに対して、かつての多数説である、いずれの場合にも142条の類推適用を否定し相殺の抗弁の提出を認めるとする見解も、なお有力に主張されています。この見解は、相殺の抗弁があくまでも訴訟上の主張であって訴えではないことを前提に、相殺の簡易決済機能や担保的機能を重視しています。相殺の簡易決済機能とは、当事者双方が、相互に弁済し合ったり、債務名義を得て強制執行したりする手間をかけることなく、債権債務関係を清算することを可能にする機能をいいます。また、相殺の担保的機能は、相殺権者が、事実上一種の債権質権者のような地位を得て、自己の債権を対当額分は確実に回収することを可能にします。この見解は、相殺の抗弁に供された債権は、先行して審理される訴求債権についての判断次第では、後訴で審理されないかもしれないこと、また、仮に審理され判断がなされたとしても、前訴の判断と常に矛盾抵触するとは限らないことに注目します。そして、142条の類推適用を肯定すれば、危険が発生するか否かが曖昧かつ不確定な段階で、相殺権者から相殺権を実質的に奪い取り、相殺の担保的機能への期待を

失わせることになる、と主張しています。

　学説においては、訴え先行型と抗弁先行型とを区別して検討するものの、最終的には同じ結論を採用する見解が多数を占めています。しかしその一方で、訴え先行型と抗弁先行型とで異なる結論をとる見解も増えています。

　たとえば、訴え先行型では、142条の類推適用を肯定して相殺の抗弁を不適法とするが、抗弁先行型では、先行訴訟で相殺の抗弁が審理されるか否かが不確実なので、類推適用を否定して別訴を適法とする見解があります。

　反対に、訴え先行型では、142条の類推適用を否定して相殺の抗弁を適法とするが、抗弁先行型では、別訴を不適法として反訴を要求する見解もあります。論者は、その理由として、訴え先行型では、前訴の取下げに相手方の同意が必要であるが（261条2項）、相手方が同意するとは限らないので、後に相手方から訴えを提起された場合に相殺の抗弁を提出することのできる道を確保する必要があるから、と主張しています。また、債務名義を得て強制執行を可能にする目的でなされる債権の訴求も、相殺の担保的機能に期待して後訴でなされる相殺の抗弁の提出も、どちらも合理的であるから、とも主張しています。

　加えて、抗弁先行型の場合には、前訴での抗弁に関連させて反訴を提起すれば、債務名義を得るという目的は十分に達成可能であり、後訴を認める必要はない、とする見解もあります。

　以上のように、142条の類推適用の可否、可能であるとするならば具体的にどのような場合に可能であるのかについては、現在も学説上見解の一致がみられていません。この問題を考える上では、相殺の予備的抗弁性や審理の不確定さなど、防御方法としての相殺の特徴、相殺の権利実現機能と担保的機能とのバランス、弁論の併合や反訴の強制の可否などの様々な要素を、事案に応じて勘案し評価する必要があります。ここで大まかに分類して紹介した見解も、その内容を詳しくみると、結論は同じであっても、諸要素の勘案・評価をめぐる視点や基準まで全面的に一致しているとは限らず、温度差のある様子が見受けられます。

　本日とり上げる事案は、いずれも訴え先行型に属します。最判平成18年4月14日は、別訴である反訴と本訴とが同一手続において審理されてはい

ますが、反訴の請求債権を本訴で自働債権として相殺の抗弁に供した事案に関するものです。そこで、以下では、訴え先行型にフォーカスして検討していきます。なお、抗弁先行型について、最高裁としての判断は未だ示されていないことを、ここで付け加えておきます。

Ⅳ. 最判平成3年12月17日

1. 事実関係

　X（原告・被控訴人・被上告人）はY（被告・控訴人・上告人）に対して、バドミントン商品輸入の継続的取引契約に基づく商品代金等の残額258万余円の支払いを求める訴えを提起しました。第1審は、Xの請求の一部を認容し、Yに対して207万余円と遅延損害金の支払いを命じる判決を下しました。これに対してYは控訴し、控訴審において、Xに対し別訴で請求中の1,284万余円の売買代金債権を自働債権とする相殺の抗弁を提出しました。

　この別訴は、第1審で請求認容判決が出されて控訴審に係属中、本件訴訟といったん弁論が併合され、その後再び分離された訴訟でした（152条1項）。そして、Yが相殺の抗弁を主張したのは、併合審理中に開かれた口頭弁論期日においてでした。そのため、両訴訟の分離後、係属中の別訴で訴訟物となっている債権を自働債権とした相殺の抗弁の主張がなされている状況が生じ、それが許されるかどうかが問題となりました。

　控訴裁判所は、控訴を棄却し、相殺の抗弁については142条（大正15年民事訴訟法231条）を類推して理由がないと判示しました。これに対して、Yが同条の解釈適用に誤りがあるとして上告しました。

2. 判旨

　上告棄却。

　「係属中の別訴において訴訟物となっている債権を自働債権として他の訴訟において相殺の抗弁を主張することは許されないと解するのが相当である（最高裁昭和58年（オ）第1406号同63年3月15日第一小法廷判決・民集42巻3号170頁参照）。すなわち、民訴法231条（現142条）が重複起訴を禁止する理由は、

審理の重複による無駄を避けるためと複数の判決において互いに矛盾した既判力ある判断がされるのを防止するためであるが、相殺の抗弁が提出された自働債権の存在又は不存在の判断が相殺をもって対抗した額について既判力を有するとされていること（同法 199 条 2 項〔現 114 条 2 項〕）、相殺の抗弁の場合にも自働債権の存否について矛盾する判決が生じ法的安定性を害しないようにする必要があるけれども理論上も実際上もこれを防止することが困難であること、等の点を考えると、同法 231 条（現 142 条）の趣旨は、同一債権について重複して訴えが係属した場合のみならず、既に係属中の別訴において訴訟物となっている債権を他の訴訟において自働債権として相殺の抗弁を提出する場合にも同様に妥当するものであり、このことは右抗弁が控訴審の段階で初めて主張され、両事件が併合審理された場合についても同様である。」

3. 論点

（ⅰ）　本判決において、最高裁は、別訴で訴求中の債権による相殺の抗弁を、142 条の類推適用により不適法と判示しました。また、この結論は、訴え先行型と抗弁先行型の違いを問わず妥当する、としました。

（ⅱ）　判旨は、相殺の抗弁を不適法とする理由として、審理の重複による無駄、および、自働債権の存否について判断に矛盾が生じて法的安定性を害する危険を挙げました。

（ⅲ）　本判決の背景として、控訴審において本件訴訟と別訴の弁論が併合されて相殺の抗弁が主張されたものの、その後弁論が再び分離されて本判決に至った、という経緯があります。時系列で示すと、

　①弁論の併合によって本訴と別訴が 1 つにまとめられた
→②1 つになった訴訟で、併合前に別訴で請求していた債権を相殺の抗弁に供した
→③弁論が再度分離されて別訴が復活し、当該債権は再び別訴の訴求債権となった
→④本訴の判決として本判決が出された、
ということです。

4. 学説の評価
（ⅰ）について

学説は、おおむね一致して、本判決を、"訴え先行型における一般論としての最高裁の立場を明らかにしたもの"と位置づけています。判決の結論自体は、従来の一連の下級審の裁判例に沿ったものですが、最高裁判決として先例的価値が認められている点がポイントです。

相殺の抗弁と重複訴訟係属の禁止をめぐっては、本判決に先駆けて、最判昭和63年3月15日民集42巻3号170頁が、142条の類推適用を否定し、相殺の抗弁を適法とする判断を示していました。しかし、同判決の事案は特殊なものでした。すなわち、賃金仮払いの仮処分に基づいて仮払金を支払った使用者が、上訴審において仮払いを命じた部分が取り消されたことを受けて、仮払金の返還を求めて不当利得返還請求の訴えを提起し、当該訴訟において、被告である仮処分債権者が、自らが原告として別訴で訴求中の賃金債権を自働債権として相殺する旨の抗弁を提出した、という事案でした。そして、最高裁も、このような事案の特殊性を踏まえ、仮処分債権者の利益など具体的事情を考慮して結論を導き出しました。それゆえ、同判決は事例判決であり、一般論としての先例にはならない、という見方が強かったのです。

とはいえ、結論に一般論としての先例的価値を認めることと、結論をどのように評価するかとは、別の話です。本判決の結論に対する評価は、訴え先行型の場合における142条の類推適用の可否をめぐる学説の対立を、基本的にそのまま反映しています。つまり、142条の類推適用を否定する見解は、本判決の結論に批判的です。

（ⅱ）について

判旨は、相殺の抗弁を不適法とする理由として、判断の矛盾抵触や法的安定性の侵害の危険を前面に打ち出しています。しかし、これに対しては、実際にはどれほど危険なのか、少なくとも本判決が危惧しているほど大きな危険なのか、疑問を呈する論者が少なくありません。論者は、同一債権（自働債権）について、矛盾する複数の判決が別の法廷で同時に出される可能性が、実際にはきわめて低いことを、出発点にしています。同日同時刻に、別の裁判所で、このような関連性ある事案に関する複数の判決が言い渡された

り確定したりすることはかなり考え難く、大なり小なりタイムラグがあるのが普通です。そして、先行して出された判決が確定して既判力を生じると、残った方の裁判所はそれに拘束されます。仮に、後訴裁判所が前訴の確定判決の存在を知らなくても、前訴と後訴の当事者が同じであれば、前訴の確定判決が自己の有利に働く側の当事者が、その存在を後訴で主張し、それによって矛盾の危険は回避されるであろう、と予想されるからです。そうであるとすれば、両判決が矛盾抵触する危険はほとんどありえない、というのが論者の主張です。

　また、先ほどⅡ.1.で紹介した近時の有力説は、万が一、後訴裁判所が前訴判決の存在を知らないままそれと矛盾する判決を出したとしても、再審（338条1項10号）による処理が可能である、と主張しています。再審を回避したいのであれば、両手続の並行を認めた上で一方の手続を中止したり、両手続を併合したりするなど、審理の工夫による対応も可能であり、判断の矛盾抵触の危険という理由は、142条の類推適用を認める決定打にはならない、と主張されています。

(ⅲ) について

　上述 (ⅱ) で触れた"審理の工夫"という観点は、この論点とも関連しています。本判決は、いったん併合審理とされた2つの訴訟を再び分離した後で、併合中に主張された、当初は別訴の訴求債権だった相殺の抗弁を、不適法とする判断を示しました。判旨は、不適法と判断した理由を、審理の重複による無駄や判断の矛盾抵触の危険を防止することに求めていますが、それらの防止が困難になった原因は、むしろ、併合した審理を再度分離し、しかも分離後も相殺の抗弁を放置していた、本件控訴裁判所の訴訟指揮にあったのではないか、と思われます。実際に多くの学説が、併合した弁論の再分離は許されないと解するべきである、と批判しています。

V. 最判平成10年6月30日

1. 事実関係

　Aの子であるX（原告・控訴人・被上告人）とY（被告・被控訴人・上告人）は、

Aの死後、遺産の相続をめぐって争っていました。YはXに対して、Xが違法な（処分禁止の）仮処分を申請したことが原因で、相続財産である土地および建物の共有持分を、通常の取引価格よりも低い価格で売却せざるをえなくなり、その結果2億5,000万円の損害を被ったとして、その内の4,000万円の支払いを求める訴えを提起しました。

これを受け、XはYに対して、Yの支払うべき相続税、固定資産税等を自分が立替払いしているとして、不当利得返還を求める訴えを提起しました。その第1審において、Yは、不当利得返還義務を争うとともに、予備的に、上記の違法な仮処分による損害賠償請求権のうち4,000万円を超える部分を自働債権とする相殺を主張しました。

第1審は、Xによる立替払金のうち、相続税についてはYの不当利得返還義務を認めず、固定資産税等についてはその義務を認めた上で、Yからの相殺の主張を容れて、Xの請求を棄却しました。それに対して、控訴審は、相続税についても不当利得返還義務を認め、さらに、相殺の抗弁を142条の類推適用によって退けました。なお、控訴審においては、Yから、相殺の自働債権に、仮処分を取り消すためにかかった弁護士報酬2,000万円を追加する旨が主張されていました。控訴裁判所は、142条の類推適用を認める理由として、相殺の自働債権は一部請求中の債権の残額部分であるが、両訴訟は請求の基礎を同じくしていること、また、別訴において請求が拡張される余地があることを挙げました。また、追加された弁護士報酬の請求も、同じ違法仮処分に基づくもので、別訴における判断と抵触する危険がある、と判示しました。これに対して、Yが、142条の解釈適用に誤りがあると主張して上告しました。

2. 判旨

破棄差戻し。なお、本判決言渡しと同日に、前訴の損害賠償請求訴訟について上告棄却判決が出され、請求棄却判決が確定。
　「……
2　しかしながら、他面、一個の債権の一部であっても、そのことを明示して訴えが提起された場合には、訴訟物となるのは右債権のうち当該一部のみ

に限られ、その確定判決の既判力も右一部のみについて生じ、残部の債権に及ばないことは、当裁判所の判例とするところである（最高裁昭和35年（オ）第359号同37年8月10日第二小法廷判決・民集16巻8号1720頁参照）。この理は相殺の抗弁についても同様に当てはまるところであって、一個の債権の一部をもってする相殺の主張も、それ自体は当然に許容されるところである。

3　もっとも、一個の債権が訴訟上分割して行使された場合には、実質的な争点が共通であるため、ある程度審理の重複が生ずることは避け難く、応訴を強いられる被告や裁判所に少なからぬ負担をかける上、債権の一部と残部とで異なる判決がされ、事実上の判断の抵触が生ずる可能性もないではない。そうすると、右2のように一個の債権の一部について訴えの提起ないし相殺の主張を許容した場合に、その残部について、訴えを提起し、あるいは、これをもって他の債権との相殺を主張することができるかについては、別途に検討を要するところであり、残部請求等が当然に許容されることになるものとはいえない。

しかし、こと相殺の抗弁に関しては、訴えの提起と異なり、相手方の提訴を契機として防御の手段として提出されるものであり、相手方の訴求する債権と簡易迅速かつ確実な決済を図るという機能を有するものであるから、一個の債権の残部をもって他の債権との相殺を主張することは、債権の発生事由、一部請求がされるに至った経緯、その後の審理経過等にかんがみ、債権の分割行使による相殺の主張が訴訟上の権利の濫用に当たるなど特段の事情の存する場合を除いて、正当な防御権の行使として許容されるものと解すべきである。

したがって、一個の債権の一部についてのみ判決を求める旨を明示して訴えが提起された場合において、当該債権の残部を自働債権として他の訴訟において相殺の抗弁を主張することは、相殺の分割行使をすることが訴訟上の権利の濫用に当たるなど特段の事情の存しない限り、許されるものと解するのが相当である。

4　……本件について右特段の事情が存するか否かを見ると…（中略）…相殺の主張の自働債権である弁護士報酬相当額の損害賠償請求権は、別件訴訟において訴求している債権とはいずれも違法仮処分に基づく損害賠償請求権と

いう一個の債権の一部を構成するものではあるが、単に数量的な一部ではなく、実質的な発生事由を異にする別種の損害というべきものである。そして、他に、本件において、右弁護士報酬相当額の損害賠償請求権を自働債権とする相殺の主張が訴訟上の権利の濫用に当たるなど特段の事情も存しないから、右相殺の抗弁を主張することは許されるものと解するのが相当である。」

3. 論点

（ⅰ）本判決においては、一部請求訴訟の訴求債権の残額部分を、訴求部分とは別の債権として扱い、明示的一部請求訴訟の既判力は残額部分に及ばないことが、前提になっています。この立場は、判決理由に挙げられている最判昭和37年8月10日を踏襲するものです。一部請求後の残額請求については、第20講で詳しく説明することにします。

（ⅱ）本判決においては、訴え先行型の一般的先例というべき最判平成3年12月17日とは異なる結論が示されました。本判決は、同じ訴え先行型のケースであるにもかかわらず、142条の類推適用を否定し、相殺の抗弁を適法であると判示しました。判旨は、上述（ⅰ）の立場を前提とすると、本件のような場合に判断の矛盾抵触が生じる危険は低い、としています。その上で、相殺が簡易迅速な決済機能および担保的機能を有することに注目し、権利の分割行使が訴訟上の権利の濫用に当たるなどの特段の事情がない限り、相殺の抗弁の主張は認められる、と判示しています。

（ⅲ）本判決には、園部逸夫裁判官の補足意見があります。

園部裁判官は、まず、最判平成10年6月12日民集52巻4号1147頁を確認しています。同判決は、一部請求訴訟で敗訴した原告が、残部を請求する訴えを提起することは、特段の事情のない限り信義則に反して認められない、と判示したものです。そして、同判決を踏まえて、本件においても、一部請求の棄却判決が本件判決言渡日に確定したことから、残債権を自働債権とする相殺の抗弁も、当然に不適法になったのだ、と主張しています。また、一部請求訴訟の訴求債権の残額部分が相殺の抗弁に供された場合、重複訴訟係属には該当しないが、裁判所の訴訟指揮によって、可及的速やかに両

事件を併合審理するか、少なくとも同一の裁判体で並行審理することを推奨しています。園部裁判官は、そうすることが、審理の重複や判断の矛盾抵触の回避のみならず、当事者および裁判所の負担軽減にもつながる、と予想しています。

4. 学説の評価
（ⅰ）について

一部請求後の残部請求を不適法とする見解に立つならば、判断の前提、そして当然ながら結論にも反対という結果に至ります。論点（ⅰ）について本判決と同じ立場に立つ場合に初めて、論点（ⅱ）の検討へ進むことになります。ここでは、論点（ⅰ）そのものについての詳しい説明は第20講に譲り、本判決の立場を前提として論点（ⅱ）に進みます。

（ⅱ）について

これは、本判決が最判平成3年12月17日と異なる結論をとっていることをどうとらえ、評価するか、という問題です。本件には、Ⅳ.4.で紹介した最判昭和63年3月15日に存在したような事案の特殊性は、見当たりません。そこで、最判平成3年12月17日と本判決のそれぞれの判決理由に現れている相違点を確認し、その相違点が結論を分けるに足るものであるかどうかを、検討する必要があります。

本判決は、一方で、最判平成3年12月17日が重視する判断の矛盾抵触や法的安定性の侵害について、発生の危険は低いとしながら、他方で、最判平成3年12月17日が斟酌しなかった相殺の簡易迅速な決済機能や担保的機能に言及し、それらを尊重する姿勢を示しています。

このことが有する意味については、理解の分かれるところです。本判決に対しては、相殺の自働債権が先行する一部請求訴訟の訴求債権とは別の債権であると解するにしても、審理の重複や判断の矛盾抵触が発生する危険について、あまりにも楽観視しているように解釈しうる点に、懐疑的な意見が多く表明されています。というのも、一部請求訴訟の訴求債権と別訴で抗弁として主張された相殺の自働債権は、本来的にはともに1つの債権の構成部分です。いずれの訴訟においても、それぞれの債権の存在額の認定に関する審

理状況に応じて、審理範囲が本来の1つの債権の全体に及ぶ可能性があります。したがって、本判決の事案においても、審理の重複によるむだや判断の矛盾抵触が生じる危険があることに、変わりはないと考えられるからです。

　142条の類推適用を認め相殺の抗弁を不適法とする見解は、同条の意義を、このような危険に対して事前に手を打ち未然に防ぐことにこそある、と理解します。この見解は、最判平成3年12月17日、端的には"142条類推適用肯定＝（イコール）相殺の抗弁不許"とする立場が、一般的な判例理論の出発点であることを、大前提とします。そして、本判決における相殺の簡易迅速な決済機能や担保的機能などは、事案の性質を勘案する際に考慮された要素であり、それによって結論に違いが出たものと理解しています。そして、本判決は、先例である最判平成3年12月17日においては斟酌されなかった相殺の機能も考慮に入れることを通じて、判例理論が対応しうる幅を広げた判決である、と位置づけています。このように本判決の結論に一定の理解を示しながらも、この見解は、基本的には、相殺の担保的機能は、訴訟外の相殺の意思表示および請求異議の訴えによって救済可能であり、またそれで足りる、との立場を維持しています。

　それに対し、142条の類推適用を認めず相殺の抗弁を適法とする見解は、本判決をおおむね支持する立場をとっています。この見解は、上述の最判平成3年12月17日においては、相殺の簡易迅速な決済機能や担保的機能が意識的に考慮の対象外とされていたが、本判決においてはこれらの機能が尊重されているとして、好意的に評価しています。両判決の理論的一貫性については懐疑的であり、142条の類推適用を否定し相殺の抗弁を適法とする立場を一般的な判例理論とすることが、簡明でありかつ妥当であると主張しています。さらに進んで、最高裁が本判決をもって最判平成3年12月17日の基本的立場を変更した、あるいは、変更する方向に転換した可能性がある、と指摘する論者もいます。

（ⅲ）について

　園部裁判官の補足意見は、本判決の直前に出された別の判決を考慮に入れて、一部請求訴訟において敗訴した後に残額部分を相殺の抗弁に供するかたちとなった本件についても、権利濫用、信義則違反を根拠に、相殺の抗弁の

主張を不適法としたものです。この点、一部請求後の残額請求という、本事案のもう1つの論点を、前面に出したものといえるでしょう。また、補足意見中、弁論の分離・併合に関する部分は、最判平成3年12月17日に対して学説から批判の多かった点について、現場の裁判官の中にも学説に同意する意見のあることを明らかにしており、評価することができます。

Ⅵ. 最判平成18年4月14日

1. 事実関係

X（本訴の原告・控訴人・被上告人）は、建築業者A（本訴の被告）と、マンションの新築工事の請負契約を締結しましたが、完成した建物に瑕疵があると主張して、Aに対し、建物の瑕疵修補に代わる損害賠償の支払いまたは不当利得の返還を求める訴えを提起しました。これが本訴事件です。Aは、本訴の第1審係属中に、Xに対し、本件請負契約に基づく報酬残代金の支払いを求める反訴を提起しました。反訴状は、平成6年1月25日にXに送達されました。

その後、第1審係属中にAが死亡し、相続分が2分の1ずつであったY_1とY_2（本訴の被告・被控訴人・上告人。以下ではまとめて"Yら"とします）が、Aの訴訟上の地位を承継しました。Yらは、平成14年3月9日の第1審第30回口頭弁論期日において、YらのXに対する報酬残債権、すなわち反訴の請求債権を自働債権とし、XのYらに対する損害賠償債権、すなわち本訴の訴求債権を受働債権として、対当額で相殺する旨の抗弁を提出しました。

第1審は、相殺後の本訴の訴求債権について、Yらは本件相殺の意思表示をした日の翌日から遅滞の責めを負う、と判断しました。それに対して、控訴審は、反訴状送達の日の翌日、つまり平成6年1月26日から遅滞の責めを負う、と判断しました。この原審判決に対して、Yらが、履行遅滞に陥るのは本件相殺の意思表示をした日の翌日であると主張して、上告受理申立てをし、受理されました。

なお、本件相殺の適法性については、当事者間で争いになっておらず、原審、原々審とも判断していません。

2. 判旨
破棄自判。

「本件相殺は、反訴提起後に、反訴請求債権を自働債権とし、本訴請求債権を受働債権として対当額で相殺するというものであるから、まず、本件相殺と本件反訴との関係において判断する。

係属中の別訴において訴訟物となっている債権を自働債権として他の訴訟において相殺の抗弁を主張することは、重複起訴を禁じた民訴法142条の趣旨に反し、許されない（最高裁昭和62年（オ）第1385号平成3年12月17日第三小法廷判決・民集45巻9号1435頁）。

しかし、本訴および反訴が係属中に、反訴請求債権を自働債権とし、本訴請求債権を受働債権として相殺の抗弁を主張することは禁じられていないと解するのが相当である。この場合においては、反訴原告において異なる意思表示をしない限り、反訴は、反訴請求債権につき本訴において相殺の自働債権として既判力ある判断が示された場合にはその部分については反訴請求としない趣旨の予備的反訴に変更されることになるものと解するのが相当であって、このように解すれば、重複起訴の問題は生じないことになるからである。そして、上記の訴えの変更は、本訴、反訴を通じた審判の対象に変更を生ずるものではなく、反訴被告の利益を損なうものでもないから、書面によることを要せず、反訴被告の同意も要しないというべきである。本件については、前記事実関係及び訴訟の経過に照らしても、上告人らが本件相殺を抗弁として主張したことについて、上記と異なる意思表示をしたことはうかがわれないので、本件反訴は、上記のような内容の予備的反訴に変更されたものと解するのが相当である。」

3. 論点
（ⅰ）　本判決では、同一手続内に本訴と反訴が併合されている場合について、反訴の請求債権を自働債権とし、本訴の請求債権を受働債権として相殺の抗弁を主張することが、適法と判断されました。

（ⅱ）　上述（ⅰ）の結論をとるにあたって、最高裁は、反訴原告が異なる意思表示をしない限り、単純反訴は予備的反訴に変更されたものと解釈する、

と判示しました。すなわち、（i）のように本訴において相殺の抗弁を主張することは、当該反訴は、その後本訴で、反訴の請求債権を自働債権とする相殺の抗弁について既判力ある判断が示された場合には、当該債権のうち既判力を生じた部分は反訴の請求債権から除かれるという趣旨の、予備的反訴に変更されることになる、という解釈です。この解釈について、最高裁は、142条の類推適用云々の問題を回避するための実際的・便宜的な手段である、との自覚をほのめかしつつも、当事者のいずれにも不利益をもたらす解釈ではないことから問題はない、としました。

（iii）　本判決と同一に分類されるものではありませんが、本訴の請求債権を反訴で相殺の抗弁として主張する場合について、近時、東京高判平成15年12月10日判時1863号41頁や大阪地判平成18年7月7日判タ1248号314頁など、下級審において相殺の抗弁を不適法とする複数の裁判例が示されており、興味深いところです。

4. 学説の評価

（i）について

142条の類推適用を認めず相殺の抗弁を適法とする見解から、本判決の結論に対して懐疑的な意見がみられます。その理由としては、類推適用を否定する根拠としてきた主張とともに、同一手続内に併合されている場合はそもそも重複訴訟係属にならず、判断の矛盾抵触は生じない、とも指摘しています。論者の中には、本判決によって、最判平成3年12月17日は実質的に変更された、と理解する立場もみられます。

（ii）について

（1）　"反訴原告の明示的な申立てなしに、予備的反訴へ変更されることがある"という最高裁の解釈の可否または是非について、多くの学説は、事例判決であるとし、そのことを差し引きつつも、なお懐疑的です。技巧を弄し過ぎた解釈論であるとの評価が、程度の差はあれども学説に批判的な姿勢をとらせているようです。

（2）　同条の類推適用を認めず相殺の抗弁を適法とする見解からは、この解釈は特に批判されています。中には、本件における予備的抗弁への変更とい

う取扱いを、専ら先例との整合性を確保するためにとられた手段である、と指摘する立場もあります。この見解は、防御方法に過ぎない相殺の抗弁よりも、訴えである反訴のほうが優先されるべきである、という考えを前提にしています。

本件反訴について、本訴の請求との関係ではなく、相殺の抗弁における自働債権との関係で条件が設定されており、特定の請求との関係での予備的関係はない、と理解する立場もあります。この立場からは、本判決は条件付提訴を認めたことになり、妥当性を欠くとの批判がなされています。

また、本件反訴は、本訴において相殺の自働債権として用いられた限度で解除条件が成就する、という特殊な解除条件と理解されるものであり、この場合には弁論の分離は許されず、反訴請求としない範囲が当初の反訴請求の趣旨の範囲内であれば、その残部の範囲で反訴が認められる、と主張する立場もあります。

反訴原告の合理的意思については、次のように推測されています。すなわち、本件事案を見ると、相殺の抗弁における自働債権である反訴の請求債権よりも、反訴被告が本訴で訴求中の損害賠償債権（受働債権）の方が高額です。仮に本訴で相殺の抗弁の主張が不適法とされれば、反訴の請求債権は消滅しなかったことになり、本訴の訴求債権と反訴の請求債権との間には、同時履行の関係が復活します。その結果、本訴の訴求債権に対する遅延損害金は、発生しなかったことになります。遅延損害金不発生という結果の方が、反訴原告にとって好都合であることは明らかです。以上から、論者は、予備的反訴へ変更になることが、反訴原告の合理的意思と合致するとは考え難い、と結論づけています。

(3) このような批判に対して、本判決における同意なき予備的反訴への変更を支持する見解は、次のように反論しています。すなわち、相殺の抗弁の提出を適法とすると、裁判所は、相殺の抗弁を容れて本訴原告の請求を対当額を除いた範囲で認容したり、請求全体を棄却したりする場合に、相殺に供した債権の対当額について反訴請求も棄却しなくてはならなくなります。その結果、同一債権の同一残部に、"相殺の抗弁が認められたことに伴う114条2項に基づく既判力"と"反訴の請求（一部）棄却判決に伴う114条1項

に基づく既判力"という重複した既判力が、同一裁判所で生じることになります。本訴被告兼反訴原告にとって、このような事態を回避すること、特に反訴における敗訴を免れることは好都合です。以上から、本訴において反訴の請求債権が相殺の抗弁に供され、それについて既判力ある判断が示された場合に、既判力の生じた部分を反訴請求としない趣旨の予備的反訴へ変更されることは、反訴原告にとって望ましいことと考えられます。以上から、論者は、反訴の予備的反訴への変更は妥当である、と主張しています。

もっとも、この見解からも、当事者の明示的な申立てなく予備的反訴へ変更する場合には、そうすることが不可欠であったかなど一定の条件を充たすことを前提としているようです。

(ⅲ) について

本訴の訴求債権を反訴で相殺の抗弁として主張する場合に、142条の類推適用を認める理由として、下級審裁判例は、そのようにしなければ、同一債権について既判力を生じる2つの裁判を求めることになること、また、反訴であれば予備的反訴への変更という操作が可能であるが、本訴では条件付提訴が許されないのでその取下げも当然ながらありえず、相殺の抗弁の主張が許されなくなることを挙げています。

これに対して、学説においては、本判決は事例判決であり、本訴の訴求債権を反訴で相殺の抗弁に供するケースには妥当しない、との指摘が見られます。相殺の担保的機能に対する期待を保護するために、同一債権を反訴で請求するか本訴で相殺の抗弁として提出するかの選択を、Yに委ねるべきである、というのがその理由とされています。

Ⅶ. その後の判決と今後の見通し

以上のように、訴え先行型における相殺の抗弁と重複訴訟係属の禁止についての判例と学説の立場は、未だ整理された状況とはいえません。最高裁の立場は、結論を見る限り一致しておらず、各判決が相互に整合性のとれた関係にあるとはいい難いところであり、一部の論者はこれを"揺らぎ"と表現しています。

この状態は、最判平成27年12月14日民集69巻8号2295頁が出されてなお、解消されたとはいえません。事案は、Xが貸金業者Yに対して、両者間の継続的な金銭消費貸借取引期間中の2度の取引を一連のものとした上で、いわゆる過払金が発生していると主張して、不当利得返還請求訴訟を提起したところ、この本訴を受けたYが、2度の取引は一連のものではないと主張して、2回目の取引に基づく貸金の返還を求めて反訴を提起したものです。本訴において、Yは、1回目の取引に基づくXの過払金の返還請求権は時効により消滅した、と主張しました。それに対し、Xは、もし本訴請求において過払金の返還請求権が時効で消滅したと判断される場合には、予備的に、反訴請求において同請求権を自働債権、2回目の取引に基づくYの貸金返還請求権を受働債権として対当額で相殺する、と主張しました。つまり、本件は本訴先行型とでもいうべき事案であり、Xは、反訴において、時効消滅している本訴請求債権を自働債権、反訴請求債権を受働債権とする旨の相殺の抗弁を提出したものです。

最高裁は、Xによる相殺の抗弁の提出は、重複訴訟係属にあたらず、適法であると判示し、破棄差戻しとの判断を示しました。本判決と従来の判例との整合性をめぐる学説の評価は分かれており、本判決を事例判決と理解する見解もあります。もっとも、具体的事情の考慮やそれを踏まえた対応は、先に挙げた最判平成10年6月30日および同平成18年4月14日においても見られており、それに比べて本件の考慮が行き過ぎということはないように思われます。むしろ、当事者が有する相殺に関わる実体法上の利益やそれに対する期待を保護するという見地から、結論を導き出したものと理解することができるでしょう。

私見としては、判断の目安・基準として、訴え先行型においては、基本的に、142条の類推適用を認めず相殺の抗弁の主張を適法とするのが妥当であると考えます。なぜならば、まず、相殺の予備的抗弁性から、相殺の抗弁を主張してもそれが必ず裁判所の審理・判断の対象になるとは限りません。次に、相殺の持つ簡易迅速な決済機能と担保的機能は、手間の軽減と債権債務関係の対等な処理をもたらします。そのことは、当該債権債務に関する訴訟の簡素化にもつながる可能性があります。たしかに、判断の矛盾抵触の危険

は回避されるべきものであり、考慮すべき1つの主要な要素ではありますが、他の要素を勘案せず直ちに後訴や相殺の抗弁の主張を不適法と断じる正当化事由となるものでもありません。相殺の抗弁を提出した別訴原告が、相殺の諸機能のもたらす利益を得るためには、事実上、相殺を主張する以外に方法がありません。相殺の抗弁を不適法とすると、別訴原告は係属中の別訴を取り下げなければ、本訴で相殺の抗弁を提出することができません。そして、それには別訴被告の同意が必要です（261条2項）。しかし、当事者が予備的抗弁の提出に踏み切ることは、当該訴訟において当該当事者が形勢不利であること、少なくとも自らがそのように認識していることを暗示しており、その場合に、反対に形勢有利、あるいはそのような認識を有している、または相殺の抗弁の提出を受けてその認識に至った相手方から同意を得ることは、明らかに困難であると予想されます。以上にかんがみると、訴え先行型の場合には、相殺を主張する機会を保護する必要性が高いと考えられます。よって、原則として、142条の類推適用を認めず相殺の抗弁の主張を適法とするべきである、と考えます。

とはいえ、他の要素を考慮し判断に反映させる可能性を残す場合、予測可能性は相対的に低下します。その低下した部分を補填するためには、本訴の口頭弁論期日および期日外において、裁判所が適切かつこまめに釈明を行って当事者意思をしっかりと確認することが、当事者の手続保障の確保につながり、有効と考えられます（149条1項参照）。たとえば、本訴と別訴の弁論の併合、相殺の抗弁の撤回、予備的反訴への変更などについて当事者の意思を確認することは、手続保障の観点から望ましく有意義であり、また心証開示との関係からも特に問題はないと考えます。

【参考文献】
①判例評釈
本間靖規・百選〔第4版〕82頁
中野貞一郎＝酒井一・民商107巻2号241頁
德田和幸・判評586号12頁
②学術論文
三木・手続運営346頁
中野・世界76頁

杉本和士「二重起訴禁止と相殺の抗弁との関係に関する判例の展開」上野古稀 227 頁
③体系書
伊藤・225-230 頁
小林・69-71 頁、369-370 頁
新堂・224-230 頁、698-700 頁
高橋・重点講義〔上〕123-137 頁、140-151 頁
中野ほか編・192-194 頁〔堤龍弥〕
松本＝上野・231-236 頁、354-357 頁〔以上、松本博之〕
④コンメンタール
秋山ほか編・Ⅱ 467-472 頁
秋山ほか編・Ⅲ 169-187 頁、234-237 頁
条解二版・819-827 頁〔竹下守夫＝上原敏夫〕
注釈民訴（5）219-236 頁〔佐野裕志〕

第6講　消極的確認訴訟における申立事項

　第6回は、消極的確認訴訟における申立事項、という題で講義をします。材料としましては、最判昭和40年9月17日を取り上げます。判例百選第5版の77番に、菅原郁夫教授の解説がありますので、あわせて参照していただきたいと思います。

I．前提知識

1．消極的確認訴訟
(i) 意義

　まずは、消極的確認訴訟という特殊な形態の訴えの特徴を理解していただきます。

　たとえば、レストランに行って、店員さんに自分の席まで案内してもらっているときに、うっかり、他のテーブルの上にあったワインのボトルを倒してしまい、さらに、そのテーブルの客の服を汚してしまったとしましょう。そして、すぐさま謝罪をしたけれど、詳しい話は後日ということで連絡先を交換したとしましょう。多くの場合は、その後、相手から、ワインの代金やクリーニング代金を請求され、支払って終わることになります。しかし、相手からは何もいって来ない、こちらから連絡をしてみても、誠意を示してほしいといわれるだけで、具体的な金額の話をしてもらえない、などという場合には、皆さんならどうしますか。これ幸いと放っておくという方もいらっしゃるかもしれませんが、なんとなく気になって、落ち着かない人もいらっしゃるでしょう。自分としては適切な金額を支払うつもりはあるが、誠意の名の下に、不必要で過大な要求をされるのではないかと、不安感を覚えるこ

ともあるでしょう。さらに、こうした抽象的な要求がストーカー的に繰り返されると恐怖すら感じるでしょう。

　こうした、債務者の支払うべき債権額が明らかにならないことで生じる債務者の法的地位の不安定を除去するための方法の1つとして、今回取り上げます消極的確認の訴えがあるのです。すなわち、上記の例でいえば、債務者の側で、ワインの金額や一般的なクリーニング代金、さらには、慰謝料を含めた賠償金額を算定し、その金額以上の債務は存在しないことの確認を求め、請求認容判決を取得することで、自己の法的地位の安定を確保することを可能とするのです。

　このように、特定の権利または法律関係の不存在の確認を求める訴えを消極的確認請求訴訟と呼び、特に一定額の債務の不存在の確認を求める訴えを債務不存在確認請求訴訟などと呼んでいます。

(ⅱ)　確認の訴えの利益

　ところで、債権・債務関係に関する訴訟というものを思い浮かべると、権利者である債権者が原告として能動的に債権を行使し、義務者である債務者は当該権利行使に対して被告として受動的な立場で応じるというのが典型的なあり方だと思います。

　そうすると、債務者としては、早まった真似をせず、原告から金額の特定された給付の訴えがなされるのをじっくりと待って、認めるべきものは認め争うべきものは争うというのが、やはり、あるべき姿ではないかとも思われます。また、そうした給付訴訟による処理の方が、被告の債務（原告の債権）が存在する限りにおいて、その具体的な満足まで実現できる点でより抜本的な解決が期待できます。

　そこで、消極的確認の訴えなどという特殊な方法を認めてよいだろうか、紛争の一回的解決という点からは、有益な手段とはいえないのではないかということが問題となりえます。そのため、訴えの利益というフィルターを通して、果たして消極的確認という方法が妥当であろうかということを吟味することになるのです。

　この確認の訴えに関しましては、確認という抽象的な行為の性質上、その対象が無限に広がりうるものであることから、無益な訴訟の排除ということ

が強く要請されるため、訴えの利益によって適切な範囲に限定するものとされています。一般的には、論者によって若干の違いもありますが、①確認対象としての適切性（請求適格）、②紛争の成熟性（狭義の確認の訴えの利益・即時確定の利益）、③手段選択の適切性の３つの観点で訴えの利益の有無が判断されます。

そして、この消極的確認の訴えが問題となるのは、③の手段選択の適切性です。この要件は確認の訴えという方法によることが紛争解決にとって有効かつ適切であることを求めることで、無益な訴訟を排除するものです。たとえば、給付の訴えや形成の訴えによる紛争解決が可能な事件については、給付の訴えを起こして債務名義を取得したり、形成の訴えを起こして法律関係を変動させた方が、より大きな効果が得られます。また、そもそも、これらの訴えにおいては、先決問題として給付請求権や形成要件（形成原因）の確認が行われます。そのため、単に給付請求権や形成要件の確認を求める訴えは、紛争処理の方法として有効でも適切でもないことが多いため、原則として確認の訴えの利益は認められないものとされます。

こうした文脈から、権利関係の不存在確認を求めるという消極的確認の訴えは、積極的確認作用に加えて請求権の満足まで期待できる給付訴訟の方が、より抜本的な紛争解決につながるものとして、手段選択の適切性を欠くとされる結果、訴えの利益が認められないものとも思われないでもありません。

しかしながら、権利者による積極的な権利行使が期待できない、あるいは行われない状況下において、義務者の置かれた不安定な法的状態を除去する必要がある場合には、消極的確認という方法も有効かつ適切な場合があり、例外的に確認の訴えが認められるものと解します。そして、消極的確認の訴えが提起された後、被告から給付の反訴がなされた場合には、消極的確認の訴えの利益は事後的に消滅し、当該訴えは不適法却下されることになります（最判平成16年3月25日民集58巻3号753頁）。

なお、この消極的確認の訴えについては、本来は受動的な立場に立つことになる債務者側が、むしろ積極的に請求認容判決を求めて訴えを提起することから、攻撃的な性格があるとの指摘があります。わけても、たとえば、不

法行為の被害者が事件後の混乱から立ち直れておらず、事実関係を十分に把握できていない状態で、加害者である債務者が自己に有利に訴訟を追行するため、これを利用する可能性があります。こうした攻撃的な性格のゆえに消極的確認の訴えをすべて否定することはできませんが、はなはだしい場合には、②の紛争の成熟性に照らし、提訴時点の状況においては、原告である債務者の法的地位に関する危険や不安定の解消のために確認判決が必要かつ適切であるとはいえないとして、訴えの利益を否定することでコントロールするべきであると思われます。そうした問題については、権利濫用であるとして処理をするべきであるとの見解もありますが、一般条項による解決はやむをえない場合に限定するべきであり、訴えの利益による処理の方が妥当であると思われます。

(ⅲ) 訴訟物

消極的確認の訴えにおける訴訟物は、原告の特定する被告僭称にかかる債権または物権です。債務不存在確認請求訴訟の場合は、債務者の特定するところの債権者が存在すると主張することになる債権となります。

(ⅳ) 判決と既判力

消極的確認訴訟において、請求が認容されれば、判決主文通りの訴訟物に関する判断がそのまま既判力を持つことになります。すなわち、被告の僭称にかかる債権は存在しないという点について既判力が発生します。これに対して、請求棄却判決がなされた場合には、被告の権利の存在が存否不明のままになるのではなく、むしろ既判力でもって積極的に確定されることになります。たとえば、YがXに対して100万円の債権を有していると僭称しているので、Xが当該債権の不存在確認を求めて訴えを起こしたところ、請求棄却となったとしましょう。その場合、結果として、YがXに対して100万円の「債権を有する」ということが、既判力でもって確定されることになるのであります。

(ⅴ) 主張・立証責任

消極的確認の訴えにおいては、訴訟物たる権利の発生事実（権利根拠事実）は、被告に主張・立証責任があり、その権利障害事実、権利消滅事実、または権利阻止事実は、原告に主張・立証責任があります。原告だからといっ

て、権利根拠事実の不存在を主張しなければならないわけではありません。すなわち、その法的立場によって、自己に有利な主張が決まり、主張・立証責任が分配されるため、典型的な給付訴訟とは原告と被告が攻守所を入れ替えることになりますが、主張・立証責任まで入れ替わるわけではありません。ドイツでは、裁判所がこの証明責任の分配を誤った上、証明責任を果たしていないことを理由としてなされた請求棄却判決の効力が、後訴を拘束するかについて問題となったこともあるようです。しかし日本では、そういう事件は今のところ聞いたことがありません。

　そうすると、たとえば、X・Y間で消費貸借契約に関して金員の授受という事実の有無について争いがあり、その結果、100万円の貸金債権の有無に争いがあるというケースにおいて、Xは、訴状の請求原因に、自分はその存在を認めないけれども、被告僭称にかかる消費貸借契約の成立要件としての金員の授受という事実を記載することになります。そして、Yの答弁に先回りして、訴状の請求原因の中で、当該消費貸借契約に関する金員の授受を否認しておくことになります。

　したがって、100万円の消費貸借契約にかかる債務についての消極的確認訴訟においては、X・Y間の金銭の返還に関する合意の存在と、金100万円のX・Y間における授受の事実を、被告Yにおいて主張・立証する責任があります。これに対して、たとえば、弁済の事実は原告であるXにおいて、主張・立証する責任があるのです。

　繰り返しになりますが、この主張・立証責任の分配は、被告Yが100万円の給付をXに対して求める場合と変わりません。消極的確認訴訟、積極的確認訴訟、給付訴訟の何れの形式の訴えを提起しているかによって、主張・立証責任の分配が変わるということはありません。原告の主張するべき積極否認事実や抗弁事実が請求原因事実に転化することもありません。どの場合でも、原告・被告というような訴訟手続上の当事者の地位に眩惑されることなく、訴訟物である権利を主張するものはその権利根拠事実の、また、権利の主張を受ける相手方は権利障害・権利消滅・権利阻止事実の、主張及び立証の責任があるわけであります。この点、誤解のないように注意をするべきです。

(vi) 訴訟物の特定

(1) 特定責任

さて、消極的確認請求訴訟においては、原告は、自ら訴訟物である権利関係の存在を積極的に主張するわけではありません。むしろ、上述のように原告は、被告の僭称という留保付きで、むしろそれを否認する主張からはじめることになります。

もっとも、訴訟物である権利関係は、訴訟における審判の対象であるため、訴訟手続の開始時から明確に特定されていなければならないとされます。というのは、審理・判断の対象が明確でなければ、裁判所としては、何について審理・判決するべきなのかがわからないし、被告としても、何を審判の対象としてどのような防御を展開すべきかが明らかではなく、いわゆる不意打ちの危険にさらされることになり、当事者権（手続権）が保障されないこととなるからです。

そして、この訴訟物の特定については、訴えにより裁判所に対して判断を求めるのが原告である以上、原告にその責任があるとされます。すなわち、訴訟物である権利関係に関する記載のある訴状を作成して提出し、最初に裁判所に対して法的判断を求めるのが原告である以上、原則として、原告が訴訟物を特定するべきなのです。

もっとも、こうした権利関係はあくまで被告の僭称に係るものです。また、訴訟物である権利関係については、権利者である被告の方が通暁していることが一般であるといえます。したがいまして、二次的主張・立証責任とまではいえませんが、被告にも訴訟物の特定に協力すべき責務を要求してもよいのではないかと解されます。

(2) 特定の程度

具体的な特定方法としては、物権であれば目的物・物件の種類内容・権利者を請求の趣旨及び原因の中で明確にします。また、訴訟物が債権であれば権利者・発生事実・債権の内容を、請求の趣旨及び原因の記載によって明確にします。

どの程度特定しなければならないかについては、給付訴訟と同程度詳細に特定することを求めるのは困難であることが多いため、両当事者がどの債

権・債務関係かを識別できる程度に特定することで十分であると思われます。

(3) 金額不明示の消極的確認請求

債務不存在確認請求訴訟の請求の趣旨においては、「金〇〇円の債務が存在しないことを確認する判決を求める」というように、債務額を特定するのが一般的です。原・被告間に存在する複数の債権・債務関係の中から、不存在確認を求める債務を識別するために、債務額は1つの指標となり得るからです。いい換えれば、債務額が特定されていない場合、訴訟物の識別が困難であり、特定されていない不適法な訴えということになる可能性があるのです。

それでは、原告が請求権の金額を特定することなく、単に不法行為事件のような一定の事実に基づいて、被告に対して請求権の不存在の確認のみを求めることは許されるでしょうか。具体的には、「何年何月何日の交通事故に基づいて、原告は被告に対して、如何なる損害賠償債務も負わないことを確認する」といった訴えは適法かが問題となるのです。

これについては、適法と解するべきです。これは、見方を変えれば、民事訴訟法245条の原因判決に相当するものといえます。すなわち、原・被告間で、請求権の量についての主張が衝突しているというよりは、むしろ請求権の量については、訴訟物の外に除外して、そもそも被告が原告に対して、請求権を持っていないという点を訴訟物にするのであります。

そして、このようなケースにおいては、審理の結果、被告のために少しでも請求権を肯定しうる場合には、裁判所は原告の請求を全面的に棄却することになります。請求権の量的限界については審理・判断しないわけです。したがって、勝敗を問わず、判決の既判力は請求権の量的限度については及びません。つまり、請求権の「存否」が訴訟物になるわけであり、この点について既判力が発生することになります。そして、請求権が存在しないというかたちで既判力が発生すれば、それは具体的な金額を求める第2訴訟に対して、先決問題として請求を棄却する方向で作用することになります。また、請求権の存在が既判力を持って確定されれば、第2訴訟においては、この請求権の数量について審理をし判決をすることになります。

こうしてみると、金額を明示しない債務不存在確認請求訴訟は、大きな社会的・経済的機能を現実に果たしているということできるでしょう。原告勝訴となれば、それだけで請求権の不存在が確定されることになり、紛争はその限度で解決されます。また、原告敗訴の場合でも、具体的な損害額について訴訟外で和解が成立したり、あるいは給付訴訟を提起する前提となりうるからです。したがって、繰り返しになりますが、金額を明示しない債務不存在確認請求訴訟も許容するべきなのです。

(4) 金額不明示の積極的確認請求訴訟

なお、金額不明示の消極的確認請求について検討しましたが、金額不明示の積極的確認請求も許容してよいものと解します。といいますのは、たとえば、交通事故のような不法行為に基づく損害賠償請求権の要素として、入院費、治療費、交通費などが含まれますが、これらは時間の経過とともに金額が増大することが多いです。そして、このように既発生の損害について、損害額が拡大中のものについては、請求権の発生については主張・立証可能ですが、正確な損害額を把握することは加害者はもとより被害者にも困難です。そこで、損害額の算定が当事者には困難で、かつ、損害賠償請求権の成立および額につき当事者間に深刻な対立があるような場合には、例外としてこれを認めてもよいものと思われます。こうした訴えを認めると、安易な提訴を濫発することになるのではないかとの懸念もあろうかと思いますが、そこは、訴えの利益でコントロールすることになります。

なお、ドイツでは、こうした場合に、まずは債権者から既発生損害の賠償の支払いを求める一部請求訴訟が起こされるようです。そして、債務者は、右一部請求の棄却を求めるとともに、さらに反訴として「原告（反訴被告）の一部請求額を超える如何なる賠償請求権も原告（反訴被告）にないことを確認する」ことを求めることがあるようです。この被告（反訴原告）の提起する反訴も、一部請求額を超える請求権の「存在」を訴訟物とするものと解釈されます。したがって、反訴についても、請求の認容・棄却を問わず、金額について既判力は生じません。日本でも、基本的にはこうした処理がなされるべきでしょうが、原告側でどうしても請求権の特定が困難であるという場合には例外的に、金額不明示の積極的確認請求が許容されてよいものと解

します。

2. 申立事項と判決事項
（ⅰ）申立事項の意義

　債務不存在確認請求訴訟において、原告は、一定額の債務、たとえば、金1000万円の債務が存在しないことの確認を求めて申立てを行うことになります。そして、裁判所が審理した結果、500万円の債務が存在することが明らかになった場合、裁判所としてはどのような判決をするべきかが問題となります。

　このことを検討するにあたり、民事訴訟における申立事項と判決事項との関係を概観しておきましょう。

　申立事項とは、原告が、請求の趣旨及び原因において特定する、訴訟物、審判手続の種類、審判形式（権利救済の種類）、および審判順序をいいます。原告の申立てに対して、被告も訴えの却下判決や請求棄却判決を求める答弁（反対申立て）をするのが一般的です。しかし、裁判所は、そうした被告の答弁がなくても訴えが不適法であればこれを却下する判決を、また、請求に理由がなければこれを棄却する判決をすることになりますので、被告の答弁は、申立事項には含まれないものとされます。

　そして、この申立事項を規律する原則として、処分権主義があります。これは、私法上の権利関係をめぐる紛争につき、①民事訴訟により紛争処理を求めるか否か、②どのような内容の紛争処理を求めるか、また、③訴え提起後も訴訟を維持して終局判決による処理を求めるかどうか、の3点で、当事者に自己決定権を認める原則です（246条など）。これは、訴訟物として民事訴訟の対象となる私法上の権利・法律関係をめぐる紛争については、近代私法の根本原則である私的自治の原則が適用されるところ、訴訟上もこれを反映させ、訴訟物である権利関係の処分を当事者の自由な判断に委ね、それを尊重するものです。

　したがって、裁判所は、申立事項、わけてもその中心的な存在である訴訟物たる権利関係と異なる事項（権利関係）について判決をすることは許されないのです（246条）。

(ⅱ) 申立事項と判決事項の不一致

(1) 不一致の程度

　もっとも、申し立てにおいて特定された権利関係と、判決において示されたそれとが、細部において異なるからといって、常に処分権主義違反の問題が生じるわけではありません。たとえば、原告の申し立てた建物の坪数や賃料額に若干の誤りがある場合に、判決で正しい数値を基礎とすることは、権利関係の同一性が認められる限りにおいて、実務上問題とされません。これは、人間の記憶力には限界があることなどにかんがみて、一致の程度を緩和するものです。

(2) 一部認容判決

　では、たとえば、原告が1000万円の支払いを求める訴えを提起した場合に、審理の結果、500万円の請求権の存在が認定されたとき、裁判所はどういう判決を下すべきでしょうか。

　この点につき、債権額は債権の内容をなすものであり、申立事項の範囲にかかわるものであるといえます。そこで、処分権主義を厳密に解釈し、申立てと一致する金額の債権が存在しないのだから、請求棄却判決をするべきではないかとも考えられます。

　しかしながら、このような場合には、原告としては、全部認容されなくとも存在する債権について認容を求めるのが通常であり、そういう意思を有していると解することができます。また、被告としても、申立事項全体について防御を行っているのだから、請求の一部を認容する判断をしても不意打ちにはならないものとも思われます。さらに、裁判所にとりましても、紛争を一回で解決することにつながり、訴訟経済の要請を充たすことができます。したがって、申立事項と判決事項とが形式的には一致していなくても、判決事項が原告の合理的な意思解釈に合致し、かつ、被告にとって不意打となるものでなければ、処分権主義に反するものではなく、裁判所は、請求を一部認容し、かつ、一部棄却する判決をすることができると解されています。そして、特に被告に対する不意打防止の観点からは、このいわゆる一部認容判決ができるのは、判決事項が数量的に、または質的に、申立事項を超えない場合に限られます。

以上により、原告が、たとえば1000万円の債務が存在しないことの確認を求める訴えを提起し、審理の結果、500万円の債務が存在することが明らかになった場合、裁判所としては、500万円の債務の存在を確認するとともに、その余の請求を棄却する判決をするべきなのです。

3. 債務の自認
（ⅰ）訴訟物のとらえ方
ところで、債務不存在確認請求に関して、被告が一定額の債務の存在を自認しつつ、その余の債務の不存在確認を求めるという申立てがなされることがあります。たとえば、売買契約における買主である原告が、売買代金の一部の支払いをしたにもかかわらず、売主から売買代金全額に相当する金銭の支払いを求められたため、残額の債務は存在すると自認しつつ、既に支払った分の債務についてはもはや存在しないことの確認を求める場合です。

具体例で考えてみましょう。売買契約により、買主である原告に100万円の債務が発生した場合に、原告は、40万円を弁済し、残債務が60万円残っているという認識であると仮定します。これに対して、売主である被告は40万円の弁済の事実を否認し、債権は100万円全額について現在でも残っていると主張していると仮定します。こうした場合、原告としては、「何年何月何日に、原・被告間に成立した売買契約にかかる100万円の売買代金債務は、60万円を超えて存在しないことを確認する」との請求の趣旨をもって、債務不存在確認請求の訴えを起こすことになります。

この場合、訴訟物をどうとらえるべきでしょうか。原告は、60万円を超える債務の不存在の確認を求めていますので、形式的には、これが訴訟物となるかとも思えます。しかし、裁判所が60万円を超える債務がないことについて判断をするには、まず、100万円の売買代金債務の発生の有無を審理し、発生している場合に、40万円の弁済の有無を審理します。そして、当該弁済の事実が認定できれば、60万円の残債務が確定するわけで、ここで60万円を超えては残債務は存在しないとの判断が可能となるのです。つまり、実質的には、100万円という債務総額から自認額を差し引いた、弁済の主張されている40万円の部分が訴訟物となるのです。

なお、原告が自認額以上の不存在を主張して消極的確認訴訟を起こす、被告も債権の存在について、一定の数字を伴う認識を持っている場合においては、原告の自認額と被告の僭称額との差額について実は争いがあるわけでこれが訴訟物となるわけであります。裁判所は釈明権を充分に行使して、権利の量的な食い違いについて、双方の主張を明確に打ち出させて、的確に訴訟物を組み上げさせるようにしなければなりません。

(ⅱ) **債務総額を明示しない申立て**

　では、債務総額を明示しないまま、一定額の債務を自認して、申し立てられた債務不存在確認の訴えについては、不適法となるのでしょうか。

　債務総額が明らかでなければ、それから自認額を差し引くことで判断される訴訟物の範囲が明らかになりません。そのため、訴訟物が特定されていないものとして不適法であると考えることも可能です。

　しかしながら、たとえば、契約に関する債務不存在確認請求の場合は、両当事者が債務総額についてある程度認識しているのが普通であり、そうした認識の一端が主張書面に現れることもあります。また、不法行為に関する債務不存在確認請求の場合も、一件記録等を参照することでそれが明らかになることがあります。したがって、債務総額を明示しない申立てがなされた場合であっても、直ちに不適法却下したり、原告にのみ特定するよう補正を命じるのではなく、裁判所が請求の趣旨・原因および一件記録から債務総額を確定した上で、訴訟物を特定するべきであると解します。

(ⅲ) **債務の自認と既判力の範囲**

(1) 一部請求論

　繰り返しになりますが、自認額と被告の僭称する債務総額との差額を訴訟物にするという考え方を前提とした場合、既判力の範囲をどう考えるかが改めて問題となります。この点については、原告が、いわば存在する自認額と存在しないはずの残債務額とに債務を分割しているともみることができるため、いわゆる一部請求後の残部請求の可否と類似した問題状況にあるとも考えられます。そこで、一部請求後の残部請求の可否をめぐる議論（第20講参照）について、ここで整理しておきます。

　この問題については、一部請求肯定説と一部請求否定説に大別できます。

一部請求肯定説の論拠は、実体法においては私的自治の原則により権利の分割行使の自由が認められていることから、処分権主義（246条）に求められます。そのため、この見解では一部請求に相当する権利関係が訴訟物として特定されることになります。さらに、114条1項により既判力は訴訟物に限定されるため、残部には及びません。極めて明快な考え方です。

　これに対して、一部請求否定説の論拠は、審判対象特定の原則から考えると、たとえば、100万円の中の10万円という一部請求を起こされた場合、訴訟物は100万円の中のどの部分であるか特定できないため、訴訟物不特定として訴えを却下するべきであるという点にあります。また、訴訟外で権利の分割行使が自由であるからといって、処分権主義をそのまま実体法の権利分割行使の自由とイコールで結ぶのは誤りであるとします。その理由としては、訴訟制度の利用方法の効率性ということを考えると、訴訟上の処分権主義を、実体法上の権利分割行使の自由とパラレルに考える必要はないと考えるのです。したがって、訴えを起こす場合には、当事者は必ず請求権の全部を訴訟物として訴えを起こすべきであるとするのです。そして、一部と明示してあっても、債権額全部が訴訟物となる以上、それは給付の上限を示すものと解釈して、常に請求権の全部に対する判決がなされることになります。

　しかしながら、訴訟物を特定できないという点は、債権というものが観念的な存在であることからは避けられないものであって、これを過度に強調するべきではないと考えられます。不特定というならば、金銭請求訴訟において一部認容・一部棄却判決をすることもできないということになりかねません。また、訴訟制度利用の効率性は重要なことでありますが、当事者が訴訟の対象から除外する意思を明確にしているにもかかわらず、効率を理由に裁判所がこれについて審判することを正当化するだけの理由とはならないものと思います。さらに、一部請求後の残部請求を認めると、裁判所の二度手間となるという反対論もありますが、実際にはそう負担とならないといわれています。事実上、3つ、4つ、5つというように1個の実体権が分割されて、数回にわたって訴訟が提起されるということはないとされます。多くは2回止まりのようであります。くわえて、そうした場合の被告の応訴の不利益については、再度の訴訟を防止するために、消極的確認の反訴（146条）を利

用することで防ぐことができます。

　したがいまして、一部請求肯定説が妥当であります。もっとも、この見解において、さらに、一部であることを明示するべきかどうかで議論があります。そして、判例（最判昭和37年8月10日民集16巻8号1720頁など）および通説は、原告が申立てにおいて一部であることを明示した場合にのみ、残部請求を認めるものとしています。

　この点について、一部請求であることの「明示」の訴訟行為としての意義が不明であるとか、一部請求であることを明示しておかないと既判力は双面的に発生するというのは、訴訟物でない部分に既判力を生じることになり、妥当ではないとの批判もあります。

　たしかに、一部であるとの明示のない場合には潜在的な存在である残部をも訴訟物として既判力が生じる点は、説明が難しいところです。しかしながら、一部請求後の残部請求を認める根拠である処分権主義の根底にあるのは、権利行使に関する当事者の意思の尊重であり、原告の明示という行為がまさに訴訟物である権利関係の範囲の設定であると考えることができます。そして、明示をしないで単純に一部に相当する部分のみを請求する場合には、反対解釈的な意思解釈として、請求権全体を訴訟物とした上で給付額を自制したものとみることができます。このように考えれば、訴訟物と既判力の客観的範囲の関係も不合理なものではないと解されます。

　なお、一部請求に相当する部分で敗訴判決を受けた原告が、残部を訴訟物として第2訴訟を提起する場合、当該提訴は信義則に反するものとして、訴えを却下するのが判例のとるところです（最判平成10年6月12日民集52巻4号1147頁）。これは、債権の審理は、一部請求と全部請求と異なるところはなく、債権の発生の有無を審理することに加え、債権が観念的な存在であるため、一部請求の段階で請求棄却の判断がなされるということは、債権の不存在を意味することになるため、形式的に残部に既判力が及ばないことを奇禍として、残部請求することは紛争の蒸し返しであるとして信義則違反と評価するものです。こうした理解は債権の審理の実態に照らしたものであり、妥当であります。

(3) 自認部分に対する判決の効力

　以上を前提として、原告による債務の自認ということについて考えてみますと、これは、原告が自認した部分を訴訟物から除外する意思の現れであると解するべきです。

　この点について、一部請求否定説が妥当ではないとすることとの関係で、確認の上限を画しただけとみるべきではないと思います。

　なお、自認をもって当該部分についての原告による請求の放棄または請求の認諾とみる見解もないわけではありません。しかし、原告としては、自認部分については争う意思がないわけであり、その点について争った上で請求を放棄するという意識はないと思います。また、原告が請求の認諾をするというのもおかしな話です。

　したがって、判決の効力は債務総額から自認部分を除外した訴訟物の部分についてのみ生じるものと解すべきです。

(iv) 自認額を超える債務の存在が明らかになった場合

　それでは、裁判所が審理をした結果、原告の自認額である60万円を、1円でも超過して、債務が存在していることが明らかになった場合、裁判所は直ちに請求棄却判決をするべきでしょうか。

　そうした債権の自認額と僭称額が衝突した事件においては、必ず請求権のどの部分に争いがあるかを、訴訟物として提示させて、これについて判断をして、紛争を根本的に解決することが肝要です。自認額60万円を1円でも超えた事実が認定できる場合に、原告の請求を棄却するという取扱いを認めると、争いのある40万円の部分のうちどれだけ債務が残っているかについて、既判力が発生せず紛争は解決しないおそれがあります。また、自認額と債務総額との差額を訴訟物にするという考え方を前提とすれば、自認額を超える残債務額が存在するということは、訴訟物である当該差額の範囲内で残債務額が存在することを意味するものであり、請求の一部認容・一部棄却に相当することになります。

　したがって、訴訟物である差額の範囲で一部認容・一部棄却に応じた既判力が生じることになります。この場合、被告が自認額を超える部分の債権を訴求したとき、原告はこれを争うことができるかが問題となります。一部請

求否定説や既判力の双面性からこれを否定する見解もありますが、上述のように、債務の自認は当該部分を訴訟物から除外する意思であると解するならば、この点に既判力を認めるべきではないと解されます。また、前訴で裁判所が審理・判断した以上、信義則により争うことを認めないとの見解もありますが、発生した債権の存続に関する判断は一般に積み上げ方式がとられており、自認額を超える部分の判断については、信義則による制約を正当化するほどの自己責任を当事者に要求できるかについては疑問がないでもありません。したがって、争点効を認めるというのであれば別として、自認額を超える部分については、原則として後訴において争うことができるものと解されます。

これに対して、裁判所の認定した残債務額が自認額を下回る場合、それに対応して債務の不存在を確認することは、原告の申立事項を量的に上回ることになり、処分権主義違反となります。したがって、この場合は請求認容判決をすることになります。

なお、この対応は、申立てにおける具体的な債務額の明示は債権・債務関係の明確化をも含意しているとの合理的な原告の意思解釈に基づくものであり、迅速な紛争解決との関係から、原告が請求認容か請求棄却かの二者択一を希望している場合には、直ちにその旨の判決をするべきであると解します。

II．本件判旨

1．事案の概要

Xは、Yから110万円を借りた。Xはその弁済として、①第1回目83万3535円、②第2回目5万円、そして③第3回目7万円の合計95万3535円を支払いました。

Xは、Yからの弁済要求を受けたため、「残存元本は14万6465円を超えて存在しないことを確認する」との判決を求めて、債務不存在確認請求の訴えを提起しました。この訴訟においてXは、請求原因として、Yから110万円を借りましたが、上記三回の弁済により、110万円から弁済金合計95

万円余を差し引くと、請求の趣旨記載の金額になるので、その余の債務は存在しないものと主張しました。

これに対して、Yは以下のように主張して、請求棄却を求めました。すなわち、Yは、Xの請求原因に対し、①の弁済の事実は認めるけれども、元本に充当されたのは、被告のいうように弁済金全額ではなく、そのうち50万円のみである、なぜなら本件貸金には、日歩10銭の利息契約があったからである、それゆえ、①の弁済金から50万円を差し引いたその余の33万3535円は利息ないし手形の割引料である、以上により、第1回の弁済が行われた時点におけるXの元本債務額は、110万円の貸金全額から元本充当額50万円を差し引いた残り60万円であったことになる、と。

なお、②、③の2回の弁済金は、事実としてはその存在を認める、しかし、それはこの60万円の元本債権に対する利息として支払われたものであるから、Yの元本債務は、未だ60万円の限度で残っているはずである、と。

第1審はXの請求を棄却しました。判決理由としては、本件貸金にはY主張の通り利息契約が付着していたので、①の弁済金のうち、元本に充当されたのは50万円に過ぎない、①の弁済金額から50万円の元本充当額を差し引いた残余は、利息または手形割引料であったと認められる、ゆえに、この時点で元本債務は60万円ということになるから、②の5万円と③の7万円の弁済金を考慮しても、Xが請求の趣旨で、自認する元本債務額は、14万6465円を上回ることは明らかである、したがって、請求を棄却するというものでした。

Xが控訴したものの、控訴審も第1審判決を支持し、控訴を棄却しました。そこで、さらにXから上告がなされました。

なお、注意するべき点として、債務者が債務全部を消滅させることのできない一部弁済をしたときには、民法491条によりまず費用に充当され、次いで利息、残余があれば初めて元本に充当されることになります。債務者が民法488条の定める「指定」によって一部弁済金をまず元本に充当することは許されません。ただし当事者間に合意が成立していれば可能です。したがって、この件について本当は、民法488条と491条の検討も必要でした。

2. 判旨

破棄差戻し

「……本件請求の趣旨および請求の原因ならびに本件一件記録によると、Xが本件訴訟において本件貸金債務について不存在の確認を求めている申立の範囲（訴訟物）は、Xについては、その元金として残存することを自認する金14万6465円を本件貸金債務金110万円から控除した残額金95万3535円の債務額の不存在の確認であり、その余の原告等においては、右残額金95万3535円の債務額について、相続分に応じて分割されたそれぞれの債務額の不存在の確認であることが認められる。

したがって、原審としては、右の各請求の当否を決めるためには、単に、前記①の弁済の主張事実の存否のみならず、②および③の弁済の各主張事実について審理をして本件申立の範囲（訴訟物）である前記貸金残額の存否ないしその限度を明確に判断しなければならないのに、ただ単に、前記①の弁済の主張事実が全部認められない以上、本件貸金の残債務として、金14万6465円以上存在することが明らかである旨説示したのみで、前記②および③の弁済の主張事実について判断を加えることなく、残存額の不存在の限度を明確にしなかったことは、Xらの本件訴訟の申立の範囲（訴訟物）についての解釈をあやまり、ひいては審理不尽の違法をおかしたものである。」

3. 検討

上述のように、原告が一定額の債務を自認しながら、それを超える債務が存在しないことを確認する訴えを提起する場合、当該訴訟の訴訟物は、債務総額から自認額を差し引いたものとなります。こうした訴訟物のとらえ方自体は正当であります。その上で、審理の結果、裁判所が自認額を超える債務の存在を認定する場合には、紛争を抜本的に解決するためにも、直ちに請求を棄却するのではなく、原告の請求を上回る実際の残債務額を積極的に認定するべきであると解されます。そうした文脈からは、本件最高裁の判断枠組みは正当であると評価できます。

もっとも、本件におきましては、Xの訴訟物を、貸金元本110万円からXの自認分を差し引いた差額と計算したことについては疑問があります。すな

わち第 1 審裁判所が、消極的確認請求訴訟について誤った理解をしたために、被告 Y 側の僭称債権の金額が、どうも本件の判決事実や事実関係の説明からはっきり分からないのであります。この点に審理不尽があります。被告である Y、すなわち、債権僭称者側に債権消滅の自認部分があれば、その部分については争いのない以上、確認の利益（紛争の成熟性・即時確定の利益）が認められないはずで、この部分を訴訟物（申立事項）から除外して考えなければならないはずです。憶測ですが、本件では、Y の僭称額は、110 万円ではありえないと思われます。というのは、①の弁済についての被告 Y の主張からそのようにうかがわれるのです。

いずれにしても、債務不存在確認請求訴訟においては、当初の権利発生総額、その後の消滅事実についての認識の食い違い、そのようなものを明らかにしながら、原告と被告の主張する請求権の量について、明確にしていくことが肝要であり、この点に関する釈明権の行使が、本件では充分でなかったために、審理不尽の結果となっているものと思われます。したがいまして、本件最高裁が原判決を破棄して差し戻したのは、きわめて正当であります。

【参考文献】
①判例評釈
青山善充・法協 83 巻 4 号 593 頁
木川統一郎・百選〔2 版〕226 頁
奈良次郎・曹時 17 巻 11 号 1836 頁
②学術論文
酒井一「債務不存在確認訴訟」実務民訴三期（2）117 頁以下
坂田・81 頁
西理「債務不存在確認訴訟の訴訟物と判決効〔上〕〔下〕」判時 1404 号 7 頁、1405 号 3 頁
③体系書
伊藤・219-220 頁
小林・88 頁
新堂・340-341 頁
高橋・重点講義〔下〕262-277 頁
中野ほか編・466-473 頁〔松本博之〕
松本・上野・586-587 頁〔松本博之〕
④コンメンタール
秋山ほか編・Ⅴ 50 頁
条解二版・（第 2 版）1357 頁以下〔竹下守夫〕

注釈民訴（4）103頁〔青山善充＝長谷部由起子〕

第7講　当事者の主張の要否

　第7回の講義は、口頭弁論において当事者の主張の要否が問題となる事項を2つ取り上げてお話しします。
　そのうちひとつは、所有権移転の要件事実について説明をいたします。材料といたしましては、最判昭和55年2月7日を取り上げます。これにつきましては、判例百選第5版の95番に番に山田文教授の解説がありますので参照をしてください。そして、今ひとつは、職権による過失相殺について説明をします。材料としては、最判昭和43年12月24日を取り上げます。これにつきましては、判例百選Ⅰの98番に戸根住夫判事の解説がありますので、これも参照をしていただきたいと思います。

Ⅰ．大前提

1．弁論主義の意義

　当事者の主張の要否が問題ということで、まずは、口頭弁論における当事者の主張をめぐる規律を概観しておきたいと思います。

　当事者の主張の規律につきましては、民事訴訟では弁論主義という建前が採用されています。弁論主義とは、裁判所の判断資料を形成すべき事実と証拠の収集および提出を、当事者の権能および責任に委ねる建前です（159条・179条、人訴19条1項・20条など参照）。

　もっとも、採用されていますと申し上げましたが、民事訴訟法のどこにも弁論主義を直接根拠付ける規定はありません。そこで、民事訴訟において、何故弁論主義が採用されているのかその根拠をめぐって争いがあります。この点につき、弁論主義は、私益に関する紛争の解決を目的とする民事訴訟の本質に根ざすものであるとして、その根拠を私的自治の尊重に求める見解

（本質説）、真実発見の便宜的技術的見地から認められた1つの手段であるとする見解（手段説）、主張を当事者の責任とすることで手続保障を充足し、不意打ちを防止するためであるとする見解（手続保障説）、弁論主義は多年にわたって形成されてきた概念であり、いずれか1つの根拠で割り切って説くことは不可能であるとして、私的自治の尊重や真実発見、不意打防止に加えて、裁判への信頼確保といった要請も加えた、多元的な根拠に基づく歴史的所産であるとの見解（多元説）などが主張されています。

民事訴訟の対象となる紛争は、私的自治の原則が適用される実体私法に関する紛争であり、それは私人が主体となって解決するべき問題であります。その意味におきまして、民事紛争は、国家のものではなく、私人である当事者のものであるということができます。そこで、紛争解決の基準となる判決の基礎を形作ることになる事実と主張も、国家のための資料ではなく、当事者のものであるといえます。こうしたことにかんがみれば、弁論主義という考え方は、判決の基礎となる資料について、国家の介入を排除し、当事者の意思に沿った民事紛争の解決をするために採用されているものと考えるのが妥当でしょう。したがいまして、他の要素をまったく否定するつもりはありませんが、本質説的な考え方が中心となるべきものと思われます。

2．弁論主義の内容となる命題

事実および証拠の収集に関して当事者の自主性を尊重する弁論主義の規律は、一般に、3つのルールのかたちで説明されます。

（i）第1テーゼ

第1に、事実の主張に関するものとして、「裁判所は、当事者の主張しない事実を判決の資料として採用してはならない」という命題です。すなわち、一方当事者が自己に有利な事実を主張せず、相手方当事者もまた主張せず、その事実が口頭弁論終結時までに審理に現れないと、その結果、当該事実はないものとされます。その結果、一方当事者は、自己に有利な事実認定をしてもらえないという不利益を受けるという結果責任の考え方です。そして、このことを（客観的）主張責任といいます。そこで、当事者は自己に有利と思われる事実を主張し、裁判所は、可能な限り当事者が主張している内

容に即して事実を認定しなければならないとされます。

　もっとも、当事者の主張した事実と微細な点まで一致した事実でなければ裁判所は認定できないわけではありません。当事者の記憶違いや表現のミスなどから、主張された事実と、証拠などによって認定された事実との間に「多少の食い違い」がある程度ならば、許容すべきであるとされています。

　また、弁論主義は、当事者間ではなく、裁判所と当事者との役割分担の問題であるという観点から、裁判所は、当事者によって主張された事実である限り、双方当事者のいずれが主張したかにかかわらず、判決の基礎とすることができます。これを、主張共通の原則といいます。

　さらに、当事者の主張から得られた資料を訴訟資料といい、証拠調べから得られた資料を証拠資料といいます。そして、主張責任からは、証拠調べを通して裁判所が知るに至った事実について、当事者からの主張のないまま判決の基礎とすることは許されないことになります。これを、訴訟資料と証拠資料の峻別といいます。

(ⅱ) 第2テーゼ

　第2に、同じく事実の主張に関するものとして、「裁判所は、当事者間に争いのない事実は、そのまま判決の資料として採用しなければならない」というルールがあります。つまり、双方当事者の主張が一致している事実については、裁判所の事実認定権が排除され、当該事実の真否を確かめるために証拠調べをし、これに反する事実認定はできなくなるのです。

(ⅲ) 第3テーゼ

　第3に、証拠の提出に関するものとして、「当事者間に争いある事実を認定する際には、当事者の申し出た証拠によらなければならない」というルールがあります。これを、職権証拠調べの禁止といいます。

3. 弁論主義が適用される事実

　先ほど、弁論主義の第1テーゼとして、「裁判所は、当事者の主張しない『事実』を判決の資料として採用してはならない」という命題を紹介しました。主張しない事実といいましたが、実のところ、民事訴訟において主張される事実には、主要事実、間接事実、および補助事実の3つがあるとされて

います。主要事実とは、権利・義務の発生・消滅・変更を定める実体私法の定める法律要件に直接該当する事実をいいます。また、間接事実とは、経験則により主要事実の存否を推認するのに役立つ事実をいいます。さらに、補助事実とは、証拠能力や証拠力に関する事実をいいます。

　そして、弁論主義の適用される「事実」とは、これら3つの事実のうち、どの事実であるかについて議論があります。この点について、3つの事実すべてを弁論主義の対象とする見解もあります。すなわち、法律要件充足そして法律効果発生の判断に直接関係する主要事実が対象となることは当然として、間接事実や補助事実であっても、判決の基礎となるような重要なものについては、国家の介入を排除するために弁論主義の適用があるとする考え方です。たしかに、弁論主義が採用された根拠に照らせば、このように考えるのが、筋が通っているものと思われます。

　しかしながら、間接事実は主要事実の存否を推認するという機能にかんがみれば、まさに直接証拠と同じ働きをするものということができます。また、補助事実も証拠力に関するものであることから、同様に証拠と同じ働きをするものといえるでしょう。このように考えますと、間接事実および補助事実は弁論主義の対象というよりも、むしろ自由心証主義の対象とした方がよいように思われます。また、多様かつ多数の間接事実や補助事実について当事者が気づかないこともあるでしょうし、それを主張させた上でなければ事実認定ができないというのでは、当事者にとっても裁判所の審理にとっても大きな負担となりかねません。

　したがいまして、弁論主義の対象として、当事者の主張が必要とされる事実は、主要事実に限れば十分であると解されます。

　それでは、こうしたことを前提としまして、具体的な問題の検討に進んでまいりたいと思います。

II. 所有権喪失事由を主張することの要否

1. 前提知識
(i) 所有権訴訟における主張・立証責任の分配
(1) 所有権確認または所有権に基づく返還請求をする原告は何を主張すべきでしょうか。

　こうした訴訟の原告は、まず、訴訟物たる権利の根拠規定に定める法律要件を充足する事実を主張しなければなりません。具体的には、所有権の取得要件を充足する主要事実を原告が主張・立証しなければなりません。

　これに対して被告は、①所有権の取得の障害となる事実（たとえば、取得原因が契約の場合には、その無効原因）を主張することになります。また、②原告が取得した所有権を喪失させる規範である権利消滅規定の定める法律要件を充足する事実を主張することもあります。さらに、③原告が返還請求権のような物権的請求権を主張していれば、当該請求権の行使を阻止する規定である権利阻止規定の定める法律要件を充足する主要事実（たとえば、同時履行の抗弁権の行使）を主張することになります。なお、これらの権利障害、権利消滅、および権利阻止を定める法規範を反対規範といいます。

　ところで、大審院以来のかつての判例（大判昭和2年10月15日新聞2773号15頁、最判昭和25年11月10日民集4巻11号551頁など）は、こうした所有権移転の経過来歴につきましては、現在の所有者の所有権に関する間接事実に過ぎないとして、当事者の主張を要しないものとしていました。しかしながら、後で紹介しますように、それが積極否認にとどまるときは間接事実と扱うべきでしょうが、相手方の所有権喪失を根拠づけるときは、主要事実としてその主張が必要であると解するのが判例および通説となっています。

(2) 権利の存続についての考え方

　そういうわけで、所有権を主張する者は、その取得原因となる事実を主張し、相手方から当該事実の存否を争われれば、立証もしなければなりません。

　しかし、この者は取得した所有権を継続して保持していたこと、換言すれ

ば、法律状態に変化が生じなかったことまで主張する必要はありません。たとえば、相続によって取得した所有権を、その後現在に至るまで喪失したことはないという事実まで主張する必要はありません。主張がなければ、発生した権利関係に変化がないものとして、発生した権利の存続が認められるのです。

権利喪失等の変化については、むしろ権利消滅規定の定める法律要件に該当する事実として、被告がこれを主張しなければなりません。たとえば、A不動産を原告が取得した事実を主張した場合に、その後原告が、被告または第三者に売ったということは、原告の主張責任に属する事項ではなく、被告の主張責任に属する事項なのです。

このような取り扱いは、そもそも権利というものは目に見えない観念的存在であり、直接これを認識し判断することができないため、民事裁判の構造として、権利の発生・消滅・変更という法律効果に対応する法律要件を充足させる事実を認定することによって、権利の有無の判断をすることになっているからであります。すなわち、権利は発生後、継続的に存続しているものととらえることを前提として、ある基準時における実体状態につき、権利障害、権利消滅、または、権利阻止に関する各法規の適用を検討することによって判断するという構造をとっているからであります。

多くの所有権に関する訴訟で、原告は所有権の取得のみを、被告はその喪失のみを主張しているのは、ここからくるのです。

(3) 物権訴訟と先決的法律関係

さらに、先決的法律関係に関する主張のあり方についても概観しておきましょう。一般に、訴訟物である権利の先決的法律関係については、原告が、当該先決的法律関係の権利根拠事実（たとえば、取得原因事実）を主張しなければなりません。

たとえば、甲が動産の返還請求権を訴訟物として、乙に対して訴訟をする場合を考えてみましょう。この場合、原告甲は、目的物である動産の占有が乙にあることなどの返還請求権の発生に関する事実だけではなく、それに先立つ甲による所有権の取得原因事実をも併せて主張しなければなりません。もっとも、返還までの間に、たとえば権利消滅要件を充足する事実として、

乙による当該動産の所有権の即時取得に関する事実があれば、その事実は乙から主張する必要があります。それは被告乙の抗弁なのであります。
(4) 先々決的法律関係

くわえて、訴訟物である権利の先決関係に、もう１つ先決関係がある場合もあります。この場合にも、原告は、先々決関係の発生事実を主張すれば十分であります。その先々決関係が消滅しなかった事実などは主張する必要はなく、それは相手方の主張責任に属する抗弁事項となります。

なお、こうした関係はせいぜい先々決関係の争いまでで、そこから先は、実務ではほぼ発生しないようです。
(5) 所有権訴訟における権利自白

なお、上述した弁論主義の第２テーゼとの関係で、たとえば、所有権の取得事実について当事者間に争いのない場合には、当該事実について裁判上の自白が成立します。この裁判上の自白の対象は主要事実に限り、先決的法律関係を対象とするいわゆる権利自白は認めないのが、日本における裁判実務となっています（第11講参照）。

もっとも、日本の実務では所有権だけはほとんど唯一の例外として、事実なみの取扱いを受けております。すなわち、いわゆる「元所有」、詳しくは「元は誰が当該目的物を所有していたか」ということが先決的法律関係である場合に、それについて当事者間に争いがなければ、裁判上の自白が成立したものと同様に取り扱っているのです。いうまでもなく、「元所有」という概念は事実ではなく法的評価です。しかしながら、判決理由におきまして、原告が元所有権者であることについては争いがないと記載するのです。

こうした取り扱いの根拠としましては、過去のある時点での所有権取得原因事実による法的効果が、所有権消滅事由のないかぎり、現在も存続しているとの前提の下でも、あえて事実に分解しようとすると、究極的には所有権が原始取得された時点まで遡り、その後の所有権移転をすべて主張立証しなければならないことになり、これでは不可能を強いることになりかねないということが挙げられています。また、「所有」という概念は日常生活に溶け込んでいて、一般人にとっても理解が容易であるから、これについて裁判上の自白を認めても不当な結果は生じないとの指摘もあります。さらに、こう

した取り扱いは、主張・立証上の困難性を回避するとともに、争点が複雑多岐にわたらないように審理効率を向上させる面があり、訴訟運営としても合目的的であるとされています。

ただし、これはあくまで、主張されていない取得原因事実について擬制自白が成立したことに準じて扱うというものであると考えられますので、この自白は、当該所有権の所在と相容れない事実を主張・立証することによって、いつでも覆すことができると解されています。とはいえ、このような自白の撤回に際して、自白者に自白の反真実の立証に際して、所有権不存在の立証責任を負わせるのは酷に過ぎるのではないかとも思われます。したがって、裁判所としては、権利自白が後から覆され、訴訟の進行が混乱するおそれのあるケースでは、そのような危険を注意深く予知し、念入りに取得原因事実を主張させておき、併せて権利と取得原因事実の双方を自白させるという形をとっておいた方が安全であるといえるでしょう。

(6) 要約

① 所有権自体は、直接その存否を判断できないので、その得喪を引き起こす主要事実を当事者に主張してもらい、争いがあれば反駁してもらうことになります。これによって所有権の有無を判断するという構造を裁判はとっているのであります。

② 具体的には権利根拠、権利障害、権利消滅、権利阻止に関する各法規範を適用して、所有権の有無を判断します。

③ 原告が所有権を主張する訴訟においては、権利根拠要件は原告が、その他3つの要件は被告が主張・立証することになります。

④ 「元所有」について当事者間に争いのない場合、所有権取得原因の主張のないまま、それについて裁判上の自白と同様の効果を認めるのが日本の実務です。

(ii) 抗弁と理由付否認（積極否認）の区別

(1) 独立の防御と非独立の防御

原告が権利根拠要件を充足する事実を主張したのに対して、それとは別個な事実である権利障害、権利消滅、または、権利阻止の要件を充足する事実を主張することを、独立の防御といいます。原告のいう事実とは別個（＝独

立）な事実という意味であります。所有権に関する訴訟で原告が物を被告から買った（権利根拠事実）と主張している場合に、それとは別個独立な、その売買には錯誤があった（権利障害事実）というとき、これは独立の防御であります。

これに対して、原告が貸金返還請求権に関する権利根拠事実として返還の約束や金銭の授受を主張するとき、被告がこれは贈与であったと主張するときには、分析的に検討する必要があります。すなわち、権利根拠事実の一部をなす金銭の授受は、被告によって自白されており、その金銭授受に際して返還約束があったと原告が主張しているのに対して、被告は贈与の申込みと承諾だけがあったといっているのであります。したがって、被告の贈与の主張はよく釈明していけば、権利根拠事実の一部を自白し、その余の部分（返還約束）と相容れない事実（贈与の申込みと承諾）を被告が主張していることがわかります。

このように相手方の主張責任ある事実と相容れない事実を主張して、相手方の主張責任事項を否認することを理由付否認（積極否認）といいます。これは抗弁のように、独立した防御方法を提出するわけではありません。この理由付否認と抗弁の違いは本日のテーマの判断にとって、ひじょうに重要な前提知識であります。といいますのは、ある事実について、それが主張事実なのか、それとも間接事実なのかの判断が難しい場合、理由付否認なのか抗弁なのかが判別できれば、それによって主張事実か間接事実かも明らかになるという関係があるからです。

(2) 契約の主体に関する理由付否認

理由付否認の典型を挙げると、契約の主体がYであるか、Zであるかの争いがあります。

Xが、Yに対して売買代金請求訴訟を提起し、XとYとは6月1日に甲動産の売買契約を締結したと述べているとしましょう。その場合に、Yが、買主は自分ではなく、契約時に同席していたZであると述べれば、これは積極否認であります。Yは買うという意思表示をしたことを否定し、その否定する事情としてZが買うといったのだと述べているのであります。この場合に「Zが買うといったのだという事実」は、Xの主張する代金支払い請求

権の主要事実である「Ｙによる買受の意思表示」の不存在を推認させる間接事実であって、主要事実ではありません。

(ⅲ) 所有権訴訟の基本事例と主張・立証責任の分配
(1) ＸがＹに物を売り、売買の効力が争われるケース

それでは、今までお話したことを具体的な問題に照らして検討してみましょう。

ＸがＹに対し不動産を売ったにもかかわらず、Ｘがこの売買は無効であると主張する場合を考えてみましょう。問題を複雑にしないため、引渡しや登記の問題をカットして、ＸがＹに対して所有権確認の訴えを起こすとしましょう。Ｘは果たして、Ｘ・Ｙ間の売買が無効である事実を主張しなければならないでしょうか。

Ｘは権利根拠要件であるＸの所有権の取得原因となる事実を主張しなければならないのに対して、Ｙは、Ｘがその所有権を喪失した原因事実を主張する責任があります。ゆえにＸは、Ｘ・Ｙ間での売買の事実の有無を主張する責任はありません。それは権利消滅事実なのであり、Ｙの主張責任に属する事項なのであります。さて、ＹがＸ・Ｙ間の売買を主張すると、今度はＸはその売買の権利障害事実を主張し、もし争われれば、立証しなければなりません。それはＸの主張すべき再抗弁事実となるのであります。この再抗弁事実を主張することにより（争いあれば立証することにより）、Ｘは、Ｙの権利消滅事実、すなわちＸ・Ｙ間での売買というＸの権利喪失原因を失効させないと勝訴できないのであります。

このように、権利消滅規定その他の反対規範には、さらにそれに対する再反対規範があり得るので、それを充足する事実を、原告が再抗弁として主張することにより、反対規範の適用による法効果を失効させることになるのです。

なお、これは理論上のことであって、迅速の要請から、実務ではこれを短縮して、以下のように行っております。

Ｘ・Ｙ間での売買がＸによれば無効で、ＸがＹに対して自己の所有権の積極的確認の訴えを起こす場合に、Ｘは請求原因として、本件不動産はもともと自己の所有に属したこと、Ｘ・Ｙ間で売買したこと、しかし、この売買に

は云々の無効原因が付着していたことを、すべて訴状の請求原因の中に記載してしまうのであります。そうすると、Yは、本件不動産が元Xの所有であったことは認める、また、X・Y間で売買したことも認める、しかし、X・Y間での売買に無効原因（例えば民法95条の錯誤）があったことは否認する、といったように答弁して、本件の争点は錯誤の有無の1点に絞られるというように整理されるのであります。

もし権利根拠事実の記載の陳述だけで期日を1回開き、この認否と権利消滅事実（Xの喪失原因）の主張のために、また1回の期日を開き、これに対してXは売買が無効であると再抗弁するのに、さらにもう1回期日を開くというのなら、これは適切ではありません。そうしたことは訴訟遅延の原因になるのです。

(2) XがYに物を売り、Yが確認訴訟を起こすケース

Xが、X・Y間での売買は無効であると主張するのに対して、Yが、Xを相手に所有権確認の訴えを提起する場合を考えてみましょう。

この場合、Yの権利根拠事実（所有権取得原因事実）はXからの買得であります。これはYの主張責任に属する事項であります。これに対してXは被告として、本件売買には錯誤があり、無効であるとの抗弁を提出することになります。同じ錯誤の事実がこのケースにおきましては、取得原因たる売買の効力の発生を妨げる権利障害事実となるのであります。

(3) 主張責任・立証責任は訴訟物から出発して分配すること

以上、同一の実体的事実（売買契約における意思表示の錯誤）が、ある例ではXの抗弁となり、別の例ではXの再抗弁となるということをみてまいりました。この抗弁とか再抗弁とか、あるいは請求原因（物権取得原因、債権発生事実）とかの位置づけは、常に個々のケースの訴訟物たる実体法上の権利関係を出発点として決定します。ここのところが大切です。

では、いよいよ本丸である最高裁判決の検討に移りましょう。

2. 本件事実関係と判旨

(i) 本件事実関係

本件土地はもとAの所有でありました。その後AはB本件土地を売却し、

さらに原告XがBを相続しました。しかし、登記簿上は、Cを通してYが所有名義人となっていました。

そこで、Xは、被告Yに対し、所有権移転登記請求訴訟を起こし、Xによる所有権取得にかかる事実を主張したほか、Yの登記名義となっている点については、「BがAから買って、Cの所有名義とした行為が、本件土地をBがCに贈与する意思でなされたものであるとしても、右は遺留分権利者であるXを害することを知ってなされたものであり、Xは遺留分減殺の意思表示をなした」ものであると述べました。

これに対し被告Yは、以下のように主張しました。すなわち、Aから本件土地を買い受けたのは、BでなくYの夫Cである、Cがその後死亡し、Yは本件土地をCから相続した、仮に、CがAから本件土地を買い受けた際にBから資金を出してもらっていたとしても、それはBのCに対する金銭の贈与であった、と。

原審は、本件土地はBがAから買い、Cに死因贈与したものであると認定して、Xの請求を棄却しました。そこで、Xが上告を行いました。

(iii) 本件判旨

破棄差戻し

「…相続による特定財産の取得を主張する者は、①被相続人の右財産所有が争われているときは同人が生前その財産の所有権を取得した事実及び②自己が被相続人の死亡により同人の遺産を相続した事実の二つを主張立証すれば足り、①の事実が肯認される以上、その後被相続人の死亡時まで同人につき右財産の所有権喪失の原因となるような事実はなかったこと、および被相続人の特段の処分行為により右財産が相続財産の範囲から逸出した事実もなかったことまで主張立証する責任はなく、これら後者の事実は、いずれも右相続人による財産の承継取得を争う者において抗弁としてこれを主張立証すべきものである。…しかるに、原審は、…Yが原審の口頭弁論において抗弁として主張しないCがBから本件土地の死因贈与を受けたとの事実を認定し、…請求を排除しているのであって、右は明らかに弁論主義に違反する…大審院昭和11年（オ）第923号同年10月6日判決民集15巻1771頁は、…変更すべきものである。」

Ⅱ. 所有権喪失事由を主張することの要否　151

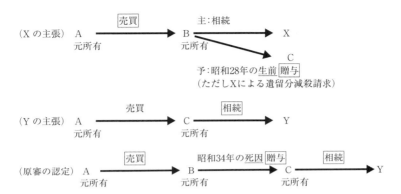

（ⅳ）本件における主張・立証責任の分配

（1）Xの主張とYの主張

Xの主張、Yの主張、および、原審の認定にかかる所有権の移転経過を図にすると上の図のようになります。

（2）本件における権利根拠事実と権利消滅事実

Xの主張・立証すべき権利根拠事実は、Bからの相続、および、先決関係であるBの所有権の取得原因であるBのAからの買得であります。これに対して、BからCへの生前贈与の予備的主張は、本来被告の主張すべき抗弁（Bの所有権の喪失原因）でありますが、それをXが主張し、加えて再抗弁として遺留分減殺請求権の行使を主張しているのであります。

このように原告が、先回りして本来相手方の主張すべき、自己に不利益な抗弁事実を自ら主張し、その抗弁の法効果を失効させるための再抗弁を主張しているときに、注意すべきことがあります。再抗弁は抗弁を失効させるためのものでありますから、その後、相手方が抗弁を主張する意思がないことを裁判所が確認したときは、原告の先回り抗弁および再抗弁の主張は撤回させるのが相当であります。先回り抗弁（先行自白）を援用するのか、援用しないのか、どちらかであり、援用しないときには、再抗弁は無意味な主張として取り扱ってよいのです。もっとも、本件の原審裁判所は、このような厳密な訴訟指揮を、必ずしもしていないようであります。

本件では、Xが昭和28年の生前贈与および遺留分減殺請求（したがって抗

弁と再抗弁）を主張していますが、これに対する被告Ｙの態度がはっきりしておりません。もし、Ｙが抗弁を援用しなければ、抗弁・再抗弁ともに証拠調べの対象とする必要がなくなることからも、裁判所は、この点について釈明をするべきでしょう。

(3) Ｙの権利消滅事実

(2)で述べたように、Ｘが権利消滅事実であるＢからの生前贈与を述べてしまっているのが本件事実関係でありますが、それでは被告Ｙはどんな権利消滅事実を主張しているのでありましょうか。

Ｙは、ＡからＣへの売渡しを主張し、併せてＣをＹが相続したといっております。ＡからＣへの売渡しは、普通ならＡの所有権の喪失原因でありまして、Ｙの抗弁に当たりますが、本件では、そうなりません。すなわち、このＹの主張は、Ｘが自己の所有権取得原因としてＡからＢが買ったといっているのに対し、この売買の買主はＢではなくＣであったと主張しているのでありますから、Ｘの権利根拠事実（Ａ→Ｂ）と両立しない事実（Ａ→Ｃ）をＹは主張しているということになるのです（理由付否認・積極否認）。

(4) Ｂ・Ｃ間死因贈与

なお、原審裁判所は、Ｂ・Ｃ間の昭和34年の死因贈与の事実を認定しております。もっとも、この死因贈与は、Ｘの先回り抗弁であるところの昭和28年の生前贈与とは別個の事実であります。したがって、被告Ｙの主張しない事実であったのです。これは弁論主義違反となります。抗弁（死因贈与）が主張されていないのに、証拠からこの事実を認定して、Ｘを敗訴させている以上、弁論主義に違反となるのです。

(ⅴ) **本件判旨の留意点**

(1) 本件判旨が「相続による特定財産の取得を主張する者は、①被相続人の右財産所有が争われているときは、同人が生前その財産の所有権を取得した事実及び②自己が相続人の死亡により当人の遺産を相続した事実、の２つを主張立証すれば足りる」とするのは、原告の権利根拠事実として、自己の相続および被相続人の所有権取得について主張責任があるとするもので、主張責任の分配理論を正しく表現しているといってよいでしょう。

(2) また、判旨が「被相続人の所有権喪失、すなわち処分行為がなかったこ

とまで原告が主張する必要はない」としたのも正当です。原告は権利の取得を、被告は原告の権利喪失をいうべきだからです。

(3) 判旨が、BからCへの死因贈与という、いずれの当事者からも主張されていない事実を証拠資料から認定したのは、弁論主義違反であるとするのも正しいといえます。そもそも主張がないのに、こんなことについて証拠調べしたのは誤りであったのです。すなわち、死因贈与を主張なくして調べた証拠から推認できるくらいなら、Yは、もっと具体的な死因贈与の主要事実と、それを支えるいくつかの間接事実を主張できたはずであります。それを釈明して主張させないで証拠調べを行って、かつ証拠資料からこれを認定したところに、裁判所の訴訟指揮上の誤りがあったと思います。

また、生前贈与と死因贈与との根底にある事実を、贈与つながりで同じものと評価することもできません。両者が時間的に密接に行われているのであれば、それも考えられなくもないでしょうが、時間的に間隔が空きすぎており、両者を同一のものとみるのは困難です。

(4) なお、不意打ちがなければ、弁論主義違反とまではいわなくてもよいとの見解もあります。すなわち、裁判所が、当事者の主張しない主要事実を証拠から直接認定しても、個々の場合に、相手方にとって不意打ちとならない場合には、あえて弁論主義違反にする必要がないとの考えです。

たしかに、請求原因として甲は乙から買ったと主張し、裁判所が、甲の代理人丙が甲のため乙から買ったと認定するとき、主張と認定の間に相違があるものの、そんなことは双方充分わかって証拠調べをしていたので不意打ちでもなんでもないのかもしれません。また、仮に、これを破棄して原審に差し戻しても結論は同じになるでしょう。

しかしながら、そうしたことは例外的な救済に限るべきであって、正面から認めるべきではないと思います。事実認定の適正を確保するためにも、あくまでも主張・立証をしっかりと行わせることが第一であると考えます。

Ⅲ．職権による過失相殺

1．前提知識
（ⅰ）過失相殺
　債務不履行による損害賠償請求を債務者に対して求める場合に、債権者にも損害の発生について共同の責任があった場合、またはその損害の増大について共同責任があった場合のために、民法418条の定めがあります。裁判所は同条によりまして、損害賠償の責任およびその金額を定めるに際して、債権者側の事情を斟酌することができるわけです。具体的には、債権者側にも損害額の3分の1とか4分の1とかの責任があるとして、その分だけ請求認容額が減額されるわけです。

　この民法418条の過失相殺の規定は、債務不履行のところにおかれている規定でありますが、不法行為についても民法722条で準用されております。例えば、鉄道線路上で酔っ払って寝込んでしまっているときに、列車にはねられて重傷を負ったとしても、過失相殺によって全額の損害賠償を受けることはできない結果となることでしょう。

（ⅱ）権利抗弁と事実抗弁
　被告が原告の主張する請求権を減却し、または、その請求権の行使を阻止しようとする場合、被告が原告に対して有している実体法上の権利を行使することがあります。このように被告が原告の請求を理由なからしめるために行使する権利を反対権といいます。その典型例は、契約上の請求権に対して、被告が取消権または解除権を行使する場合であります。そして、いうまでもなく、取消権や解除権は、実体法上は形成権の分類に入ります。この形成権を行使することによって、被告の請求権が減却（消滅）するのであります。したがって、被告は取消権または解除権の行使をもって抗弁とする場合には、自己に取消権発生事実または解除権発生事実があると主張するだけではだめです。これらの形成権を行使する意思表示をしたこと、または法廷で行使する意思表示を主張によってしなければなりません。つまり、権利行使のため、「意思表示」がなされないと抗弁として成り立たないわけです。

このように、権利の存在とその行使の意思表示とが合体してはじめて、抗弁として利用可能になるものを権利抗弁といいます。繰り返しになりますが、権利抗弁によって被告が勝訴するには、その主張に際して、①形成権または抗弁権の発生事実、②その権利を行使したこと、の2つを主張しなければなりません。そして①②を主張してはじめて抗弁として完成されます。②を欠けば抗弁とはなりません。不完全な主張として無視されても文句はいえないのです。

これに対して、弁済の抗弁は、弁済をしたという事実を主張するだけで足りる事実抗弁であって、意思表示の主張はいりません。

なお、同時履行の抗弁権（民法533条）や民事留置権（民法295条）のような履行拒絶権は取消権、解除権などとは区別され、実体法上の抗弁権であると表現されます。実体法上の抗弁権は相手方の給付請求に対して永続的に、または一時的に履行を拒絶する権利であります。そして取消し、解除のように、相手方の請求権自体を消滅させてしまうものではない点で異なります。そうしたことから、この抗弁権が認められるときは、請求棄却ではなく、引換給付判決をすることになります。もっとも、抗弁権も、一方的な権利行使（意思表示）により、実体上の権利関係の変動を生じさせる点で、一種の形成権と考えてよいとするのが民事訴訟法研究者の多数説です。

(ⅲ) 過失相殺に関する学説と検討

過失相殺制度の適用に関して、これを抗弁として主張することが必要か否か、また、抗弁であるとして権利抗弁か事実抗弁かという点で理論的な争いがあります。

この点につき、被害者の過失を証拠上認められれば、当事者の主張なくして認容額を減額してよいという見解（主張無用説）があります。もちろん、権利行使の意思表示も無用とされます。その根拠としては、過失相殺は公平の理念の現れであるからということが挙げられています。この見解は、過失相殺に関して裁判所の自由な職権行使に門戸を開くものであるといえます。

また、過失相殺「権」という権利抗弁として過失相殺を取り扱う見解（抗弁権説）もあります。これによると、債権者（被害者）の過失の主張だけでなく、一種の相殺権を行使する意思表示を行ったことの主張をも要することに

なります。すなわち、過失に当たる具体的な事実の主張だけでは完全な抗弁として成り立たないとするものです。

さらに、債務者の過失に当たる事実の主張は必要であるものの、権利抗弁でないから意思表示は不要であるとする見解（事実抗弁説）もあります。ちょうど弁済の抗弁において弁済の事実を主張し、争われれば立証するのと同じように、意思表示は無関係であるとするものです。

上記3説のうち、第3説の事実抗弁説が正当であると思われます。といいますのは、過失相殺既定の適用に際しまして、被告である債務者は原告である債権者の過失（共同過失）に当たる具体的事実を主張し立証する責任があります。そして、その共同過失は事実そのものであって、抗弁権でないとされているからです。また、証拠資料から認定できた事実によって、裁判所がいきなり職権で過失相殺をする（もちろん、不法行為事件などでは、当事者が過失について自覚的に主張していないことはほとんどないでしょうが）のは当事者にとって不意打ちとなることも考えられ、妥当ではないからです。

では、こうしたことを前提に、最高裁判決で述べられていることの意味するところを検討してみましょう。

2. 事実関係と判旨
（ⅰ）事実関係

YはXに対し、和解調書（現267条）に基づき、150万円および遅延損害金のための強制執行を開始しました。これに対しXは請求異議の訴え（民事執行法35条）を提起し、①弁済により債権は消滅済みであること、および、②遅延損害金については、特に、その額が増加したのは、和解調書で支払いの名宛人となっている債権者Yの訴訟代理人・弁護士が転居したのに、Xに何ら通知をしなかったので転居先をXが知らなかったためであることに加えて、長期間Yから何の請求もなかったためであることの2点において、Y側に過失がある、と主張しました。その上で、Yは過失相殺によって債務はすべて消滅したと述べました。

第1審・第2審ともXの過失相殺については、これを認めるに足りる何らの証拠もないとして、過失相殺の抗弁を排斥しました。

そこでXは、過失相殺の主張について原審が証拠なしと判断したのは理由不備（現312条2項6号）にあたるとして上告を行いました。
(ⅱ) 判旨
上告棄却
「…民法418条による過失相殺は、債務者の主張がなくても、裁判所が職権ですることができるが、債権者に過失があった事実は、債務者において立証責任を負うものと解すべきである。しかるに、本件にあっては、債務者であるX（上告人）の債務不履行に関し債権者であるY（被上告人）に過失があった事実については、Xにおいて何らの立証もしていないことは、本件記録に徴し明らかである。されば、原審が本件について民法418条を適用しなかったのは当然であって、原判決には所論の違法はない。」

3. 判旨の検討
(ⅰ) 主張無用の意味

まず、判旨が「民法418条による過失相殺は、債務者の主張がなくても、裁判所が職権ですることができる」としています。また、過失相殺に関する上記の判旨およびその用いる表現方法は、実のところ、日本（大判昭和3年8月1日民集7巻648号、最判昭和41年6月21日民集20巻5号1078頁など）だけではなく、母法国ドイツの実務でもみられるものです。そして、一見すると、最高裁は主張無用説に賛成しているものとも読めます。

しかし、その意味するところは、過失相殺は相殺権のような権利抗弁ではないという意味であるととらえるべきです。過失相殺「権」の行使が権利者によって行われないと、そして権利行使の意思表示がなされたことが主張されないと、抗弁として完成しない無意味な主張になるのではなく、共同過失の事実に関する主張があれば、被害者の意思表示がなくても、完成した抗弁として取り扱ってよいという意味であります。もっといえば、共同過失という要件を充足する事実に法を適用して、認容額を削減して差し支えがないという意味です。

したがいまして、「債務者の主張がなくとも」というのは、「（過失相殺権を行使するとの）債務者の（意思表示の）主張がなくとも」と補充して理解するし

か方法がないのであります。間違っても、過失の内容をなす具体的な事実につき弁論主義の適用を排除し、職権で顧慮することができるという意味ではありません。

そういうわけで、この判旨は、過失相殺は事実抗弁であって抗弁権ではないというのが、その意味するところなのです。

(ⅱ) 職権による過失相殺

それでは裁判所が債務者（加害者）の過失相殺「権」の行使は不要として、「職権で過失相殺をなし得る」とはどんな意味でしょうか。これは共同過失に当たる事実が主張されていれば、そしてそれが立証されれば、それだけで共同過失の法的評価をして、賠償額を割引してよいという意味です。そう解する以外に合理的な方法がありません。共同過失に当たる具体的事実が主張されていればというのは、要するに、過失相殺の抗弁は事実抗弁なのであるから、事実主張（抗弁）がなされている以上、裁判所はその事実の法的評価をするのが職務上当然なのだというわけです。といいますのは、具体的事実の法的評価は職権で行われますし、同時にそれは裁判官の職責でもあるからです。

なお、ドイツでも「職権でする」というのは紛らわしい表現であり、適切でないと批判されているようです。

(ⅲ) 立証責任

それから、債権者に過失があったことは、債務者に立証責任があるとしたのは正当であります。民法418条は権利消滅規定であり、債務者に有利な法規範でありますから、これを充足する事実を主要事実として、主張しかつ立証する責任は債務者にあるのです。

本件判旨は、立証責任についてだけ言及して、主張責任については述べておりませんが、主張責任もまた債務者（加害者）側にあることを否定する趣旨ではないと思います。おそらく、本件では、債権者側の過失の具体的事実が現に主張されておりますので、特に主張責任について言及する必要がないと考えたのでしょう。実務上、過失相殺の対象となる両者の過失を構成する事実は、相互に密接な関連性を有し、債務者が自らの過失に関する主張を争う過程で、債権者側の過失を構成する事実も弁論に検出されるのが通常であ

るとの指摘もあります。

　以上のように判旨を善解した上で判旨に賛成したいと思います。

【参考文献】
①判例評釈
榎本恭博・最判解民昭和55年度解説79頁
藤原弘道・百選Ⅰ192頁
山本弘・法教368号123頁
②学術論文
井上繁規「不動産の所有権移転経過の認定と弁論主義」牧山ほか編238頁
右田堯雄「職権による過失相殺」争点〔旧版〕222頁
野田宏「所有権訴訟における立証責任」実例法学上166頁
③体系書
伊藤・305-307頁
小林・308-309頁
新堂・474-476頁
高橋・重点講義〔上〕434-438頁、459-461頁
中野ほか編・220-226頁〔鈴木正裕〕
松本・上野・53頁、456-458頁〔松本博之〕
④コンメンタール
秋山ほか編・Ⅱ〔第2版〕173頁以下
条解二版・883頁、887頁以下〔竹下守夫〕
注釈民訴（3）59頁以下〔伊藤眞〕

第 8 講　相手方の援用しない自己に不利益な事実の陳述

　　第 8 回の講義は、相手方の援用しない自己に不利益な事実の陳述について、講義をいたします。材料としましては、最判昭和 41 年 9 月 8 日を取り上げることにいたします。これにつきましては、判例百選第 5 版 50 事件があり、松村和德教授による解説もありますので、併せて参照して頂きたいと思います。

Ⅰ．前提知識

1．問題の意味

　相手方の援用しない自己に不利益な事実というのはどういう意味なのであるかわかりにくいと思いますので、これについてまず説明をします。一般に各当事者は、自己に有利な事実を主張するものであります。すなわち、原告は貸金請求においては、権利根拠事実である被告への貸金の事実（返還約束と金員の授受）を主張し、これに対し、被告は、被告にとって有利な弁済の事実を主張するのが、訴訟の通常の姿であります。ところが、ときとして原告が自己に不利益な事実を主張することが起こります。たとえば、原告が貸金請求事件で、貸金の事実を主張したほかに、自ら弁済があったという事実を述べる場合のごときであります。これに対して、被告が貸金の事実を否認し、弁済の事実については、何らふれるところがなく（援用せず）、よって請求は理由がないと答弁することがあります。

　このようなときに、原告が述べた弁済の事実を、被告が援用していないのに判決の基礎として用いて、原告敗訴の判決をすることは、そもそも許されるのでしょうか。これは一体弁論主義という訴訟原則と、どういう関係に立つのか、弁論主義とは一体何なのか、こういう問題を検討することが必要に

なるわけであります。

　以上、指摘した事例によく似ているのは次のような場合であります。Xが所有権に基づいて家屋の明渡しを求め、その理由として、Xは本件家屋をYに賃貸したけれども、その後、賃貸借契約を解除した、と主張する場合であります。これはXが権利根拠事実である自己の所有権（争いがなければ、所有権だけは一種の事実として取り扱われる）のほかに、Yの抗弁に当たる賃貸借を先回りして主張し、さらに、再抗弁（この主張こそ本来のXの主張責任事項である）まで主張してしまっているのであります。この例では、Xは不利益な事実（賃貸借すなわちYの抗弁）を主張しているけれども、それに付け加えた再抗弁である解除を主張しているのでありますから、Xの主張は、主張全体をみると、請求の趣旨すなわち明渡しの判決を求める、という申立てを基礎づけております。このような主張を、主張自体の正当性（主張事実から、もしそれが立証できたと仮定して、申し立てられた判決主文を是認することができること）が認められると表現します。日本では主張自体の正当性といいますが、ドイツでは主張の一貫性といいます。これに反し、最初に述べたケースで、Xが貸金請求を起こしながら、金を貸したこと、さらに弁済を受け取ったことまで述べている場合は、Xの主張全体から、Xが請求の趣旨で求める判決主文は、基礎づけられていないわけです。こういうのを日本では、主張自体失当と表現するのが普通であります。ドイツでは、主張の一貫性（Schlüßigkeit）を欠くと表現します。

2. 不利益主張と弁論主義

　Xが貸金請求訴訟を起こし、請求原因の中で、自ら弁済を受けたことを主張するのは、不利益主張の典型事例の1つであります。また、Xが契約に基づいて履行を請求し、請求原因の中で、その契約が公序良俗に反していることを、充分に判断できるような事実を併せて主張している場合も、同じ類型にはいります。これらの場合に、①相手方Yが前例では、弁済を援用せず（援用すれば主張は一致するので、裁判上の自白となる）、進んで弁済の事実を争うとき、そもそも弁済の事実を基礎として裁判することは、弁論主義に反しないのか、また②仮に違反しないとした場合、弁済の有無について、当事者間

に争いがあれば、証拠調べをすべきか、という問題にぶつかります。このような証拠調べは、通常の証拠調べの目的と裏返しになります。すなわち、Xは弁済を受けたことを立証しようとするし、Y被告は弁済しなかったことを立証しようとして争うことになります。裏返しの争いであります。このような現象を弁論主義という民事訴訟法の根本的原則からみてどう説明し、どう取り扱うべきかが問題となるわけであります。

　また、先ほどの事例で、Xが所有権に基づいて家屋の明渡しを求め、進んで賃貸したこと（本来Yの抗弁）、さらに賃貸借を解除したことまで主張した場合についても、困難な問題が発生します。すなわち、普通ならば、賃貸借の抗弁をXが先回りして主張するのは（今後Xの先行自白という。相手方が援用すれば、裁判上の自白になる）、Yが賃貸借の抗弁を援用することを予想しているからです。そして、争点がただ1点、再抗弁が立つか立たないか、すなわち、解除の効力にあると予想しているからです。そして、このXの主張は、請求原因＋抗弁＋再抗弁となっているから、主張全体としてみれば、Xの申し立てた判決主文を基礎づけており、Xの主張は、それ自体として正当であります（主張自体の正当性）。

　ところが、予期に反して、このケースでYが賃貸借の抗弁にも、再抗弁にも言及することなく、Xの所有権を争い、所有権はYにこそあるというようなときには、抗弁・再抗弁の主張は、弁論主義からみてどんな取扱いを受けるのかでしょう。結論のみを先に指摘しておきますが、再抗弁は抗弁を破壊することを目的とするのであります。Yから抗弁がでなかったのですから、Xの先回り抗弁および再抗弁の主張は、本案の判断にとって重要性を欠く主張として、撤回させるのが正しい訴訟指揮であると思います。それにもかかわらず、当事者が撤回しない場合には、無意味な主張として扱ってよろしいと思います。ただし、判決の中では無意味であることにふれておいた方がよろしいと思います。

3.　弁論主義とは何か

　弁論主義とは、主要事実、証拠の要否、証拠方法を当事者の手に一任する主義をいいます。まず、①第1の主要事実を当事者に一任するというのは、

いずれの当事者も主張していない事実を裁判所が、判決の基礎として、判断することを法的に禁止することを意味するのです。原告が主張した主要事実と、被告が主張した主要事実が、法適用の外枠を形成し、裁判所の法適用は、この外枠の中で行われなければなりません。Xが請求原因を述べ、Yが抗弁を述べ、Xが、これに対しさらに再抗弁をしたという場合、これらの3つの事実が、裁判の基礎・法適用を受ける対象事実の外枠を形成するわけです。裁判所は、主張がないのに、自ら証拠資料の中より、ある事実を取り出して認定し、この事実に法を適用することは弁論主義に反します。それは証拠資料から取り出された事実であって、当事者が主張していない事実だからです。たとえば、当事者本人を尋問し（207条）、その陳述（証拠資料）の中から事実を拾い出して、これに法を適用することは許されません。

次に、②証拠の要否は当事者が決定します。すなわち、当事者は相手方の主張する事実で、自己に不利益な事実を認めることによって、裁判上の自白が成立し、これについては、要証性がなくなるわけです。これは単に要証性がなくなるだけでなく、証拠調べをしてはならないことになります。また、自白をすると、自白者自身が拘束される（撤回禁止）ほか、自白は裁判所をも拘束し、裁判所は必ず自白を基礎として、法適用をしていかなければならなくなります。自白は要証性を失わせるだけでなく、裁判所および自白者を縛ることになるわけであります。

弁論主義の内容の3番目ですが、③証拠方法は、当事者のいずれかから申請のあったものに限り、裁判所は取り調べることができ、職権で証拠を取り調べてはならないことを意味します。これが、弁論主義の証拠との関係における原則であります。しかし、現代国家は、いずれの国におきましても、立証という点に関しては、実定法上弁論主義を大幅に制限しております。ドイツ法では、たとえば、証人申請を除き、他の証拠方法は職権で取り調べうるとなっております。フランス法では、鑑定や検証を職権で行うことができます。わが国の実定法をみると、民事訴訟法207条の本人尋問、民事訴訟法186条の調査の嘱託、民事訴訟法233条の検証の際の鑑定、民事訴訟法228条3項の公文書の真否の照会、そして私の法解釈に従いますと、鑑定（通説は反対）なども職権でやれることになります。鑑定・検証を職権でやれると

いう明文がないのは、日本民事訴訟法としては決して適当ではないと考えております。

いずれにしても、弁論主義の観念自体は、証拠方法は当事者の申立てを待つということを含んでいるのであります。しかし実定法は、弁論主義の一部を、この点で大きく破っていると理解するのが正しいと思います。

4. 弁論主義と作業分担

裁判は事実に法を適用して行います。その事実はいずれかの当事者が主張したものでなければならず、裁判所は主張がないのに、証拠により認定した事実に法を適用して、判決の結論を引き出すことは許されません。

そうすると、各当事者は勝訴するため、勢い自己に有利な法規範が適用されるようにするために、その法規範を充足する主要事実を主張することになります。原告は権利根拠規範を、被告は権利障害、権利消滅、権利阻止規範を充足する事実を、それぞれ主張するのが通常のかたちであります。

しかし、弁論主義とは法適用の対象事実の外枠を限定する主義であります。この外枠の中に入ってさえいれば、抗弁事実を原告が主張しようと、再抗弁を被告が主張しようと、少しも差し支えがないと考えられております。このような考え方を、弁論主義は事実の収集に関し、裁判所と当事者（原告と被告を含む）との間の作業分担を定める法理であって、当事者間、すなわち、原告と被告の間の作業分担の法理ではない、と説かれております。換言すれば、弁論主義とは、原告に有利な事実は必ず原告が主張し、被告に有利な事実は必ず被告が主張しなければ主張がないことになる、という原理ではないのであります。もし、弁論主義を、原告と被告との間の作業分担の法理であると考える場合には、本来被告が主張すべき抗弁事実を、原告が主張した場合には、その事実は主張ありとはならないわけで、それらの事実に法を適用して、裁判することは許されないことになります。このようなことを弁論主義は意味するのではなく、それは当事者双方対裁判所の間の作業分担の法理であると説かれるのであります。

したがって、原告が抗弁を述べれば、主張ありとして、この事実に裁判所は法を適用して差し支えがないことになるし、被告が本来原告の主張すべき

再抗弁を主張すれば、これに法を適用することは「外枠」の内部のことであって、決して弁論主義に反することにはならないのであります。

Xが貸金の事実の他に、弁済の抗弁を述べてしまえば、この2つの事実に法を適用して、Xの請求を棄却することは、弁論主義に反することにはなりません。

5. 弁論主義と主張責任

まず、弁論主義と客観的主張責任の関係について説明します。客観的主張責任は、裁判所が審理を終結して判決をするに際し、当事者のいずれからも主張されていない事実に、法を適用して、裁判することは許されないことを意味します。ある事実が性質上、権利根拠事実であるのに、審理の終結時において裁判所が判決をするのに、その主張がなければ、その事実に権利根拠要件を定めた、Xに有利な法規範を適用することは許されません。主張のない事実に法を適用すれば、弁論主義に反します。では法適用は許されないとして、その不利益は誰が受けるか、いうまでもなくXに有利な権利根拠規範を充足すべき事実については、その法の適用がない不利益は、Xが被ることになります。この不利益が客観的主張責任といわれるものです。

被告が弁済しているのに弁済の事実を主張しなければ、審理を終結して判決をする裁判所は、弁済の事実に法を適用して、被告を勝訴させることはできません。弁済に関する権利消滅規範は、被告に有利な規範でありますけれども、その適用がないという不利益は、被告が被ることになるわけであります。

6. 弁論主義と主観的主張責任

客観的主張責任とか客観的挙証責任とかは、判決時点で問題となるものであります。そして、その問題は権利根拠事実については原告が、権利障害、権利消滅、権利阻止事実については被告に責任があります。

しかし、このような客観的主張責任を前提とするとき、弁論主義のもとでは各当事者は、自己に有利な法規範を充足する事実を主張しておく行為責任（主観的主張責任）があることになります。この行為責任を履行しておかない

と、審理を終結されて客観的主張責任という不利益を被ることになるからであります。

　この行為責任を、客観的主張責任の弁論主義のもとにおける反射と考えるのが通説であります。しかし、私は、行為責任が出発点であり、これを履行しなかったから、客観的主張責任を被るという考え方が実際にあうと考えております。ドイツにもそういう考え方が現にあります。しかし、ここでは、通説にしたがって話を進めていくことにします。

　弁論主義でいわゆる「外枠」と主観的主張責任の関係について、以下に説明をします。これまでは原告が抗弁を述べたとか、被告が再抗弁を述べてしまったとかいう場合に、それらの事実に法を当てはめるのは、「外枠」の中の事実であるから、弁論主義に違反するものではない、という通説的な弁論主義の理解を説明してきました。

　ここで取り上げるのは、主観的主張責任を果たしていない当事者を、どう取り扱うかという問題であります。いままで述べてきた問題とは区別して考えなければならない問題であります。

　前の例で、原告が貸金請求訴訟を起こし、請求原因の記載の中で、貸金の事実と弁済の事実を主張してしまった場合を用いて、説明をつけております。原告が弁済を主張しても、それは「外枠」の内部の事実であり、この事実は主張として存在するわけです。これに法を適用することは、弁論主義には反しないわけです。ここまではすでに説明をしました。ここで取り上げる問題は、貸金の事実と弁済の事実を主張してしまった原告の取扱いいかんということであります。すなわち、直ちに結審して、原告の請求を棄却してしまってよろしいか、それとも、被告が、たとえば、弁済したことはないと述べていれば、弁済の有無について証拠調べをし、その結果としての認定事実に法を当てはめて、裁判をするということが正しいのかという問題であります。

　この問題については、日本では兼子一博士の民事法研究第1巻の中に「相手方の援用せざる当事者の自己に不利益なる陳述」という論文があるのみで、その後長らく研究が途絶えている状態にありました。

　兼子説は、弁論主義とは、裁判所と当事者（原告及び被告を含む）の間の作

業分担の法理で、原被告間の作業分担の法理ではない、ととらえ、私のいう「外枠」の中にある事実は、全部判決の基礎として用いてよろしいと、まず説かれております。ここまでは、現在日本およびドイツにおいて、争いがない問題であります。

ところが、原告が、たとえば弁済を主張して、被告がこれを援用せず、かえって争うというような場合に、証拠調べをせよと兼子説では説いております。この点に、私は賛成できないし、ドイツの圧倒的な通説・判例は、証拠調べの必要性を認めておりません。では具体的にどのように取り扱うべきであるのか、そして、その理論的根拠はどうなるのかを、次に考えてみることにします。

この点の研究は、日本では遅れておりますので、以下、私の研究に従って説明を展開してみます。

当事者が自己に不利益な事実を述べた場合、その当事者の主観的主張責任が尽くされているかを、まず検討してみる必要があります。その当事者が自己に有利な法規範を裁判官に適用してもらうのに、必要な事実を主張する責任を果たさず、かえって不利な事実を主張している場合は、その当事者の主張事実を、仮に真実と仮定しても、その主張事実からは、その当事者の申し立てている判決主文は出てこないわけです。金は貸したけれども、返してもらったという主張事実からは、Xが求めている「被告は原告に対し、金10万円を支払え」との結論は出てこないわけです。このように、主観的主張責任（行為責任）を果たしていない当事者は、証拠調べをするとか、相手方の認否をみるとかするまでもなく、主張自体失当として、審理を終結して、その当事者を敗訴させるべきであります。

原告が、所有権に基づいて、家屋の明渡しを求めている訴訟で、賃貸借（抗弁）の事実を述べ、その解除（再抗弁）を主張していないときには、Xは主張責任を尽くしていないのですから、それだけで請求を棄却するのが正しいと思います。

同様に、被告が抗弁を主張し、加えて再抗弁（本来原告の主張責任）まで主張してしまって、再々抗弁を主張しなければ、被告は主張自体失当として、敗訴は免れないわけです。

もっとも、この事例で、Ｘが請求原因として、権利根拠事実を完全に主張していなければ、請求原因自体失当ですから、その場合は、被告の応訴の内容を確かめるまでもなく、Ｘの請求を棄却すべきであります。もしＸが主観的主張責任を果たしている場合に、被告が主張自体失当な態度をとっていれば、被告の主張に対するＸの応答を確かめるまでもなく、被告敗訴としてよろしいわけであります。

　何れにしても、原告も被告も自分の行った主張の全体が、自分の求める判決（被告は棄却の申立て）を基礎づけているとき、主観的主張責任を果たしているということになります。

　結論として、原告が請求原因のほかに、抗弁まで主張してしまっているときは（再抗弁を出さない）、この抗弁に対して、被告が援用し（自白成立）、または何も述べず、もしくは進んで争うということは、全部無関係なことです。原告の主張から、原告の求める判決は出てこない以上、直ちに結審して、請求を棄却すべきであって、原告のこのような失当な主張に対して、被告がどのような対応をしているかは、全く無関係であり、それを検討する余地はまったくないのであります。以上のように考えるのが、ドイツの通説・判例であり、正当な理論であると思います。その結論も妥当であります。以上述べたように、失当な主張をしている当事者に対して、国家は、それ以上手間をかけて審理を続けてやる必要はまったくないと考えられるので、この結論は常識にもあっていると考えます。

　では兼子説は、何処が一体不当であるのか。この点を考えてみます。すなわち、主観的主張責任の観念が、兼子説の中では用いられていないと思います。客観的主張責任のみが前提とされていると考えられます。そして、弁論主義の「外枠」の内部では、およそ当事者間で争いがある主要事実であれば、証拠調べによって取り調べるのが相当であると結論をしているわけであります。

　しかし、民事訴訟は、裁判官の釈明義務を前提としつつも、自ら責任を果たしている当事者のみを救済すれば足りるのであります。釈明しても主張自体失当な当事者を保護する必要は、まったくないと考えてよろしいと思います。

兼子説でいくと、貸金請求を起こしている原告が、「おれは金は被告から受け取った」と主張し、被告はこれに反し、「おれは金を返したことはない」と主張するような、常識では是認し得ない立証合戦を、肯定する結論になってしまうわけであります。このような訴訟の運用の仕方は、国費のむだ遣いであると非難せざるをえません。

　また、たとえば、不法行為による損害賠償請求で、Xが請求原因の中に、被告に過失があったと認められる主要事実を書いていない場合を考えてみます。これに対して、被告が自分に過失があったと主張すると、原告の請求原因は、被告によって補充されることになります。兼子説では、このようになると思います。この場合でも兼子説を徹底すると、XがYには過失がないと主張し、Yが逆に自分には過失があるというような場合に、証拠調べをして、勝敗を決することになります。裁判所が、このような裏返しの証拠調べに応ずるなどという訴訟制度のあり方は、到底是認することはできません。

　このケースでは、原告が不法行為で賠償を求めているのに、権利根拠規範である民法709条の要件をもれなく主張していない、すなわち、主観的主張責任を果たしていないのでありますから、被告の応訴内容を検討するまでもなく、したがって、立証などということは初めから問題とすることなく、直ちに原告の請求を棄却すべきであります。もっとも、原告の主張に手落ちがある場合には、裁判官の釈明権の行使は必須であります。

7. 弁論主義と主観的挙証責任

　客観的挙証責任は確定責任といわれますが、判決に際して、ある事実が証明されていない場合に、その事実を要件として定めている法規範が適用されないことを指します。売買による代金請求で、判決時に売買成立ありとの確信に裁判官が到達していないとき、民法555条は適用されません。すなわち、代金請求の権利根拠要件（Xに有利な法規範）が適用されないという不利益を、Xが被ることになります。しかし弁論主義のもとでは、このような不利益を避けるために、各当事者は、自己に有利な法規範を充足する事実を、進んで立証する行為責任があります。これを主観的挙証責任と呼びます。これは本日のテーマとは、若干外れますけれども、思考の整理上、重要であり

ますので、簡単に説明をしておきます。

　主観的挙証責任を果たさないとは、次のようなことを指します。すなわち、XがYに10万円の貸金請求をし、請求原因として、〇年〇月〇日にXが金10万円を貸し付けた事実を主張しました。Yは貸金を否認しました。ところがXが貸金（要証事実という）について、証拠（書証・証人）を提出しなかったとします。たしかに、裁判所は職権でX本人を尋問することは、条文上可能であります（207条）。しかし、Xはこの場合、主観的挙証責任（行為責任）を果たしていないわけです。釈明しても証拠申請をしていないわけです。こういう場合には、被告の応訴を検討するまでもなく、原告の請求を棄却すべきであります。このようなことを、主観的挙証責任の懈怠（beweisfällig）といいます。ドイツの実務では、この点、ひじょうに厳格であります。たとえば、唯一の抗弁であるB事実に直接証拠がないとき、Yは、間接証拠を提出しなければなりません（主観的挙証責任）。このとき、間接事実（間接証拠の立証主題）の主張と間接証拠を提出することが要求されます。この場合、Y主張の間接事実から、B事実が経験則上推認できないときは、主観的挙証責任を果たしていないとして、結審してYを敗訴させることになります（請求原因に争いがない場合に限る）。

Ⅱ．本件事実関係と判旨

1. 事実関係

(ⅰ) 実体関係

　本件土地は、Yの所有名義となっていますが、その上に、Xが建物を所有しています。

　XY間に本件土地の所有権の帰属争いがあります。Xは先代Aから相続し、そうでないとしても、取得時効が完成したといいます。Yは、先代AからBを通して買得したといいます。

(ⅱ) 訴訟関係（その1）

　XはYに対し、本件土地の移転登記を求め（第1訴訟）、請求原因として、次の2つを主張しました。

イ．XYの先代Aからの相続
　ロ．取得時効の完成

(ⅲ) **訴訟関係（その2）**

　YはXに対して、建物収去、土地明渡しを求め（第2訴訟）、次の3点を主張しました。

　イ．本件土地は、先代Aが第三者Bに売り、BがYに売りました。
　ロ．Yの土地にXが建物を所有しているのは、YがXに土地を使用貸し（民法593条）したからです。
　ハ．その後、YはXとの使用貸借契約を解除しました。

(ⅳ) **訴訟関係（その3）**

　2つの訴訟は、民事訴訟法152条により併合され、同一手続により審判されました。

(ⅴ) **原審判決**

　Xの請求を棄却し、Yの請求を認容しました。判決理由の要点は、YがBから土地を買ったことで、Xの占有は、使用貸借に基づくものであるから、所有の意思を欠くことを認定するにとどまり、YからXへの使用貸借の終了については判断するところがありません。

(ⅵ) **Xの上告理由**

　原審判決は、Yが本件土地を、Xに使用貸借により、使用させていたものであると主張しているのに、この点について判断しなかったのは、弁論主義に違反しています。すなわち、YのXへの使用貸しの主張は、Xが援用しなかったけれども、弁論主義のもとでは、Xの援用の有無にかかわらず、使用貸しの主張は、訴訟資料として採用すべきものです。

Ⅱ. 本件事実関係と判旨　173

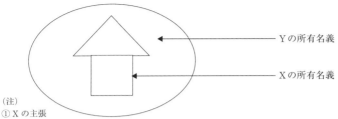

（注）
① Xの主張
・先代Aから相続
・取得時効
② Yの主張
・A→B→Yの経過で買得
・YはXに土地を使用貸しした。
・使用貸借は解除した。

Xの申立て…土地の移転登記請求（第1訴訟）

Yの申立て…建物収去と土地明渡し（第2訴訟）

2. 本件判旨

「…原審で、Yが、自己及びXの各本訴請求について、YがBから本件宅地を買い受け、その所有権を取得した事実及びYはXに対し本件宅地の使用を許した事実を主張したこと、Xが相続によりまたは取得時効の完成により、本件宅地の所有権を取得した旨主張したことは、記録上、明らかであり、原審が、YがBから本件宅地を買い受け、その所有権を取得したが、Xに対しその使用を許した事実を確定した上、本件宅地の所有権に基づいて、その明渡等を求めるYの本訴請求を認容したことは、判文上、明らかである。

ところで、Yの本訴請求については、YがXに対し本件宅地の使用を許したとの事実は、元来、Xの主張立証すべき事項であるが、Xにおいてこれを主張しなかったところ、かえってYにおいてこれを主張し、原審がYのこの主張に基づいて右事実を確定した以上、XにおいてYの右主張事実を自己の利益に援用しなかったにせよ、原審は右本訴請求の当否を判断するについては、この事実を斟酌すべきであると解するのが相当である。しからば、原審はすべからく、右使用貸借が終了したか否かについても審理判断したうえ、右請求の当否を判断すべきであったといわねばならない。しかるに、原

審が、このような措置をとることなく、前記のように判示しているのは、ひっきょう、審理不尽の違法を侵したものというほかない。そして、右違法が、原判決の結論に影響を及ぼすおそれがあることは明らかであるから、この点に関する論旨は理由があり、原判決中Ｙの本訴請求を認容した部分は、破棄を免れないといわざるを得ない。」

3. 判旨の解説と批判
（ⅰ）Ｘの主観的主張責任

　ＸのＹに対する土地所有権移転登記請求における、Ｘの請求原因である取得時効の完成から検討します。Ｘは、取得時効で所有権者となったこと、および、Ｙが登記を持っていることを主張していますから、移転登記を求める請求原因（権利根拠事実）としては、必要かつ十分な主張をしております。

　Ｙは、これに対して（ＹのＸに対する建物収去・土地明渡訴訟の併合事件の中で）使用貸借の主張をしております。これはＸの取得時効の主張に対するＹの抗弁であります。なぜなら、民法162条の取得時効を主張する場合、そこに書かれている全ての事実を請求原因、すなわち権利根拠事実として主張する必要はないのです。つまり、民法186条によると所有の意思は推定されておりますので、取得時効の主張をするＸは、この点の主張をする必要はありません。民法186条で推定されている事実は、全部主張する責任はないのです。かえって、時効取得を争う相手側Ｙにおいて、Ｘには、所有の意思が欠けていたこと（所有の意思の不存在）を主張し、争いがあれば立証することになります。これがこの推定規定（事実上の推定に関する第12講参照）の効果であります。

　本件では、ＹがＸへの土地使用貸しを主張していますから、これはＸの所有の意思の不存在を基礎づける具体的事実であります。Ｘの占有権原は、Ｙからの使用借りだというのです。この使用貸借は、Ｘの所有の意思の不存在を推認させる間接事実とみるのは、日本では一般的なのかもしれません。しかし、厳密にいえば、所有の意思の不存在というのは、「不特定法律要件」（規範的法律要件）でありますから、これを充足する具体的事実が、主要事実であるということになります（不特定法規範については第９講参照）。これはドイ

ツの通説・判例からの帰結であります。

　これにしたがって考えますと、Yの使用貸借の主張は、Xの時効取得の主張に対する抗弁、すなわち、主要事実ということになります。Yがこの抗弁を立証すれば、Xの取得時効の請求原因は失効します。したがって、Yの主張は、XのYに対する第1訴訟におきましては、主観的主張責任を果たしております。Yは、Xの所有権取得（相続及び時効）を争い、抗弁を出しているのでありますから、主観的主張責任を果たしております。Yの主張は、全体として、主張自体正当であると評価することができます。

　次にY（原告）のXに対する第2訴訟（建物収去等）について検討します。

　Yは、AからBに、BからYに、所有権が移転した事実を、所有権取得原因として主張しております。そして、X所有の建物によって、土地が占有されている事実を主張しております。すなわち、Yの主張は権利根拠要件を充足しております。Yの物上請求権が訴訟物でありますから、Yの所有権と相手方の占有の事実だけで、権利根拠事実は十分であります。

　ところで、問題は、YがXに土地を使用貸しした事実を述べている点です。Yは実は第1訴訟のXの時効を破壊する目的で、これを主張したのでありますが、主張事実は同一当事者間の併合訴訟では共通ですので、YのXに対する土地使用貸しは、Y主張の物上請求権（土地返還請求権）にとっては、抗弁を先行自白したことになります。Yに土地所有権があっても、Xに土地使用権があれば、権利阻止要件を充たすことになり、Yの請求は棄却されることになります。この主張は、しかしYが使用貸借を解除したと主張しておりますので、Y原告の主張は、全体として所有権取得原因＋土地使用貸しの抗弁（本来Xの主張すべきもの）＋その解除（再抗弁）を含んでいるので、Yは主観的主張責任を果たしていることになります。これらの全体の主張事実により、Yの求める判決主文は基礎づけられているからであります。すなわち、Yの主張は全体として主張自体正当（主張に一貫性がある）であると表現されることになります。

(ⅱ) **原審の判断遺脱**

　原審（控訴審）判決は、第1及び第2訴訟を一体として進め、共通した証拠調べを行い、Yの所有権取得を認定しました。したがって、Xの相続によ

る所有権取得は、排斥されたわけであります。

　次に、Xが第1訴訟で、請求原因として主張した取得時効に対しては、YのXへの使用貸しを認定し、したがって、Xには所有の意思が不存在であり、取得時効は成り立たないと認定しました。しかし、これだけの理由で、Yを勝訴させるところに原判決の誤りがあったと、本件最高裁はみているようであります。すなわち、Yの所有権取得、その裏としてのAの相続の事実の否定をまず判断し、次に、原審はXのいう時効取得は、XY間使用貸借を認定して、所有の意思不存在としたわけです。以上は、要するに所有権問題の判断なのです。Yの所有権を肯定し、Xの所有権を否定したということです。これだけで、Yの物上請求権を認容したのは誤りであると、本件判旨はしております。

　それはなぜでしょうか。Yの所有権が肯定されても、Yは第2訴訟で、被告Xに土地を使用貸ししたと主張しております。この使用貸しの事実はXの援用がありません。しかし、Yの請求を判断するには、この事実を基礎として法適用をしなければならない、Yの主張として存在する以上は、その上でYの解除を再抗弁で判断しなければ、土地使用権の有無が判断できないわけで、物上請求を認容することも、棄却することもできない筋合いであると最高裁は考えたのであります。

　このように考えて、本件判旨は審理不尽として原判決を破棄したわけです。しかし、これは審理不尽というより、物上請求における被告の使用権についての主張があるのに、それについて判断しなかったのでありますから、判断遺脱（338条1項9号参照）として、上告理由ありとした方が正確であったと思います。再審事由は当然上告理由となります。そう考えますと、本件判旨は、一応正しいように思えるのですが、実はもう1つの問題があります。次に述べるように、本件判旨は、結論において正しくないと、私は考えております。

(ⅲ) 抗弁なき再抗弁の審理

　もう1つ問題があると思うのは、本件は1つの手続の中に、Xを原告とする訴訟と、Yを原告とする訴訟と2つあるわけです。YのXへの使用貸しの事実は、第1訴訟で、YがXの請求原因たる取得時効における所有の意思

を破壊するために、抗弁として主張したものであります。この使用貸借の主張は、第2の訴訟では、本来Xの主張すべきXの抗弁であります。Yの物上請求権を阻止するXの抗弁権（争いはあるが、事実抗弁ではなく抗弁権と解する説に賛成します）です。それは被告Xの主張立証すべき事実であります。この本来、Xの主張すべき抗弁権について、Xが提出を望まず、したがって、Yのいう使用貸しについての主張を援用していないわけです。このような場合に、Yの再抗弁である解除を審理する必要があるかという問題があるのであります。

最高裁は第1訴訟との関係で、YのXへの使用貸借の事実を証拠により確定した以上、この確定事実は、第2訴訟のXの抗弁が当然出ているのと同様に取り扱って、ゆえに使用権が存続しているかどうかを調べないと、判決主文に到達できないはずだとしているのであります。

しかし、請求原因、抗弁、再抗弁は、各請求について個々に成立する観念であります。請求が違えば同一の事実が抗弁になったり、再抗弁になったり、請求原因になったりします。主観的主張責任は訴訟物ごとに個別に決まるものであります。訴訟物があってはじめて、有利または不利な法規範のセレクトが可能になるのであります。

すなわち、第1訴訟では、XのYに対する移転登記請求でありますから、Xの所有権とY名義の登記が権利根拠要件を充足することになります（一般に所有権は事実と同じ扱いを受けます）。しかし、所有権が当事者間で争われているわけであり、そして、時効をXは主張しているわけです。そうすると、使用貸借はXの取得時効に対する抗弁ということになり、Yに本来主張立証責任がある事柄であります。この点、原審判決は「Xが所有の意思を持っていたこと」を、Yが否認すると判決事実を整理していますが、ここがそもそも実は間違っていたのです。主観的主張責任の分配について、原審は検討が不足していたのであります。否認ではなく、抗弁となるのであります。

では、第2訴訟（Yの物上請求）では、使用貸借の位置づけはどうなるでしょうか。Yの訴訟上の請求からすると、YからXへの使用貸しの事実は、Xの抗弁となります。Xの使用権を発生させるからです。したがって、第2訴訟では、使用貸借はXに主観的立証責任があります。同じ使用貸借の事実

でも、第1訴訟ではYに、第2訴訟ではXに、主観的主張責任があるということになります。訴訟物を中心に個々に適用規範が決まる関係上、このようになるわけです。これは少しもおかしいことではなく、他にも例はたくさんあります。

さて、問題は、第2訴訟で、XはY主張の使用貸しの事実を援用していません。すなわち、Xは使用貸借をもって抗弁する意思がないわけです。それなのに原告Yが先回りして、本来Xの出すべき抗弁を自ら出し、付け加えて再抗弁として使用貸借の終了原因（解除）を主張しているのです。

私は、主張責任ある当事者が抗弁を提出せず、かえって、相手方が抗弁を先回りして提出している場合には、この先行抗弁を前提とした再抗弁は、無意味に帰すると思います。抗弁が主張責任ある者から出ていないときに、一方的に主張された抗弁＋再抗弁は法的に無意味な（unerheblich）主張として、撤回してもらうのが正しい訴訟指揮であります。撤回しなければ、無意味であることを判決で指摘しておけばよろしいと思います。

Xが援用もせず、言及もしない使用貸借を、第2請求との関係で審理し、進んで再抗弁たる使用貸借の終了原因まで証拠調べをするというのは、無意味であると思います。

(iv) 一方当事者による審理範囲の拡大

相手方の援用、否認を待たず、一方の当事者が判決の基礎の「外枠」を拡大することは許されるでしょうか。

XがYの態度などお構いなしに、本来性質上Yの抗弁にあたる事実を先回りして主張し、これに再抗弁を付け、さらに、先回りして再々抗弁（Yの主張すべきもの）を主張し、さらに、それにくわえて自己の再々再抗弁を主張するようなことは許されるのか。とにかく、そういうことが起こったと仮定します。これに対して、YはXの請求原因を否認すると述べ、Xの先回りした数々の主張には、何の返事もしない。裁判所はどうすべきでしょうか。

私は、Yが抗弁を出さない以上、Xの再抗弁も、それ以下のXの先回りした各主張も、全部法的重要性のないもの、原理的には主張事実として立てなくてよいと考えるのであります。その根拠は抗弁を相手方が主張しない以上、抗弁の存在を前提として、これを失効させる目的で提出する再抗弁は、

無意味であるからであります。

したがって、日常起こる可能性の高いケースとして、たとえば、Ｘが所有権に基づく明渡請求をしており、所有権を請求原因として主張し、Ｘの予想では、おそらく使用貸借の「抗弁権」(ドイツでは学説が分かれており、私は権利抗弁とみます)がＹから出ると見越して、自分の方から使用貸借を先回りして主張し、くわえて、使用貸借の終了原因まで主張したとします。これに対して、ＹはＸの予想に反し、本件家屋はＹの所有であると述べるのみで、Ｘの所有権を争うに止まった、すなわち、Ｙは使用貸借の抗弁権を主張しないわけです。そうすると、Ｘが先回りして主張した使用貸借終了も審理する必要がないと思うのであります。この主張は無意味です。使用権の行使の意思がＹからなされていないからであります。このようなとき、使用貸借は、権利抗弁であるのか、事実抗弁であるのかの議論があります。ドイツでは、数々の論争が行われましたが、結局、抗弁権(Einrede)という結論に、おおむね落ち着いたように思います。これは貸借の事実だけでは抗弁とならず、どうしても権利者の権利行使の意思表示が必要であるとするものです。Ｙが援用しない以上、この抗弁権の行使は不存在で、これを前提としたＸの再抗弁は、無意味であったと考えます。

本件第２訴訟では、被告Ｘは、原告Ｙが使用貸借を主張したのに、これを援用していないのですから、Ｙの終了原因の主張は無意味であったと思います。そもそも第１訴訟で、証拠調べにより使用貸借を事実認定したからといって、第２訴訟でも、同じ事実が主張としてどう位置づけられるか、また、その要証性はどうかなどを別個に考えるべきものであります。それは第２訴訟の訴訟物を出発点として、独自に決定すべきものであります。

結論として、証拠上ＹからＸへの使用貸借の事実を認定しても、Ｘの援用なき以上、これだけではＹの請求を理由なからしめることにはならないと思うのです。

(ⅴ) 併合訴訟における主張共通

併合された訴訟で、同一の事実を２つの訴訟物について、別様に主張することは許されません(併合については第15講参照)。第１訴訟の訴訟物との関係では、ある貸借を賃貸借と主張し、第２訴訟の訴訟物との関係では、使用貸

借と主張するなど、矛盾した主張は許されません。これは真実義務に違反するので、裁判所は釈明権の行使によって、統一した主張をさせることになります。それでも、このような現象が起こったとき（別訴との関係または併合訴訟の中で）、真実義務違反になるのは、いずれの主張になるのかという困難な問題があります。しかし、ここでは立ち入らないことにします。

さて、第1訴訟で、使用貸借をYが抗弁し、この使用貸借が、第2訴訟の訴訟物判断について意味を持つときには、第2訴訟でも、Yは使用貸借を主張したことになります。また逆に、第2訴訟で、Yが使用貸借＋その解除を主張するとき、この事実が第1訴訟の訴訟物判断にとって、実体上意味を持つときには、Yは第1訴訟でも、これを主張したことになります。なぜかというと、併合訴訟では、2つの訴訟物について、同一手続の中で弁論、証拠調べ、並びに判決が一体として行われ、両当事者も、この2つの訴訟物についての事実と証拠を、共通して提出するわけであります。主張事実は、各訴訟物に有意義な限り、主張事実ありとして、それぞれの訴訟物との関係で法を適用していくことになります。たとえば、第1訴訟の訴訟物に対しては、使用貸借をYは主張するが、Yの第2訴訟（物上請求）との関係では、使用貸借の事実を主張しないというようなことは許されません。一般的に述べて、第1訴訟でXが間接事実として述べたものが、第2訴訟でYの主要事実となることもあります。その逆に、主要事実として述べたものが、第2訴訟の訴訟物との関係では、間接事実となることもあります。立証責任の所在が、同一の事実につき異なることも起こります。しかし、要は、同一の訴訟手続の中では、ある事実を主張すれば、その主張事実は2つの訴訟物について、一定の意義を持つことがあるということであります。裁判官は述べられた事実全体を基礎として、それを分析し、第1訴訟の訴訟物の請求原因・抗弁・再抗弁を整理し、第2訴訟の訴訟物との関係ではどうなるかを、同様に図式化して検討し、それぞれ法の適用をしていくことになります。これには「裁判所法を知る」という格言が妥当するわけであります。しかし、当事者が第1訴訟のことばかり考えて、事実を主張しており、その事実が、第2訴訟の訴訟物との関係で、どんな意味を持つかを全く気がついていないようなときには、サプライズ（不意打ち）を避けるために、裁判所は必ず釈明権

を行使して注意しなければなりません。

Ⅲ．結論

　第1訴訟で、YからXへの使用貸借を認定し、これによって、Xの所有権を否定し、Xの請求を棄却した原審判決に問題はないようであります。この点最高裁も特に問題として取り上げておりません。

　しかし、第1訴訟で、使用貸借を証拠上認定したからといって、この認定を第2訴訟に、そのまま移行したのは問題であります。第2訴訟の主張の問題がどうなっているかを、その前に検討すべきでありました。そうすると、第2訴訟では、Xは使用貸借の抗弁を援用していないのであるから、このXの抗弁を前提とするYの再抗弁（使用貸借の解除）を審理判断する必要がないのではないかと思います。事実の要証性は訴訟物ごとに判断すべきであります。さらに、使用貸借を「抗弁権」と考えると、使用権者の援用のない本件では、Yの主張は完全な抗弁（先行抗弁）にすらなっていないと考えます。原審がどんな考えで、第2の訴訟物について、使用貸借関係の判断を下さなかったのかはっきりしませんけれども、私の根拠によれば、原審の判断は、結論において正当であり、本件最高裁の判旨は不当であると考えるのであります。

【参考文献】
①判例評釈
鈴木正裕・民商56巻3号473頁
二羽和彦・金判1046号54頁
松本博之・リマ17号124頁
②学術論文
兼子・研究（1）199頁
木川・訴訟促進71頁
八田卓也「ドイツにおける不利益陳述の取り扱いについて」法政研究70巻4号70頁
③体系書
伊藤・309-310頁
小林・307-308頁
新堂・509頁

高橋・重点講義〔上〕485-491頁
中野ほか編・319-320頁〔春日偉知郎〕
松本・上野・342-349頁〔松本博之〕
④コンメンタール
秋山ほか編・Ⅱ177頁以下
条解二版・896頁以下〔竹下守夫〕

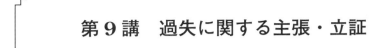

第 9 講　過失に関する主張・立証

　第 9 回の講義は、過失に関する主張・立証についてです。材料とするのは、最判昭和 39 年 7 月 28 日民集 18 巻 6 号 1241 頁、および、最判昭和 43 年 12 月 24 日民集 22 巻 13 号 3428 頁です。前者は判例百選第 5 版の 59 番事件、後者は 60 番事件であり、それぞれ春日偉知郎教授、町村泰貴教授による解説があります。
　本講においては、過失という規範的要件を含む法規範を裁判の基礎とする際に、当事者が何をどの程度主張・立証する必要があるのかに焦点をあてます。規範的要件の主張・立証に関しては、母法であるドイツ法の議論が少なからず参照されていますので、その点も意識しながら説明していきます。

I．規範的要件

　法規範の中には、記載されている法律要件や法律効果に、不特定概念の取り込まれているものがあります。そのような、不特定概念を含む規範のことを、不特定法規範といいます。不法行為に基づく損害賠償請求権の発生要件には、「過失」が含まれていますが（民法 709 条など）、これは、不特定概念が法律要件に取り込まれた一例です。また、商人が営業に属する範囲内で他人のために行為をなしたときには、「相当な」報酬を請求することができるとされていますが（商法 512 条）、これは、不特定概念が法律効果に取り込まれた一例です。
　前者、すなわち法律要件に不特定概念が取り込まれている規定としては、信義誠実（民法 1 条 2 項）、権利濫用（同法 1 条 3 項）、公序良俗違反（同法 90 条）などの、いわゆる一般条項を挙げることができます。また、不特定概念が取り込まれている法律要件は、規範的要件と呼ばれています。一般に、規範的

要件には、法律要件に該当するか否かを、複数の事実を総合的に考慮して判断するタイプのもの（"総合的類型"、"総合判断型一般条項"、"総合判断型"など、論者によって呼称は様々です）と、ある特定の事実の有無や真偽のみによって判断するタイプのもの（同様に、"競合的類型"、"選択型一般条項"、"択一判断型"など様々な呼称がみられます）がある、と考えられています。どの規範的要件がどちらのタイプに分類されるかについて、議論がないわけではありませんが、前者の代表格としては正当事由（民法110条）が、後者の代表格としては過失（同法709条）が、よく挙げられています。

　規範的要件では、要件事実が抽象的な分、法規範の解釈に柔軟性と幅が生じます。ある法規範を立案する段階で、射程範囲となる事案の個別的事情はもちろん、立法後の社会情勢や科学技術の変化を完璧に予測し、それらに備えた万全の法的手当てを講じておくことは、ほとんど不可能です。裏を返せば、法規範は、事案の性質や立法後の状況の変化次第で、実質的な存在意義を維持することが困難になる危険を、潜在的に内包しているのです。不特定概念を要件事実に取り込むことは、各時代の民事裁判官に紛争の特徴や時代にふさわしい判断を示すための裁量を認めることにつながるもので、法規範の将来に亘る活用へ向けた工夫の1つということができます。

　もちろん、裁判官が法解釈にあたって、不特定概念の内容を恣意的あるいは意図的に改変することは、許されません。裁判官には、従来の判例・学説の趣旨や背景を念頭に置きつつ、担当事件に従来の解釈では対応困難な事情が認められるか否かを精緻に検討し、改変の必要性、許容性、および妥当性を、慎重に判断することが求められます。

Ⅱ．規範的要件の主要事実

1．問題の所在

　規範的要件をめぐっては、従来、何が主要事実であるかが問題とされてきました。

　もともと、主要事実は、法規の構造や効果の点で、間接事実と区別されてきました。すなわち、権利の発生・変更・消滅などの直接的原因とされる事

実が主要事実であり、そのような事実の存在を推認させる事実が間接事実である、とされてきたわけです。なお、補助事実についてはここでは割愛します。

　主要事実は弁論主義の適用対象であり、裁判の基礎にするためには当事者の主張が必要であるのに対して、間接事実は弁論主義の適用対象外であり、当事者の主張を待たずに裁判所が斟酌してよい、と考えられてきました。これは後述 2. の見解であり、長い間判例・学説における定説でした。しかし、この定説に対しては様々な問題点が指摘され、現在では後述 3. の見解が一般的になっています。

　従来の定説の問題点の 1 つは、何が主要事実であり何が間接事実であるのか、両者の区別が必ずしも明瞭でも容易でもないことです。この問題点は、規範的要件の事実を考える際にも顕著に現れます。たとえば、歩行中に車にはねられ怪我をしたＸさんが、運転していたＹさんに対して、不法行為に基づく損害賠償を求める訴えを提起したとしましょう。Ｘさんがこの損害賠償請求権を裁判所に認めてもらうためには、民法 709 条所定の要件事実の存在を明らかにする必要があります。要件事実の 1 つである過失は、民法学では一般に、損害発生の予見可能性があったにもかかわらずその結果を回避すべき義務を怠ったこと、と理解されています。しかし、実際の訴訟において過失の存在について裁判官の確信を得るためには、それを推認させる具体的事実の主張・立証を積み重ねることが効果的であり、また、ほかにこれといった有効な方法も見当たりません。

　それでは、この事例における過失の要件事実、つまり主要事実は、いったい何なのでしょうか。過失それ自体でしょうか。それとも、過失の存在を推認させる"居眠り運転"や"車両の整備不良"のような具体的事実でしょうか。

　このような形で顕在化する問題点について、従来の定説と現在の通説がそれぞれどのように考え、どの点を他説の問題としているのかを、この交通事故の事例に基づいて説明します。

2. 従来の定説

　従来の定説は、規範的要件それ自身が主要事実である、と考えます。上記の事例でいえば、Xさんが、利益侵害の事実や損害の発生とともに「Yに『過失』があった」と主張すると、この抽象的な「『過失』があった」という主張自身が、主要事実の主張になります。そして、過失に当たると評価されうる具体的事実、たとえば「Yが居眠り運転をしていた」「Yの自動車が整備不良だった」といった事実の主張は、間接事実の主張になります。それゆえ、裁判官が、"居眠り運転"や"車両の整備不良"の事実は認められないが、証拠資料から直接、"Yの信号無視"という、Xさんの主張していない別の具体的事実を認定し、過失という法規範を適用しても、弁論主義違反にはなりません。

　この見解に対しては、次のような批判がなされています。いずれも的を射た指摘と考えられます。

（ⅰ）事実の主張と法規の適用の分離に対する認識の薄さ

　裁判の基本構造は、"事実に法規を適用する"というものであるから、当事者が過失にあたると考えた具体的事実を主張し、裁判官がその事実に過失という法規範を適用するべきである、という批判です。

　たしかに、過失は価値および規範的な評価が必要な概念であり、売買などその類の評価が不要な事実および一般生活概念と同列に考えることはできません。しかし、少なくとも"事実に法規を適用する"という裁判の基本構造は遵守されるべきです。

　なお、規範的要件の中身に関する認識が、裁判官と当事者との間で一致しておらず、それゆえに、主張事実と適用法規が噛み合わずに不意打ち判決となる可能性も、ないとはいえません。しかし、そのような可能性が認められる場合、裁判所は、釈明権（149条）を行使して事前に調整することができる、むしろそのような釈明義務を負っているものと考えます。釈明義務については、次講（第10講）で詳しくお話ししますが、少なくとも、規範的要件が規範的な評価概念であることをもって、直ちに規範的要件自体を主要事実と位置づけることは、裁判の基本構造を無視しているといわざるをえません。

（ⅱ）不意打ち判決や審理不尽・判断遺脱の危険

　抽象的な「過失」を主要事実と位置づけ、これのみを弁論主義の射程範囲とすることは、裏を返せば、居眠り運転、車両の整備不良、信号無視、運転中のスマートフォン利用、スピード違反などの、過失の存在を推認させる具体的事実について、当事者に攻撃防御の機会を与えないまま判決を下しても、特に問題ないということです。つまり、原告が、居眠り運転と車両の整備不良という2つの事実を主張して、これらについて立証活動をし、被告も、専ら両事実について裁判官の確信的な心証形成を動揺させるべく反証活動に勤しんでいたとしても、裁判所は、いずれの当事者も主張せず十分な立証・反証も尽くしていない、信号無視やスピード違反といった事実を、独自に裁判資料から認定し、それを基礎にして判決を下してよいわけです。その結果、不意打ちや審理不尽・判断遺脱になる危険は、必然的に高くなると予想されます。

（ⅲ）間接事実の意義との齟齬

　間接事実とは、当該事実を経験則に当てはめて主要事実を推認させるタイプの事実です。しかし、具体的事実を間接事実と理解するならば、当該事実をあてはめた結果推認されるのは、事実ではなく、規範的評価になってしまいます。それゆえ、居眠り運転という間接事実から過失という主要事実を推認する、ということは論理的に成り立ちえません。居眠り運転という具体的事実を過失と評価する、というのが実際のところであることは明らかです。

3．従来の定説に批判的な諸見解

　上述した2．（ⅰ）から（ⅲ）のような批判を背景に、現在では、過失の中身である具体的事実について、主要事実あるいはそれに準じて当事者に主張・認否させ、裁判官と両当事者との間で争点を明確にした上で、当事者に立証活動をさせるべきである、とする見解が、浸透しています。この見解によれば、Xさんは、利益侵害の事実や損害の発生とともに「Yに『過失』があった」と主張しても、それだけでは主要事実を主張したことにはなりません。より踏み込んだ、過失に該当すると評価され得る具体的事実、たとえば「Yが居眠り運転をしていた」、「自動車が整備不良だった」というような事

実を主張することが要求されます。それによって、当事者が十分な主張・立証を尽くす機会のないまま、ある事実が認定され、それに基づいて判決が下される、という、従来の定説の致命的欠点ともいうべき不意打ちの危険が回避される、とされています。

具体的事実を要求する見解はさらに、2つの立場に大別されます。すなわち、（ⅰ）伝統的な主要事実と間接事実の区別基準の維持を一応の前提とする立場と、（ⅱ）主要事実と間接事実の区別の原点に立ち戻って、その基準自体を見直し再構成する立場です。

（ⅰ）伝統的な主要事実と間接事実の区別基準の維持を前提とする立場

この立場は、伝統的に間接事実に分類されてきた事実の一部について、間接事実であることに変わりはないけれども、主要事実と同様に扱う、というものです。この立場は、通常の間接事実とは異なる扱いをすると決める際に、どのような要素を判断の基準とするかによって、さらに細かく分けられます。各説の間には、当該事実をどのように位置づけて当事者の主張を必要とする事実とするかについても、相違が見られます。

(1) 不特定概念か否か、および、事実の重要度を基準とする説

この説は、不特定概念の場合に、伝統的な区別基準を一部修正し、具体的事実のうち主要事実の存否の判断に決定的で重大な影響を及ぼすものを、重要な間接事実として、主要事実に準じて扱います。重要な間接事実を裁判所が裁判の基礎とするためには、当事者によって主張される必要があります。つまり、弁論主義の第1テーゼが適用されます。ただし、弁論主義が全面的に適用されるというわけではありません。この説によれば、主要事実は、あくまでも不特定概念それ自体であり、具体的事実は、その認定に当事者の主張が必要という点で主要事実に準じて扱われる、間接事実に過ぎないからです。

しかし、この説における重要な間接事実の玉虫色的性格、すなわち主要事実に準じる準主要事実と位置づける点には、新たな曖昧さを生じさせる危険があります。規範的要件の場合にこそ、具体的事実を証拠調べ前に明確に主要事実として当事者に主張させ、証拠調べのターゲットとなる事実をはっきりさせることが、不意打ちを避けて適正な判決に至るための、適切な道程で

あると考えます。
(2) 規範的要件か否かを基準とする説
　この説は、不特定概念が取り込まれている要件事実、つまり規範的要件に限り、具体的事実は主要事実である、とするものです。具体的事実を主要事実とする理由は、主要事実が、法律効果の根拠となる事実であり、かつ訴訟における当事者の攻撃防御の対象となることにかんがみると、抽象的で評価的な規範的要件自体を主要事実とするのは不適当であるからです。
　この説は、主要事実は要件事実から自動的に導き出されるものではなく、事実関係や主張する事実の詳細さの点において、当事者に一定の自由度のある選択が認められ、規範的要件では要件事実の抽象性の程度が高いことから、自然と当事者の選択の自由度が高くなる傾向が生じる、と指摘します。それは、過失という条文上の抽象化された事実ではなく、それに具体的ふくらみを持たせた事実、すなわち居眠り運転、車両の整備不良、信号無視、スピード違反のような事実が主要事実である、という考えにつながります。つまり、この説によれば、規範的要件である過失は、主要事実である具体的事実に裁判官が評価を加えて認定されることになるわけです。
　規範的要件の内容をなす具体的事実を主要事実として主張しておかなければ、裁判官は、具体的事実に規範的要件を適用することができない、という考え方は、日本の民事訴訟法の母法国であるドイツの見解とも一致しています。
　この説に対しては、規範的要件を推認させる重要な事実が類型化されていない以上、結局は主張された具体的事実をすべて判断しなければならなくなり、実務の負担が増加するのではないか、との懸念が指摘されています。しかし、裁判官は、当事者が主張した複数の具体的事実を評価している途中で、それまでに評価した事実に基づいて過失ありとの確信を得た場合、その時点で弁論を終結し、残りの具体的事実の証拠調べは打ち切って差し支えありません。また、たとえ過失の存在を確信させた具体的事実を1つに確定できなくても、過失を認定することができます。本日とり上げる最判昭和39年7月28日は、その許容性が争われた事案です。
　その他にも、この説によればすべての要件事実が立証の対象でなくなる、

との批判もあります。要件事実という用語の意味とも関係しますが、少なくとも主要事実と明確に区別されているわけでない現状を前提にすると、この説で立証の対象でなくなるのは規範的要件、すなわち事実ではなく事実に対する法的評価概念のみであり、それ以外の要件事実が立証対象であることに変わりはありません。

(3) 事実の重要度を基準とする説

　この説は、訴訟の勝敗に直結する重要な主要事実および間接事実には、弁論主義が適用され、当事者の主張が必要である、それに対して、そこまで重要でない主要事実および間接事実には、弁論主義は適用されず、当事者の主張を待たずに裁判の基礎として認定してよいとするものです。すなわち、伝統的な主要事実および間接事実の中に、弁論主義が適用される事実と適用されない事実が混在しており、どちらの事実として扱われるかは、その裁判結果に与える重要性の高さによって決められます。この説によれば、裁判所は、当事者が主張したか否かに関わりなく、すべての間接事実を総合的に判断して法を適用する権限を有していることになります。証拠調べの終了後、規範的要件を適用する際に、証拠資料から間接事実を取り出して認定することも可能ということになります。

　しかし、実体法的な主要事実に関して、ある事案では、不意打ちにならないので当事者の主張がなくても差し支えないとして弁論主義を緩和し、別の事案では、不意打ちになるので弁論主義の射程範囲であり当事者の主張を必要とする、というふうに、個々の事案ごとに対応が変わることは、理論的に見て弁論主義の概念を混乱させるだけでなく、実務的に見てもよい結果を生むとは考え難いところです。どんな条件下であれば不意打ちになり、何が訴訟の勝敗を左右する事実であるかは相対的で、明瞭な判断基準があるわけではありません。また、ある事実がどの程度重要であるのかは、審理過程において変化する可能性があるので、重要度の評価も流動的といわざるをえません。このような相対的で流動的な概念を基準にして、弁論主義が適用されたりされなかったりしていては、当事者も裁判所も困ってしまうであろうことは、想像に難くありません。たとえば、裁判所が、証拠資料の一部に少々出ているだけで当事者は主張しなかった事実を認定した途端、それが重要なら

ば上告理由ないし再審事由（312条2項6号、338条1項9号参照）になる、というのでは、当該事実を重要と認識しなかった裁判所の落度を、当事者の一方の不利に作用させる結果になってしまいます。

(ⅱ) 主要事実と間接事実の区別基準を再考しようとする立場

　この立場は、弁論主義の概念を再考し、主要事実と間接事実の区別基準を定説にとらわれずに再構築しようとするもので、再構築の仕方に応じて内部でさらに説が分かれています。具体的には、(1) 裁判所の審理や当事者の攻撃防御の便宜性などを利益衡量して、事案類型ごとに何が主要事実であるかを機能的に決めるとする説、(2) 弁論主義の下では、主要事実であるか間接事実であるかに関わらず、裁判の基礎として認定する際には原則として当事者の主張が必要であるとして、間接事実については当事者の主張を要しないという考え方自体を問題視する説などが主張されています。

　(ⅱ)の立場は、(ⅰ)の立場よりも抜本的な転換を図ろうとするものです。主要事実と間接事実の区別は、弁論主義の適用・不適用という重大事項を決める基準としては、わかりやすく明瞭なものではありません。そのことは、今や理論と実務に共通する認識です。基準の抜本的な見直しは、うまくいけば (ⅰ) の諸説よりもすっきりとした解決が実現されるかもしれません。

　しかし、重要な間接事実を主張させることを専らの目的として、弁論主義の概念を変更する必要性は、それほど大きくはないと考えます。弁論主義は、民事訴訟の原則の1つです。加えて、この問題との関係では、不要証事実や証明責任の分配など周辺問題も併せた総合的な議論が不可欠となります。そのような議論を行わなくとも、当事者は、重要な間接事実を、証拠の申出の要件である「証明すべき事実」(180条) として明確にしなければならず、証拠の申出を正確に行うことで、間接事実による不意打ちは十分に避けられる、と期待できるからです。

4．小括

　以上では、本日のテーマである過失が規範的要件であることから、本題に入る前提知識として、規範的要件の主要事実をめぐる議論を整理しました。

学説は、従来の定説を排除する以外の点では、必ずしも意見の一致をみてはいませんが、現在のところ、先に紹介した諸説の中の3.（ⅰ）(2)、すなわち、規範的要件自体ではなく、それにふくらみを持たせた具体的事実が主要事実である、とする説が通説といってよいでしょう。私見も、通説と同様に考えます。

続いて、不特定法規範と主要事実・間接事実の問題について通説の立場をとりつつ、本講のテーマである過失に関する主張・立証の説明に入ります。これと関わりの深い概念に、"一応の推定"、ドイツ法に言う"表見証明"があります。本日とり上げる最高裁判決においても論点となっていますので、まずはこの理論の概略を説明し、冒頭に挙げた判決について検討を進めていきます。

Ⅲ．一応の推定・表見証明

1．意義

一応の推定は、判例・学説において、過失や因果関係の認定を中心に用いられている概念です。ドイツにおける表見証明（ドイツ語でAnscheinsbeweisまたはPrima-facie-Beweis）とよく似た概念で、両者の問題意識や議論もほぼ同質です。以下では、本日のテーマに合わせて、過失の一応の証明・表見証明について説明します。

ドイツの表見証明とは、事件の状況に"定型的事象経過（ドイツ語でtypscher Geschehensablauf）"と呼ばれる過失等を推認させる高度の蓋然性を持つ経験則が存在している場合、要するに一般的な生活経験からして型通りの事態の経緯である場合に、相手方当事者（証明責任を負わない当事者）が定型的事象経過の不存在を主張・立証しない限り、過失等について証明がなされたものと扱う、とする法理です。

日本でも同様に、高度の蓋然性を持つ経験則が存在するときに、その定型的性格ゆえに、個別事実の具体的事情はさしあたり度外視し、事態の外形的経過が証明されれば、それ以上詳細な解明をせずに事実を認定してよい、とされています。これが、一応の推定です。一応の推定の法理によれば、たと

えば、開腹手術後に患部のX線撮影をしたところ、腹中にそれまでなかった手術器具の影が写っていた場合、経験則からみて、その手術器具は開腹手術時に置き忘れられたものと推認できるので、置き忘れた瞬間の画像の提出などを待つまでもなく、医師に過失があったものと推定される、というふうになるわけです。

　過失の一応の推定は、医療事故以外の事案においても、大審院の時代から認められてきました。たとえば、家屋の天井裏の電灯線からの出火原因として、電灯会社の過失が推定されたり（大判明治40年3月25日民録13輯328頁など参照）、他人所有の山林における立木の伐採行為が、過失によるものと推定されたり（大判大正7年2月25日民録24輯282頁など参照）、原因は完全に特定されていないが、何らかの施術後に生じた疾患について医師や病院の過失が推定されたり（最判昭和32年5月10日民集11巻5号715頁など参照）、保全処分の不当執行に基づいて発生した損害で、申請人の過失の存在が推定されたり（大判明治41年7月8日民録14輯847頁など参照）してきたのです。本日とり上げる2つの最高裁判決の事案も、昭和39年7月28日判決は医療事故に関するものであり、昭和43年12月24日の判決は保全処分の不当執行に関するものです。

2．理論的位置づけ

　過失の一応の推定については、そこにいう推定は何を意味するのか、その理論的位置づけをめぐって見解が分かれています。その分かれ目は、主張・立証との関連をどのように理解するかにあります。一応の推定とは事実上の推定を意味するのか、一応の推定によって証明責任が転換されるものなのか、あるいは証明度が引き下げられるものなのか、その理解の仕方が主張・証明責任の所在やありように影響を及ぼしています。

(i) ドイツにおける表見証明をめぐる議論

　この点、ドイツにも、表見証明について同様の議論が存在しています。日本の議論を考える前提として簡単に紹介しておきます。

　ドイツの判例・通説によれば、表見証明は、裁判官の自由な証拠評価の問題とされています。すなわち、表見証明を、自由心証主義の枠内で作用する

ものと位置づけているのです。そのため、表見証明によって過失の存在が推認されても、相手方当事者が、反証の提出によって裁判官の確信を動揺させ、ノン・リケット、すなわち真偽不明の状態に持ち込めば、過失の存在は認められないとし、証明責任とは明確に区別しています。

これに対して、表見証明は自由心証の問題ではなく、証明責任の一部であると理解し、証明責任の分配に修正を加える機能を持つ法理である、と主張する説もあります。また、定型的事象経過の蓋然性を相対的なものと理解し、表見証明を、定型的事象経過に関わりなく、証明度を軽減する機能を持つ法理である、と主張する説もあります。

(ⅱ) 日本における一応の推定をめぐる議論
(1) 理解の可能性

日本においては、一応の推定を、事実上の推定の一態様であるとする見解が有力です。この見解は、次のように主張します。すなわち、事実上の推定とは、裁判所が、訴訟に現れた状況を基礎として経験則を用いて通俗的な意味を推定し、その自由な判断によって確信を得た場合に事実を認定することです。それに対し、一応の推定は、事実上の推定の中でも経験則が特に高度な蓋然性を有している場合に、損害発生の事実がある程度証明されれば、それらの経験則と証拠に基づいて一応十分な心証が形成されたとして、特段の事情ないし相当の事由がない限り事実の存在を推定するものです。

有力説は、純粋に証拠と経験則から選択的または概括的な心証を得られたときに、過失が一応推定される、と主張します。そこでは、証明度の軽減や事実上の証明責任の転換など、証明責任を負う当事者、基本的に原告の主張・立証の困難という問題は、少なくとも表立っては考慮されていません。

これに対して、その問題を考慮し、一応の推定に原告の主張・立証の負担を軽減する機能を正面から認める見解も、主張されています。

1つは、一応の推定は、証明責任の分配に修正を加えるものである、とする見解です。代表的論者によれば、一応の推定は法的価値判断であり、ある前提事実の存在から、特段の事情がない限り規範的要件としての過失があるものと擬制します。そして、特段の事情の証明責任を疑似結果責任として相手方当事者（被告）に課し、それによって事実上証明責任の転換が図られて

いる、と主張しています。

　また、一応の推定を、証明度の設定に関するもの、と位置づける見解もあります。この見解からは、一応の推定は、過失を根拠づける具体的事実の存在を立証するために必要な証明度を軽減する機能を持つ、と主張されています。

　このように、理論的位置づけをめぐる議論は未だ解決をみてはいません。とは言え、現在では、過失の一応の推定は多義的であり、その適用場面は、必ずしも経験則に基づく自由な心証形成、すなわち事実認定の場面に収まるものではない、と指摘されています。

　さて、過失の一応の推定に関する興味深い特徴は、主張・立証が抽象的・不特定的なまま事実認定がなされうるところです。また、一応の推定が成り立つために必要な経験則の蓋然性は、事実上の推定より高度であるべきである、とされています。

(2) 選択的・概括的認定

　過失の一応の推定は、選択的または概括的な事実認定に基づいて行われることがあります。たとえば、証明責任を負う当事者が、過失の存在を想起させる具体的可能性を複数主張・立証し、裁判所は、それらの1つ以上が存在したという心証は得たものの、具体的に過失を根拠づける事実がそれらの中のどれか、というところまでは、確信を得るに至らなかったとします。この場合に、主張・立証された事実のいずれかが過失に該当する、というふうに事実認定をすることを、選択的認定といいます。

　また、それよりさらに抽象性が高い状況、すなわち、想定される具体的可能性に言及せずに、専ら概括的に過失の事実認定をすることを、概括的認定と言います。概括的認定では、選択的認定では当事者から主張・立証される具体的可能性すらない状態で、何らかの過失ありと認定することが認められます。いい換えれば、選択的認定は、概括的認定を前提とし、当事者が過失の事実認定に役に立たないと考えた具体的事実を除外していき、その結果残った複数の具体的事実の範囲で、それらの中のいずれかは特定せずに過失の事実を認定するもの、と理解してよいでしょう。

　何らかの過失が一応推定されると、推定は主張を軽減するとの原則に基づ

いて、原告はそれ以上過失に該当する具体的事実を主張する責任から解放されます。これと連動して、裁判所の判決理由における過失認定、さらに、判決理由記載義務（253条1項3号）も軽減されます。裁判所は、過失に該当する具体的事実を認定する必要はなく、定型的事象経過から被告に何らかの過失があったと認定する、と記載すれば、理由不備にはなりません。

(3) 特段の事情・相当の事由

　過失の一応の推定に関するもう1つの特徴は、一応の推定をするためには、経験則が事実上の推定よりも高度の蓋然性を持っていることが要求される、ということです。特に、一応の推定の理論的位置づけについて有力説に立つ場合には、蓋然性の高さが重要になります。いかなる形態、いかなる程度の蓋然性が要求されるのかについて、画一的基準を定立することは困難と思われます。確かに、主張された具体的事実が、経験則に照らして非常に高い確率で過失の存在が推定可能であるからこそ、特定的・具体的な認定がなされなくても、過失とそれに基づく責任を認めても許されるわけです。しかし、その一方で、抽象的な認定であるからこそ、具体的事案に照らし、訴訟に関わる情報や証拠の所在に応じて、柔軟に分析し検討する"伸び代"を残しておく必要がある、と考えられるからです。

　被告が過失を否認している場合には、原告は本証として定型的事象経過を立証しなくてはなりません。原告の主張責任の軽減といっても、それはあくまでも、定型的事象経過に争いがない場合、または、争いがあったとしても原告が定型的事象経過の立証に成功した場合に、原告は具体的事実を主張しなくてもよい、という意味に過ぎません。仮に定型的事象経過の立証が不成功、すなわちノン・リケットに終わった場合には、原告は、過失に該当する具体的事実を特定して、主張・立証しなくてはなりません。民事訴訟の本来の原則に立ち返るからです。

　定型的事象経過自体に争いがない場合でも、被告の逆転の可能性が全くないわけではありません。被告は、定型的ではない、いうなれば"異型的"な事象経過の可能性を示す手掛かりとなる反証事実を主張・立証し、裁判官の過失の事実認定を動揺させれば、過失ありとの事実認定を免れることができます。この異型に該当する事象経過が、判例・学説において「特段の事情」

あるいは「相当の事由」と呼ばれているものです。なお、一応の推定が、程度に若干の差があるとしても、高度な蓋然性を持つ経験則を基礎にしている以上、そのような事実が主張されたときは、裁判官は、審理に入る前提として、当該異型的事象経過の可能性が単なる空想的なものか、それとも、真剣に精査しなければ過失について断定的判断をなしえないものかを、確認する必要があると考えます。

3. 小括

以上では、過失の一応の推定の意義および理論的位置づけについて、ドイツの表見証明を含めて説明してきました。主張されている諸見解は、証明責任の分配や証明度への影響の有無および程度の理解において、相互に一線を画しています。それらの中で、一応の推定とは、証明責任にも証明度にも変化はなく、純粋に証拠と経験則から過失ありとの心証を得たことを意味するもの、と位置づける見解が有力です。

裁判官の心の中は目に見えないので、心証の形成過程で実際に裁判官の心に浮かんだ事柄は、検討のしようがありません。また、一応の推定が成り立つならば、それ自体すでに証明責任を負う当事者に有利に働きますし、そのような事案において、経験則の適用に明らかな無理がある、いい換えれば特段の事情があると断言できるというような場面は、そうそうないであろうと推測されます。よって、実質的にもたらされる結果はとにかく、理論的位置づけとしては、有力説はすわりがよいと考えます。

それでは、以上を前提にして、本日の材料として予告した最高裁の2つの判決を順番に検討していきましょう。

Ⅳ. 最判昭和39年7月28日

1. 事実関係

X（原告・控訴人・被上告人）は、医師Y（被告・被控訴人・上告人）が経営する病院で入院・出産する際に、Yから、無痛分娩の方法として脊髄硬膜外麻酔注射を受けました。しかしその後、Xは、当該注射部位にブドウ状球菌が侵

入・繁殖して硬膜外膿瘍および圧迫性脊髄炎に罹り、その結果、相当の後遺症が残りました。そこでXは、Yに対し、注射の際のYによる消毒不完全が感染原因であるとして、不法行為に基づく金銭的損害と慰謝料の支払いを求める訴えを提起しました。

　第1審は、Xの請求を棄却し、それに対してXは控訴しました。控訴審は、ブドウ状球菌の伝染経路として、(1) 注射器具、施術者の手指、患者の注射部位等の消毒不完全（消毒後の汚染を含む）、(2) 注射薬の不良ないし汚染、(3) 空気中のブドウ状球菌が注射に際し、たまたま付着侵入すること（話している間に唾液に混じって汚染する場合を含む）、および、(4) 保菌者である患者自身の抵抗力が弱まった際、血行によって注射部位に病菌が運ばれること、の4つの可能性を示した上で、本件の伝染経路について、証拠調べの結果から (2) から (4) を否定し、(1) と推認するのが相当であるとし、Yの過失を認めて損害額と慰謝料の請求の一部を認容しました。

　これを受けて、Yが上告しました。Yは、上告理由として、責任要素としての過失の具体的認定に欠け理由不備がある、また、抽象的に想定された4つの可能性のうちから (1) を伝染経路であると推認したことは経験則違背である、と主張しました。

2. 判旨

　上告棄却。

　「しかして、右 (1)〔注射器具、施術者の手指、患者の注射部位等の消毒不完全・筆者注〕のごとき経路の伝染については、Yにおいて完全な消毒をしていたならば、患者たるXが右の病気に罹患することのなかったことは原判決の判文上から十分うかがい知ることができ、したがって、診療に従事する医師たるYとしては、ブドウ状球菌を患者に対し伝染せしめないために万全の注意を払い、所論の (1) の医師患者その診療用具などについて消毒を完全にすべき注意義務のあることはいうまでもなく、かかる消毒を不完全な状態のままで麻酔注射をすることは医師として当然なすべき注意義務を怠っていることは明らかというべきである。」

　「原判決は、前記注射に際し注射器具、施術者の手指あるいは患者の注射

部位の消毒が不完全（消毒後の汚染を含めて）であり、このような不完全な状態で麻酔注射をしたのはYの過失である旨判示するのみで、具体的にそのいずれについて消毒が不完全であったかを明示していないことは、所論の通りである。

　しかしながら、これらの消毒の不完全は、いずれも、診療行為である麻酔注射にさいしての過失とするに足るものであり、かつ、医師診療行為としての特殊性にかんがみれば、具体的にそのいずれの消毒が不完全であったかを確定しなくても、過失の認定事実として不完全とはいえないと解すべきである。」

3．論点

　本件において、最高裁は、Xの主張した複数の伝染経路の可能性のうち、注射に際して注射器具、施術者の手指あるいは患者の注射部位等の消毒不完全（消毒後の汚染も含む）を認定し、それ以上の詳細を確定することなくYの過失を認めた原判決を、相当とする判断を示しました。

　本判決においては選択的認定が是認されましたが、選択的あるいは概括的認定が常に認められるものかは、検討の余地があります。また、認定の許容が理論上どのような意義を有するのかについても、学説において議論があります。これらについて、以下で検討します。

4．検討

（ⅰ）選択的・概括的認定の一般的許容性

　選択的認定は、本件のような医療事故に関する訴訟において行われることが多いです。原告が患者で被告が医師ないし病院というような、専門知識や証拠方法が明らかに偏在している事案においては、結果の発生原因が原告には不明で、その解明も困難な場合が多いです。概括的認定はいうに及ばず、選択的認定によってであっても、過失の一応の推定が成り立つとなれば、原告にとって強力な助けとなることは、想像に難くありません。

　必要性はあるとしても、選択的・概括的認定には法的にみて許容性はあるのでしょうか。

この点については、一般論としては肯定してよいと考えられます。元来、事実というものは限りなく細分化できるものです。たとえば、現在でこそ注射器具は使い捨てが一般ですが、本件事案が生じた当時は、注射器も注射針も、消毒の上再利用されることが珍しくありませんでした。よって、本判決において選択的認定の選択肢の1つとされた「注射器具」の消毒不十分は、注射針または注射器内部の消毒不十分というふうに、さらに細分化することが可能です。このように、あらゆる事実認定は、多かれ少なかれ概括的認定の側面を有しています。それゆえ、概括的認定を完全に排除することは、証明責任を負う当事者に、不可能なことの達成を要求することになってしまうからです。

　概括的認定はむしろ、許容されるか否かというオール・オア・ナッシングの発想ではなく、どの程度概括的な事実認定が許容されるか、換言すれば、どの程度具体的な事実認定が必要とされるか、という観点から検討されるべきです。

(ⅱ) 選択的・概括的認定の許容範囲

　まず、訴訟物の枠を超えた選択的・概括的認定は、許されません。民事訴訟は、認定事実を法規にあてはめて訴訟物の存否を判断する手続である以上、それは当然といえます。

　次に、別個の法的効果をもたらす複数の法律要件に跨るような選択的・概括的認定も、許されません。特定度の低い状態にもかかわらず事実の認定が一応とはいえ認められるのは、想定される具体的・抽象的可能性が、1つの法的効果を目指すものであるからです。

　では、同一の法的効果をもたらす複数の法律要件の選択的・概括的認定はどうでしょうか。複数の法律要件のうち、成否が独立に判断可能なものについては、裁判官は通常独立に判断し、それも含めてすべての法律要件を概括的に認定することは、まずないであろうと考えられます。その一方で、法律要件の中に争われている事実がある場合には、選択的認定の可能性を閉ざす理由はないように思います。

　同一の法的効果をもたらす同一の法律要件の枠内における選択的・概括的認定は、定型的事象経過を充足し十分な心証に達している限り、認めてよい

と考えます。なお、本日扱っている過失のように、主要事実となる具体的事実が多様で評価的要素が強いものである場合でも、基本的には同様に考えて差し支えないでしょう。ただし、選択的・概括的認定の可能性も予測されるという場合には、裁判所は、そのような自身の予測的見解を、予め当事者に示すことが望ましいと考えます。そうすることは、次講で取り扱う釈明義務・法的観点指摘義務をめぐっても議論されている、両当事者に対する攻撃防御の機会の実質的保障にもつながると期待できます。

V. 最判昭和43年12月24日

1. 事実関係

　X（原告・控訴人・被上告人）は、不動産売買および仲介斡旋等を目的とする会社であり、Aはその代表取締役でありました。Aらは、1960年1月、本件係争土地を含む約2,500坪の土地を、宅地として分譲する目的で、訴外B社に請け負わせて整地工事に着手しました。しかし、隣接土地所有者のY（被告・被控訴人・上告人）との間で、本件係争土地の帰属をめぐって紛争が生じ、その話合いがつかないうちに整地工事は係争土地の近くまで進んできました。そこで、Yは必要に迫られ、Xを相手方として、本件土地に対する執行官保管、立入禁止、埋立て工事禁止等を内容とする仮処分を申し立てました。Yは、Aから、Xが工事の施行者だとはっきりと聞いていたわけではなかったのですが、その前年にAから周辺の土地の分譲事業をする旨の挨拶を受け、その際渡されたAの名刺に"X取締役社長"の肩書が付されていたこと、また、翌1960年正月にXを差出人とする年賀状を受け取っていたことなどから、Xが本件土地を含む付近一帯の土地を買い受けて整地工事を施行している者である、と判断して、Xを相手方として仮処分を申し立てました。この申立ては認められ、工事施行中の訴外B社をXの下請人との判断の下に執行されましたが、誰からも何らの異議も提出されることはなく、執行は終了しました。

　その後、仮処分事件の異議申立手続において、工事施行者がXであることの疎明がないことを理由に、上記仮処分命令は取り消されました。その本

案訴訟においても、各土地の所有者および工事施行者がXであることは認定できないとされ、Yの敗訴で判決は確定しました。これを受けて、Xは、Yに対して、Xは当該整地行為に関係がないにもかかわらず、十分な調査をせずにXを相手方として不当な仮処分を執行してXに損害を与えたと主張し、謝罪広告および損害賠償を求めて訴えを提起しました。

第1審は、提出された仮処分の執行調書の記載から、執行吏が工事施行中の訴外B社をXの下請人と判断して右仮処分を執行したが、誰からも何らの異議も提出されることなく、その執行が終了している事実を窺知できるとし、Xの請求を棄却しました。それに対し、控訴審は、仮処分の不当執行においては、特段の事情のない限り、一応仮処分債権者に過失があるものと推定するべきである、との前提に立ちつつ、Yが本仮処分申請にあたってすべき調査は困難なものではなく、きちんと調査していればX側の状況は判明し、違法な仮処分は回避できたとして、Yの過失を認め、Xの請求を一部認容しました。

これを受けて、Yが上告しました。

2. 判旨
破棄差戻し。

「仮処分命令が、その被保全権利が存在しないために当初から不当であるとして取り消された場合において、右命令を得てこれを執行した仮処分申請人が右の点について故意または過失のあったときは、右申請人は民法709条により、被申請人がその執行によって受けた損害を賠償すべき義務があるものというべく、一般に、仮処分命令が異議もしくは上訴手続において取り消され、あるいは本案訴訟において原告敗訴の判決が言い渡され、その判決が確定した場合には、他に特段の事情のないかぎり、右申請人において過失があったものと推認するのが相当である。しかしながら、右申請人において、その挙に出るについて相当の事由があった場合には、右取消の一事によって同人に当然過失があったということはできず、ことに、仮処分の相手方とすべき者が、会社であるかその代表者個人であるかが、相手側の事情その他諸般の事情により、極めてまぎらわしいため、申請人においてその一方を被申

請人として仮処分の申請をし、これが認容されかつその執行がされた後になって、他方が本来は相手方とされるべきであったことが判明したような場合には、右にいう相当な事由があったものというべく、仮処分命令取消の一事によって、直ちに申請人に過失があるものと断ずることはできない。……」

「ところで、会社の取締役が会社の営業と競合するような事業を個人として営む場合には、その事業が会社の事業であるか取締役個人の事業であるかがまぎらわしいこと、その他前示の如き事情に照らせば、Y として右工事の施行者が X であると判断し、これを相手方として前記仮処分の申請をし、かつ、その執行手続をしたことについては、まことに無理からぬものがあるというべく、他に右工事執行者が X ではないことを容易に了知せしめるような特段の事情のないかぎり、同人にこの点において過失があるとすることはできないものというべきである。この際、右土地の旧所有者に右の点について問い合わせたとしても、同人がその間の事情に通じていることが明らかな場合は格別、そのような事情のないかぎり、これによってその施行者が誰であるかを知りえたものとはいい難く、その工事請負人についても、仮処分執行の際の状況について窺知される前記事情に照らして直ちに右の点が判然としたものとは断じ難い。のみならず、仮処分の実効性を確保するためには、その隠密性、緊急性の要請も無視しえないから、前記のごとく既に Y と A との間において話合いがされ、それが物別れとなった段階において、紛争の相手方またはその関係人に対し、内部関係について信頼のおける回答を期待することも難きを強いるものというべきである。」

3. 論点

最高裁は、仮処分命令が異議もしくは上訴手続で取り消されたり、本案訴訟において原告になった執行債権者に敗訴判決が下されそのまま確定したりした場合、基本的に執行債権者の過失が一応推認されるが、例外的に特段の事情があるときにはその推認は維持されない、と判示しました。そして、本判決においては、保全処分の相手方を間違えた事案について、特段の事情の存在を認めて過失の推認を覆し、執行債権者の損害賠償義務を否定しています。そこで以下では、仮処分、より一般的には保全処分に問題があった場合

における、執行債権者の過失の必要性、および、判決理由にある「相当の理由」、いわゆる特段の事情の存否の判断基準について、検討します。

4. 検討
（ⅰ）保全処分の不当執行における損害賠償請求

　保全処分は、争いある権利の存在が確定・実現されるまで現状を維持・確保することを目的として裁判所から命じられる、予防的・暫定的な処分であり、それゆえ密行性・迅速性を特徴としています。申立人は、被保全権利の存在と保全の必要性を疎明すれば足り（民事保全法13条）、被申立人の意見聴取は必要的ではありません。債務者である被申立人の意見を聴くように要求すれば、債務者に財産の処分・隠匿の機会を与え、保全命令の制度趣旨に反する事態が生じるおそれがあるからです。

　その反面、保全処分は簡易な手続に基づくことから、その後の本案訴訟における慎重な手続を通じて、当該保全処分の執行は誤りだったと判明することもあります。そこで、法は、後に本案訴訟で被保全権利の不存在が明らかになった場合に、執行債務者の損害を填補できるよう、通常、執行債権者に一定の担保を立てるよう求めています（民事保全法14条）。

　保全処分に問題があった場合における執行債権者の過失の認定をめぐり、判例では基本的に次のような対応がなされています。すなわち、保全処分命令が被保全権利の不存在を理由に取り消された場合において、仮処分命令を得てこれを執行したことについて、執行債権者に故意または過失があったときには、執行債権者は執行債務者に対し民法709条に基づく損害賠償責任を負います。このとき、保全処分命令が異議もしくは上訴手続において取り消された場合、あるいは本案訴訟において執行債権者が敗訴しその判決が確定した場合には、当該債権者には一応過失があったものと推定されます。これが、大審院以来の判例準則です。この準則は、本判決によって、最高裁で踏襲されることが初めて明らかにされました。また、本判決の示した一般論は、数多くの下級審裁判例で引用されています。

　一方、学説においては、保全訴訟において審理の対象になる請求権と、本案訴訟において実現される請求権とはイコールである、という定式を前提と

して、保全処分執行後に本案訴訟で執行債権者が敗訴しその判決が確定した場合、執行債権者の損害賠償責任を認めています。その責任が過失責任か無過失責任かについては見解が分かれており、当事者間の公平および保全処分の濫用の防止を理由に、無過失責任であると主張する見解が有力です。

　もっとも、一応の推定が問題となるか否かに差異はあるものの、過失責任か無過失責任かに関する議論の帰趨が、損害賠償責任を認めるという結論そのものに決定的な影響を及ぼす具体的な場合といわれても、すぐには思いつきません。たしかに、損害を与えた者、本件においては執行債権者ですが、その者が無過失責任を負うと理解する限り、基本的に過失の一応の推定は問題となりません。過失責任の原則に則って、過失ありとされれば責任を負い、さもなければ責任は問われないという認識に立ってはじめて、過失に関する主張・立証やその一応の推定は、訴訟の帰趨に関わってくるものだからです。しかし、証明責任の転換を生じる無過失責任は、過失責任と理解しつつ、一応の推定を事実上の証明責任の転換と理論的に位置づける見解と親和性が認められます。そうしてみると、無過失責任と考えることと過失の一応の推定とは、必ずしも無関係というわけでもありません。また、過失の一応の推定は多義的であり、その適用場面は、経験則に基づく裁判官の自由な心証形成という場面に収まり切るものではない、と考えられています。また、収まり切らない適用場面を、証明責任の転換ではなく証明度の設定の問題と理解する見解も、原告の主張・立証の困難と負担を無視してよい、と割り切っているわけではありません。注目するべきはむしろ、どのような場合に無過失責任論によるのと異なる結論、すなわち過失の一応の推定が覆り、執行債権者である被告の過失が認められないことになるのか、という点です。どのような場合に特段の事情ないし相当な事由が認められるのか、それを考察することこそが有意義であると考えます。

(ⅱ) **特段の事情**

　既に述べたとおり、規範的要件は抽象度が高く、当事者には、事実に関し何をどの程度具体的に主張するかについて、通常の法律要件の場合よりも自由に選択する余地が生じやすい傾向があります。それゆえ、規範的要件である過失を一応推定する際に用いられる経験則は、高度な蓋然性を持つもので

あることが要求され、特段の事情を主張・立証しない限り過失要件は充足されるわけです。

　この点、学説においては、経験則の持つべき蓋然性がどの程度高度であるべきかは、個々の事案で認定対象となる事実の性質によって異なる、との見解が主張されています。すなわち、一方で、先にⅣ.で検討した医療事故訴訟の場合、原告の病気罹患や後遺症という事実は、被告である医師に何らかの過失がなければ発生しない損害です。過失の一応の推定が認められる典型的なタイプの事実ですが、このタイプでは、蓋然性が非常に高度なので、特段の事情その他の例外があると認められることは、ほとんどないものと予想されます。他方で、本件で問題となった保全処分の取消しという事実は、被告に何らかの過失がなければ発生しない損害とはいい切れません。このようなタイプでは、過失の一応の推定に際して要求される蓋然性は前者の場合ほど高度でなく、相対的に特段の事情等の例外も、許容される可能性が高いものと推測されます。

　判旨では言及されていませんが、"異型的"事象経過である特段の事情の主張・立証をするに当たっては、執行債権者の義務内容とその水準の考察が必要です。本件において、執行債権者の義務として挙げられるのは、正確な認識に基づいて仮処分申立および仮処分執行をするための情報収集、いうなれば事前調査ではないか、と考えられます。十分な事前調査の実施は、予見可能性と結果回避可能性を探る有効な手立てであり、それを実施したがなお損害が発生したという場合には、"異型的"で特段の事情ありとしてもよいと考えます。

　具体的に課される事前調査義務の内容や水準は、ある程度までは類型化できるかもしれません。しかし、保全申立ての対象範囲が広範にわたり、知的財産権など専門的知見が関連してくる案件もあることから、最終的にはやはり、事案の個別的事情や被保全権利の特徴を考慮して確定する必要がある、と考えます。

【参考文献】
①本件評釈

奈良次郎・最判解民昭和 39 年度 285 頁
垣内秀介・事実認定 66 頁
高田裕成・事実認定 61 頁
②学術論文
堤龍弥「一般条項と処分権主義」上野古稀 267 頁
三木浩一「規範的要件をめぐる民事訴訟法上の諸問題」石川・三木 5 頁
中野・過失 215 頁
③体系書
伊藤・306-307 頁、377-378 頁
小林・163-164 頁、312-317 頁
新堂・476-478 頁、617-618 頁
高橋・重点講義〔上〕404-442 頁
同・重点講義〔下〕696-697 頁、709-710 頁
中野ほか編・223-225 頁〔鈴木正裕〕、390-391 頁〔青山善充〕
松本＝上野・470-471 頁〔松本博之〕
④コンメンタール
秋山ほか・Ⅳ 8-10 頁
条解二版・883-892 頁〔竹下守夫〕、1010-1025 頁〔松浦馨＝加藤新太郎〕
高田ほか・注釈 40-41 頁、49-52 頁〔大村雅彦〕

第10講　釈明義務・法的観点指摘義務

　第10回の講義では、釈明義務および法的観点指摘義務をテーマとしてとり上げます。材料とするのは、最判昭和39年6月26日民集18巻5号954頁と、最判平成22年10月14日集民235号1頁です。前者の判決は判例百選第5版の53事件、後者の判決は平成22年度重判解の民事訴訟法2事件であり、それぞれについて川嶋四郎教授と髙田昌宏教授による解説があります。

　日本の現行民事訴訟法には、釈明義務についても法的観点指摘義務についても、明文規定はありません。これらに関する日本の議論は、基本的に実務や外国法研究の中から発展してきました。現在では、釈明義務の存在に異議を唱える判例・学説は見当たらず、法的観点指摘義務もひろく肯定的に認識されるようになってきています。これらについては、いずれにも立法化の動きがないわけではありませんが、実現するには至っておらず、今なお理論と実務を基礎とする解釈論に委ねられています。本日は、基本的に現行民事訴訟法を前提として講義を進めていきます。

　以下ではまず、釈明権について説明します。釈明権は、釈明義務および法的観点指摘義務と同じく、民事訴訟における裁判所と当事者との役割分担に関連する概念で、本日のテーマと密接な関わりがあります。くわえて、釈明権はこれらの中で唯一、民事訴訟法に明文をもって規定されています（149条）。釈明権についての議論は、釈明義務および法的観点指摘義務の範囲や内容を考える上で、示唆に富むものです。釈明権についての知識を前提として説明した後、釈明義務および法的観点指摘義務について、判例を踏まえながら検討する予定です。

Ⅰ. 釈明権

1. 釈明とその目的

釈明とは、裁判所が、口頭弁論期日または期日外に、訴訟関係を明確にするため、当事者に対し事実上または法律上の事項について質問したり立証を促したりすることです。

釈明制度の目的は、一般に、弁論主義を補完し必要かつ十分な訴訟資料を入手すること、および、適正な手続を保障することにあります。

弁論主義は、裁判の基礎となる訴訟資料の収集および提出を当事者の権能と職責とする建前であり、民事訴訟の大原則の1つです。しかし、弁論主義を常に形式的に適用していると、不都合が生じるケースもあります。弁論主義は、両当事者と裁判所との間の役割分担についての建前であって、当事者間の役割分担や公平についての建前ではありません。つまるところ、弁論主義は、"当事者はそれぞれ、自らの勝訴に資すると考える事実・証拠を主張・立証することができる。その権能を活かすも殺すも当人次第であって、裁判所は、各当事者から提供された訴訟資料のみを基礎として、粛々と審理・判断する存在である"というものです。そのような弁論主義が適切に機能するためには、両当事者に、平等原則と裁判を受ける権利を基礎とした、実質的な武器対等（ドイツ語でWaffengleichheit）が確保されていることが不可欠です。つまり、両当事者と裁判所が争点に関して共通の理解を有しており、攻撃防御が円滑かつ公平に展開される状況が調っていることが、弁論主義が適切に機能する前提となるわけです。

しかしながら、実際の民事訴訟では、このような状況が常に調っているとは限りません。まず、当事者がいつも、審理・判断に必要かつ十分な訴訟資料を揃えて提示する能力や注意力を有しているとは限りません。たとえば、陳述内容が不明瞭な場合や、主張に矛盾点や意味不明な箇所がある場合も大いに考えられます。そのような場合に、弁論主義の名のもとにそのまま訴訟手続を進めてしまうと、裁判所は事実関係や当事者の真意を誤認し、その結果、適正な審理・判断に支障を来すおそれがあります。事実関係を確認し真

意を質していれば、結論が逆転していた、という事態が生じるおそれさえあります。そのような手続に、当事者の主体性や実質的な手続保障が確保されているとはいえません。正当性に疑問なしといい切れない手続による審理・判断では、当事者の納得、受容を得ることは難しく、さらには、裁判の潜在的利用者である市民の裁判制度に対する信頼をも揺るがしかねません。

釈明は、そのような事態を回避するために用いられるべきものです。釈明制度は、弁論主義の形式的な適用による不合理を修正し、事案の真相をできる限り究明して、当事者間の真の紛争解決を図ることを目標としています。双方当事者の真意が適切に訴訟手続に反映される道が確保されることは、手続の正当性を担保し、当事者および市民の納得と信頼を得ることにつながります。

釈明は、日本で近代民事訴訟法が制定された当初から現在に至るまで、明文をもって規定されています（明治23年民事訴訟法112条2項、大正15年民事訴訟法127条1項、現149条参照）。判例は、時代ごとに変遷は見られるものの、弁論主義の形式的な適用から生じる不合理を補完し、可能な限り事案の真相を究明して真の紛争解決を実現するべく、釈明の積極的な行使を首肯する立場を採用しています。学説も、主張の不明瞭や不当の除去、訴訟資料の補完、新たな訴訟資料の提出、また、立証に関する釈明を認めています。

さらに、弁論主義に先行する処分権主義の段階でも、形式的な適用が不都合を生じるときがあります。釈明権は、そのようなときに、処分権主義を補完する機能も有しています。たとえば、本人訴訟において、原告に十分な法的知識がなく、適切な訴訟物を立てることすらできていない場合に、裁判所がこれを放置するならば、早々に請求棄却ということになります。しかし、それは、裁判所が後見的立場に立って、訴状から原告の真意を読み取るように努め、訴訟物の特定や申立ての変更を促すことによって回避可能であり、裁判所にはそのような対応が求められます。判例も、裁判所が後見的立場から訴えの変更を示唆することを是認しています（最判昭和45年6月11日民集24巻6号516頁参照）。

なお、釈明の存在は、訴訟資料の収集および提出に関する当事者と裁判所との役割分担は弁論主義に基づく、という原則を変えるものではありませ

ん。当事者は、裁判所による釈明権の行使に異議を述べることができます（150条）。また、釈明に応じないことを根拠に法的制裁を科されることもありません。補充的に釈明処分がなされたり（151条）、関係する攻撃防御方法が却下されたり（157条2項）、心証形成に際してマイナスに考慮されたり、といった不利益を被る可能性がある、という程度です。

2. 釈明権行使の範囲

釈明権は、当事者に、彼らの真意が適切に訴訟手続に反映されるべく実質的な機会を提供し、訴訟の結果に納得してそれを受容しやすくするように行使されることで、真価を発揮します。不適切に行使されたり、反対に必要な場面で行使されなかったりすることは、釈明という制度の存在意義を損なわせかねません。

それでは、釈明権の行使の適切性や必要性は、どのような基準で判断されるのでしょうか。

(ⅰ) 不適切な行使

釈明権の行使が不適切とされるのは、それが行き過ぎである場合です。たとえば、釈明の内容が、それまでの審理経過や提出された訴訟資料から合理的に予測可能な範囲を超えている場合や、実質的な職権証拠調べに近いかたちで証拠の提出を促すものである場合には、その釈明は行き過ぎであると考えられます。いい換えれば、当事者や市民に、"当事者間の公平や司法の中立を損なう"、"当事者の裁判所への依存を助長する"、"真実が裁判所の意向に沿うように歪曲される"、"裁判制度への信頼を揺るがす"、などの懸念を抱かせるような釈明は、行き過ぎであり、不当または違法として、認めるべきではないでしょう。

不当または違法な釈明権の行使に対する法的措置は、特に講じられていません。実際問題として、そのことに大した不都合があるとも思われません。釈明権の行使を違法として原審に差し戻しても、当事者は、不適切とされた釈明権行使を通じて得た示唆を活かして、新たに主張・立証を展開するものと予想されます。すでに受けた釈明の記憶を当事者から完全に消去することは、現実にはほぼ不可能である以上、その後の審理にかかる時間・手間・費

用は、事実上むだになる危険が高い、と考えられるからです。

その一方で、不適切な釈明権行使を理由に破棄自判として逆転判決を下すというのも、必ずしもうまい方法とは思えません。不適切であろうと釈明権はすでに行使され、それに応じて当事者は主張・立証を行っており、原審の判断はその主張・立証を基礎として下されているのです。それを覆す上級審の判断は、釈明を受けた当事者にとって有利なものにも不利なものにもなり得ます。また、釈明権の行使が不適切であったとしても、それによって明瞭になった事項が真実と合致していないとは限りません。

以上にかんがみると、不当または違法な釈明権の行使は、事前に回避されるべきではあるものの、事後になってそれを是正する手段に執着する必要はない、と考えて差し支えないでしょう。

(ii) 釈明権の不行使

裁判所が必要な釈明を怠った場合には、釈明権を行使する義務（釈明義務）の存否とその義務違反が問題となります。釈明権の行使対象は、149条1項によって「事実上及び法律上の事項」とされています。

釈明権の不行使とされる範囲と釈明義務の範囲とが同一であるかについては、後述するように一考の余地があります。

また、「法律上の事項」に法律上の観点が含まれるか否かは、文言上明らかではありません。法律上の観点についても裁判所に釈明権が認められると考える場合には、法律上の観点に関する釈明権の不行使が、事実上の事項と同様、違法と評価される可能性が問題になります。いわゆる法的観点指摘義務の議論です。

以上から明らかなように、本日のテーマである釈明義務および法的観点指摘義務は、釈明権の不行使に関わる問題です。それを認識したところで、続いて釈明義務および法的観点指摘義務の説明に入ります。

II. 釈明義務

1. 釈明権の不行使と釈明義務違反

I．1．で述べたように、釈明権は、弁論主義の形式的な適用による不都

合を補完し、当事者の真意を正確に理解して公平で適正な裁判を実現することを目的とする、裁判所の権能です。その目的を達成するべく適切な釈明を行うことは、裁判所の権能であるとともに義務でもあり、義務の側面からはこれを釈明義務と呼んでいます。

　日本では、釈明義務は、大正15年民事訴訟法で釈明についての義務規定が権限規定へ変更されて以来、民事訴訟法に明記されてはいません。同改正当時の立案担当者は、表現の変更のみで趣旨は同じと説明しているものの、変更の経緯や理由の詳細は必ずしも明らかではありません。とはいえ、現在の立法論・解釈論において、裁判所には一定の場合に釈明義務があるという認識は、判例・学説でほぼ確立しています。

　釈明義務違反のある手続を経て下された判決は違法であり、釈明義務違反を理由として上訴することができます。上級審が控訴審の場合、控訴審は続審としての事実審であるので、控訴審で当事者が自発的に、または適切な釈明権行使を受けて、きちんとした主張・立証をすれば、原審における釈明義務違反の瑕疵は治癒されます。それに対し、上級審が上告審の場合、上告審が高等裁判所であれば法令違反として上告理由（312条3項）になり、上告審が最高裁であれば上告受理申立理由（318条1項）になりえます（最判平成17年7月14日集民217号399頁参照）。上告審において、釈明義務違反の結果、事実審理が不十分であるという結論に至ったときには、上告審では事実審理ができないことから、原判決を破棄して事件を原審に差し戻し、そこであらためて事実審理を行わせる手筈となります。

　釈明権の不行使が釈明義務違反になりうる、という意味で、釈明権と釈明義務は表裏の関係にある、ということができます。ただし、釈明権と釈明義務との関係は、鏡に映したような単純なものではありません。釈明権の不行使 ＝ 釈明義務違反ではなく、釈明権の不行使は釈明義務違反になりうるに留まるものであることには、注意する必要があります。

　それでは、釈明義務違反の問題は、どのような場合に生じるのでしょうか。次に、釈明義務の範囲について検討します。

2. 釈明義務の範囲
(ⅰ) 釈明権との関係

　釈明権は、本来、裁判所が、積極的に、当事者から適切な訴訟資料を引き出す必要性と許容性がある、と判断したときに、行使されるべきものです。いい換えれば、裁判所がその必要はないと判断して釈明権を行使しなくても、当該不行使が直ちに違法と認定されることはありません。また、裁判所が釈明権を行使したからといって、その前提として釈明義務があったとは限らず、義務があるとまではいえないが釈明したほうがよい、という程度の認識に基づいて釈明権を行使した可能性もあります。

　これらを要するに、釈明権と釈明義務との関係には、次の3通りが考えられます。
(1) 釈明権の行使が不適切な場合、
(2) 釈明権の行使が適切で、かつ、
　(a) 釈明権を行使するのが望ましい場合、すなわち、釈明義務があるとまでは言えず、釈明しなくても法的には問題とならない場合、または、
　(b) 釈明権を行使するべき場合、すなわち、釈明義務があり釈明しないと違法性審査の対象となる場合。

　(1)は、Ⅰ.2.(ⅰ)で説明した場合であり、当然ながら裁判所には釈明義務もありません。(2)の場合、なされた釈明が(a)と(b)のどちらに該当すると判断されるかによって、権限か義務かに分かれることになります。確かに重要な分かれ目ではありますが、個々の事案や状況に応じた微妙な判断が要求されることから、明快な画一的判断基準を定めることは難しく、妥当でもないと考えます。

(ⅱ) 釈明義務違反の存否の判断基準

　とはいえ、釈明権の不行使が違法であるかは、上訴理由となるか否か、上告審の破棄差戻しの理由となるか否かなど、手続の重要な局面に大きな違いをもたらします。したがって、判断にあたっては、画一的とまでいかなくとも、ある程度の具体性を持った目安があることが望ましいことは、いうまでもありません。何が目安として適当かについて議論のある中、学説で有力に支持されているのは、"消極的釈明"と"積極的釈明"の区別です。

この区別は、当事者の訴訟追行に対する裁判所の介入の程度に着眼して、行われます。"消極的釈明"は、当事者が一定の主張・立証をしているものの、不明瞭な部分や不十分な部分がある場合に、裁判所がその部分の補充を促す釈明です。それに対し、"積極的釈明"は、当事者の主張・立証自体が的外れであるとか不当であるとかいう場合に、裁判所が積極的にそれを示唆したり指摘したりして、新たな主張・立証をさせようとする釈明です。

"消極的釈明"の不行使は、"積極的釈明"の不行使よりも釈明義務違反と認められやすい傾向があります。"消極的釈明"は、裁判所が、適正な裁判の実現を目指して、当事者の主張・立証の不明瞭あるいは不十分な部分を補うために行使されます。それに対し、"積極的釈明"は、裁判所が、当事者のしていない主張・立証をするように後見的な立場から促すかたちで行使されます。新たな主張・立証を示唆する内容であるため、積極的釈明は、少なくとも相手方当事者に、釈明を受ける側の当事者に裁判所が肩入れしているのではないか、という疑念を生じさせやすいところがあります。そのような疑念は、裁判所の中立性や公平性への疑義を生じさせる契機となりうるものであり、釈明の仕方次第では、中立性や公平性が本当に揺らぐことになる危険性もないとはいい切れません。それゆえ、積極的釈明は慎重に行使されるべきであり、釈明義務ひいては釈明義務違反が生じる場合、つまり先に挙げた（2）（b）に該当する場合は、限定的に理解するべきです。

先にも述べたように、釈明の最終的な目的は、当事者の真意を訴訟手続に適切に反映して彼らの手続保障を実質化すること、そして適正な裁判を実現して当事者が納得する結論を示すことにあります。釈明がそれらの実現にとって有意義であればあるほど、釈明が義務とされる確立が高くなり、釈明しない場合に釈明義務違反とされる可能性も高くなるわけです。確かに、積極的釈明における釈明義務違反（上述（2）（b））に該当する場合について、画一的な基準を策定することは、事案ごとの利益衡量に基づく判断が必要な以上、ほとんど不可能です。しかし、利益衡量をする際の要素として、釈明による勝敗逆転の可能性、当事者による法的構成の当否およびそれに対する期待可能性、当事者間の実質的公平、釈明による抜本的な紛争解決の可能性などが、想定されています。また、近時の有力説のように、当事者が自己責任

を負うべき素地がどの程度あるかを要素に加え、素地が調っている限りは、当事者主義を尊重して釈明義務違反の範囲を狭める、という対応も一考に値します。この見解に立つ場合には、訴訟代理人の存否なども考慮されるべきでしょう。いずれにしても、これらの要素は、判断にあたって指針となりうるものです。衡量する際の要素をできる限り具体的に提示することが、判断基準を現状よりも明快にする上で、判例・学説に課せられた課題ということになるでしょう。

Ⅲ．法的観点指摘義務

1．意義

　法的観点指摘義務は、一般に、裁判所が、当事者の想定と合致していない法律構成・法律問題・法的観点を、裁判の基礎として採用しようとする場合に、その点について当事者に指摘するべき義務、と定義されています。最近、議論が活発化している講学上の概念で、学説ではその存在を好意的に考える見解が有力になっています。

　法的観点指摘義務という概念は、ドイツ法に沿革を有しており、日本法にはこの概念を正面から認める規定はありません。ドイツ民事訴訟法139条2項は、一方当事者が看過したか重要でないと考えた観点、および、裁判所が両当事者と異なる判断をしている観点に関しては、裁判所がその観点について当事者に指摘し、かつそれに対する意見を述べる機会を与えたときにのみ、裁判の基礎とすることができる、と規定しています。また、フランス民事訴訟法典16条3項も、裁判官が職権で顧慮した法律上の攻撃防御方法を裁判の基礎とする場合に、当事者に意見表明の機会を与えることを要求し、ドイツ法と同様の立場に立っています。そのような大陸法諸国の立法状況は、日本においても法的観点指摘義務を認めるべきであるとする見解を後押しする一因になっているように思われます。

　裁判所が妥当と考える法律構成に沿って裁判をするにあたり、基礎となる事実自体が不足なく主張されている限り、裁判所に、弁論主義を補完するべく当事者に訴訟資料の補充を促す義務はないように思われます。本来、法の

解釈・適用は、裁判所、端的には裁判官の専権事項だからです。しかし、当事者と裁判所が法的構成について情報を共有していないと、当事者は、的を射た攻撃防御を行えないまま、不意打ちの判決を下される危険があります。攻撃防御に必要な情報を十分に与えないことは、当事者に保障されるべき弁論権を侵害することにつながります。弁論権は、裁判を受ける権利（憲法32条）を後ろ盾とする、審問請求権（ドイツ語で Recht auf rechtliches Gehör）の現れであり、そのような事態は厳に避けなくてはなりません。この点は、法的観点指摘義務の存在が学説上広く承認される、実質的な背景となっているものと考えられます。

現行民事訴訟法下において、法的観点指摘義務に実定法上の根拠を見出すとすれば、争点整理段階については、争点整理手続後に証明すべき事実の確認を義務付ける165条1項、170条5項、177条に求めることが可能でしょう。それ以外の訴訟段階については、やはり明文規定を持たない釈明義務と同じく、149条ということになるだろうと考えられます。というのも、同条1項によれば、裁判所は、事実上の事項のみならず法律上の事項についても、釈明をすることができます。法的観点指摘義務も、釈明義務と同様、同項の「法律上の事項」を対象とし、それに関する釈明権不行使の際に違反が顕在化する概念だからです。

2. 法的観点指摘義務の内容

法的観点指摘義務の存在を認めるとしたとき、次に問題になるのは、裁判所が指摘するべき"法的観点"の内容とはどのようなものか、ということです。

裁判所が法律上の事項について釈明する場合は、次の2つに大別することができます。

（ⅰ）**当事者が、裁判所が適当と考える法律構成に沿った裁判をする基礎として必要な事実を、十分に主張していない場合**

この場合は、なぜ事実の主張・立証が不十分であるのかに関する当事者の主観によって、さらに2通りに分けられます。

（1）当事者が、能力や注意力の不足から、自ら想定するものとは別の法律構

成（つまり、裁判所が適当と考える法律構成）があることに気づいていないケース

　このケースでは、法的観点云々以前に、弁論主義の補完として、事実の主張・立証を促す必要があります。個々の事案や手続の経緯によりますが、このケースでの釈明権不行使は、釈明義務違反の問題になると考えられます。

(2) 当事者と裁判所との間に、法的観点について認識の齟齬があるケース

　当事者が、別の法律構成の存在や、裁判所がその別の法律構成を適当と考えている可能性を承知してはいるが、自らの想定する法律構成を貫くべく、その別の法律構成をとるために必要な事実を、あえて主張・立証せずにいる、ということもあり得ます。たとえば、当事者が、確立した判例理論と相反する見解に従って、主張・立証を展開しているようなケースです。

　このケースは、もしも裁判所が放置すれば、請求等を認めるに足る主張・立証がない事件として処理されることになります。たしかに、裁判所が適当と考える法律構成を回避しようとする当事者の目的が、嫌がらせ、時間稼ぎ、敗訴の保険としての上訴理由の確保など、不適切なものであることが明らかである場合には、それもありうる選択肢でしょう。しかし、当事者の意図がどこにあるのか明瞭でないのであれば、裁判所が適当と考える法律構成に沿った内容の攻撃防御を行う機会は、憲法的観点からも、ひろく認められることが望ましいと考えられます。

　その場合に裁判所が行使するべき義務は、形式的には事実の主張・立証を促すものであり、釈明義務ではないかと考えられます。ただし、このケースでは、裁判所が採用予定の法律構成をある程度はっきりと伝えなければ、実質的に釈明の意味がありません。当事者の意図は不明瞭である以上、裁判所が自らが適当と考えている法律構成を示した上で、それでもなお当事者が十分な主張・立証をしなかった、という状況を作出しておかない限り、当事者が、攻撃防御を行う機会を与えられなかったとして上訴し、原裁判所の義務違反を追及してくる可能性も捨て切れません。そして、上訴審において、原裁判所が義務違反とは認定されない、という保証もありません。それらを考慮すると、このケースでは、裁判所は自らが適当と考えている法律構成を、当事者に示す義務がある、と考えられます。

(ⅱ) **当事者は、裁判所が適当と考える法律構成をとる上で必要な事実を主張しているが、当事者は裁判所とは異なる法律構成を念頭に置いて当該事実を主張していた場合**

　この場合においては、（ⅰ）と異なり、質量が最低限であったにしても、また当事者が意図しておらず偶然であったにしても、裁判所が適当と考える法律構成に沿った裁判の基礎となる事実は、すでに当事者から出されています。つまり、裁判所は、当事者が主張しない事実を裁判の基礎にするわけではありません。したがって、裁判所が適当と考える法律構成に沿ってそのまま判決を下しても、弁論主義違反が直接的に問題となることはありません。

　このような状況の場合に、裁判所が、法律構成に関する当事者と裁判所との認識のズレを、当事者に指摘することなく放置していてよいかについては、一考の余地があります。裁判所は、当該事件に適用しようと考えている法律構成を当事者に積極的に示し、当事者とその理解を共有する義務を負っているのか、仮に負っているとして、それは釈明義務とは別に観念されるべき義務であるのか、検討する必要があるでしょう。

　なお、裁判所の立場からは、主張されている事実を、当事者の想定する法律構成のために主張された事実として扱う、という処理もありえます。その場合、当該事実は、裁判所が適当と考えている法律構成ではなく、当事者の想定する法律構成に沿った裁判の基礎になる、という前提で評価されます。つまり、この処理においては、さらに充実した事実の主張・立証について、裁判所がどの程度踏み込んで後見的に関与するかが焦点であり、積極的釈明の問題と理解することが妥当と考えます。

3. 釈明義務と法的観点指摘義務との関係

　現行民事訴訟法の下では、基本的に、法律構成に関連して裁判所が当事者になす釈明は、釈明義務であれ法的観点指摘義務であれ、149条1項に言う「法律上の事項」を根拠とすることになります。また、一般に、これらの義務に対する違反は、釈明権が不行使のときに顕在化します。

　このように共通項の多い釈明義務と法的観点指摘義務ですが、少なくとも学説上は、分化の程度や態様は別として、両者を別個のものとし、かついず

れの存在も認める見解が多数を占めています。そこで次に、両者の違いはどこにあるのか、その区分から法的観点指摘義務の範囲を検討します。

　149条1項が定める「事実上及び法律上の事項」についてなされるべき釈明が違法と評価されると、釈明するべき義務に対する違反、ということになります。先ほど2.で、法的観点の内容を説明しましたが、その分類基準は、釈明義務と法的観点指摘義務との関係においても、用いることができます。

　2.（ⅰ）の場合と（ⅱ）の場合とを比べるときに、最も注目される点は、主張・立証されるべき事実が、すでに法廷に顕れているか否かです。

　2.（ⅰ）の場合には、必要な事実が揃っていません。したがって、原則として、裁判所は、弁論主義の補完による必要かつ十分な訴訟資料の入手、および、適正な手続の保障、これら双方を目的として釈明権を行使する義務を負います。その裏返しとして、釈明権の不行使が釈明義務違反になる、と考えられます。

　ただし、（ⅰ）の中でも、（1）の場合と（2）の場合とでは、上級審が釈明義務違反を認める可能性に違いが生じるであろう、と予想されます。端的には、（1）の場合のほうが、より問題なくまたひろめに認められるものと推測されます。なぜなら、（2）の場合には、まず"適正"な手続の保障に関して、検討の余地があるからです。たしかに、両当事者には弁論権が保障されており、十分な攻撃防御を行う機会が与えられた手続こそ、"適正"ということができます。しかし、（2）で事実の主張・立証が不十分とされる当事者は、自己の主張・立証が不十分とされることについて予測可能であり、なぜ不十分なのか自覚している可能性すらあります。つまり、日常用語の意味での確信犯的な部分があるわけです。そのような当事者の弁論権に、どの程度の保障価値が残されているかは、心中を覗くことができない以上困難な作業ではありますが、裁判所は、できる限り当該当事者の認識の程度を精査し、それに応じた判断をするよう努めるべきでしょう。誠実に事実の主張・立証に取り組んできた当事者にとっても、主張共通・証拠共通の原則から、裁判所の指摘が不利益に働くとは限らないので、その意味で不平等など別の問題が生じることを危惧する必要は、特にはないと考えます。

　なお、（2）の場合に裁判所が負うのは、法的観点指摘義務である、とする

見解もあります。適当と考える法律構成を示す以上、法的観点指摘義務の問題と理解することも、理論的には可能です。しかし、最終的に当事者へ求められるのが訴訟資料であることから、強いていうならば、釈明義務の問題と解釈するほうが現行法の下ではしっくりくるのではないか、と考えます。

　次に、（ⅱ）の場合ですが、当事者が主張している事実を裁判の基礎とする以上、弁論主義の補完は必要とされておらず、釈明をせずに判決を下しても、形式的には問題はありません。しかし、裁判所と当事者がそれぞれ正当と考えている法律構成がズレており、そのまま突き進むと、当事者は、充実した攻撃防御を行う機会を与えられないまま、予想しなかった法律構成の判決を受ける危険があります。そのような不意打ちを防止することは、手続保障の観点から重要です。よって、弁論権の保障を専らの目的とする後見的役割を裁判所に求めることは、手続的公平を害さないと認められる限り、許容されてよいでしょう。裁判所がその役割を果たさないときは、当該不作為を違法と判断する可能性も認められ、その講学上の根拠が法的観点指摘義務ということになる、と考えられます。

　要するに、釈明義務違反と法的観点指摘義務違反は、釈明権の不行使が違法と評価される場合という枠組みの中の問題、という点では共通しています。その中で、弁論主義の補完という役割を果たさなかった場合が釈明義務違反、弁論主義の枠外にある法律構成に関して、不意打ちの防止という役割を果たさなかった場合が法的観点指摘義務違反、とされているわけです。法的観点指摘義務は、弁論主義違反ではなく手続（弁論権）保障の問題になるので、この義務に対する違反は職権探知主義の下でも問題となりえます。

　このような範囲づけは、通常の民事訴訟において実務的にどの程度の意味を持つかは別としても、理論的に現行法の下で議論が整理されるという意味では、有意義であると考えます。今後は、違反した場合の法的制裁の異同など、立法的手当てを含む将来の動向が、範囲づけとその意義を決める鍵となってくるでしょう。

Ⅳ. 最判昭和 39 年 6 月 26 日

1. 事実関係

　Y（被告・控訴人・被上告人）は、X（原告・被控訴人・上告人）が所有する原野（甲から丁の地域）に隣接する畑を、自作農創設特別措置法（昭和 21 年法律第 43 号）に基づいて訴外 A から買い受け、畑の所有権移転登記をえました。X 所有の原野は字絵図面上の表示からもれていたため、Y は、その原野が畑の一部であると主張して、X がそこに植栽した杉の立木数十本を伐採し、搬出しました。

　そこで、X は Y に対して、伐採された立木の価額相当額の損害賠償と原野の所有権の確認を求めて、両者を併合の上訴えを提起しました。これに対して Y は、原野全体および各地域について、次のように主張しました。当該原野は自分が買い受けた畑の一部で、かつて Y の祖父が買い受け、Y の父が相続して A に譲渡していたものを Y が買い受けたものであること、甲地域は茅の生地で、Y の祖父が購入以来その茅を屋根葺きに使用していたこと、乙・丙地域は日当たり不良が原因で作付けをやめた後、Y の父が杉を植栽したこと、丁地域は草地で Y の祖父が購入以来草刈りをして使用していたこと、このような主張です。

　第 1 審は、X の主張を全面的に認めて請求認容判決を下しました。控訴審は、本件土地中、甲・丙・丁の各地域は X の所有であるが、乙地域は Y の畑の一部であると認めました。ただし、X は、乙・丙地域で伐採された立木の本数と価額の総計を損害額として一括して立証しているため、乙・丙各地域における伐採木材の価額を算出することは不可能であり、他にこれを明らかにする証拠もなく、丙地域における損害金額は証明が不十分であるとして、甲地域における損害賠償金および遅延損害金の請求のみを認容しました。

　これに対して、X は、隣接する乙・丙地域に関して、乙地域が Y の所有であることは予期していなかったので、損害賠償請求では乙・丙各地域を区別して請求せず、また立証もしなかったのであり、原審が、両地域を区別し

Xの乙地域の所有権を否定するならば、乙地域の損害についてXに立証を促すべきであり、これを行うことなくXの請求を棄却したのは、釈明権不行使の違法がある、として上告しました。

2. 判旨
一部破棄差戻し、一部棄却。
「ある地域を所有することを前提とし、同地域上に生立する立木の不法伐採を理由とする損害賠償の請求の当否を判断するに当り、当該地域の一部のみが請求者の所有に属するとの心証を得た以上、さらにその一部に生立する立木で伐採されたものの数量、価格等について審理すべきことは当然であり、この際右の点について、従来の証拠のほかに、さらに新たな証拠を必要とする場合には、これについて全く証拠方法のないことが明らかであるときを除き、裁判所は当該当事者にこれについての証拠方法の提出を促すことを要するものと解するのが相当である。けだし、当事者は裁判所の心証いかんを予期することをえず、右の点について立証する必要があるかどうかを知りえないからである。したがって、本件の場合、乙丙地域のうち後者のみがXの所有に属するとの判断に到達した以上、原審は、すべからく、同地域上の立木の伐採数量等についてXに立証を促すべきであったといわねばならない。とすれば、原審がこのような措置に出ることなく、漫然証拠がないとしてXの前記請求を排斥したのは、釈明権の行使を怠り、審理不尽の違法を犯したものというのほかなく、原判決中Xの損害賠償の請求を棄却した部分は破棄を免れない。」

3. 釈明義務に関するリーディング・ケース
本件においては、裁判所が証拠方法の提出を促さなかったことが、釈明権の不行使として違法とされるべきかが問題となり、最高裁は釈明義務違反を認めました。

釈明権の不行使が違法となるか否かについて、唯一の画一的な判断基準を定立することは、ほぼ不可能です。なぜなら、釈明は個々の事件の具体的流れの中で必要性が判断されるものだからです。とはいえ、釈明のあり方につ

いて、積極的姿勢に傾くか消極的姿勢に傾くかという大まかな傾向は、社会通念や法政策の動きの中で生じてきます。

　本判決は、第二次世界大戦後の実務が、釈明について消極的姿勢から積極的姿勢へと転換する契機となった判決である、と位置づけられています。

　日本では、先に述べたように、釈明義務が法文上釈明権へ変更された意図が明白でないためか、第二次世界大戦敗戦に伴う法システムの変革のためか、あるいはその他の原因のためか、釈明義務違反に関する実務の姿勢は、時代の流れの中で変遷してきました。

　敗戦前の民事訴訟法は、職権主義的色彩が色濃いものでした。本日のテーマとの関係でいえば、大正15年民事訴訟法によって釈明規定が義務形式から権利形式へ変更された反面で、補充的職権証拠調べの制度が採用され、裁判所は自ら証拠を収集し調べることができました。そのような法制度の下、大審院は、釈明義務違反を理由とする破棄差戻し判決を、積極的に下していました。釈明権の範囲も比較的ひろく、主張・立証の不明瞭や不十分さの補充を促す釈明だけでなく、新たな訴訟資料の提出や訴えの変更を示唆する釈明も、認められていました。基本的なスタンスが職権主義的である以上、その傘の下に置かれた釈明規定の変更が釈明のあり方に実質的な変化をもたらすことになるとは考え難く、そう考えると、規定変更は立案担当者にとって些末なことだったのかもしれません。

　第二次世界大戦後、日本国憲法と裁判所法（昭和22年4月16日法律第59号）が施行され、大審院の後身として最高裁が設置されました（裁判所法施行令19条2号参照）。民事訴訟法も、昭和23年改正によって、基本的枠組みを維持しつつアメリカ法を反映したものになりました。職権主義から当事者主義へと方向転換が図られ、補充的職権証拠調べは廃止され、交互尋問制度が導入されるなどの改正がなされました。

　当事者主義が一躍時代の潮流となった中で、最高裁は当初、釈明義務違反を認めることに消極的でした。釈明義務違反を理由とする破棄判決が表れ始めたのは、1950年代半ばごろからでした。本判決はそのようなタイミングで出され、その後は釈明義務違反を認めることに積極的な姿勢がとられるようになっていき、現在に至っています。本判決は、釈明に関する実務の姿勢

の分岐点として、また現在の立場の原点として、今なお重要な意味を有しています。

本判決が釈明義務違反を認めたことについては、学説も、基本的に好意的に評価しています。

判決理由に対する評価も、概して肯定的です。ただし、本日のテーマとの関係でみる限り、論者によってその解釈にやや温度差があることは、否定しません。たとえば、判決理由中の「当事者は裁判所の心証いかんを予期することをえず、……立証する必要があるかどうかを知りえない」の部分を、事実審裁判所に判断の適正さにくわえて手続的公正の実現を託し、実質的な手続保障の確保を要請したもの、と評価する見解があります。この見解によれば、本判決は、当時すでに、弁論主義の補完とともに、不意打ち防止も釈明の目的としていたことになり、本日のテーマとの関係でみるならば、先進的な側面があったという評価も可能になります。

V．最判平成22年10月14日

1．事実の概要

X（原告・控訴人・被上告人）は、学校法人Y（被告・被控訴人・上告人）が設置したA大学の新設学部の教育職員として雇用されました。Yには、教育職員の定年を満65歳とする定年規程があり、その定年規程は、就任に際してYからXに他の書類とともに交付され、Xはそれらに誠実に勤務する旨の誓約書をYに提出しました。

その一方で、Aには、定年規程の存在にもかかわらず70歳を超えて勤務する教育職員が、相当数存在していました。Xも、雇用に当たり、Yの理事から、定年規程は無きに等しく、実際には80歳くらいまで勤務可能、という趣旨の話を聞き、そのように認識していました。ところが、Xは、2006年9月に、Aの学長から定年規程により満65歳で定年退職となる旨を伝えられ、翌2007年3月31日に、Yから定年により職を解く旨の辞令を受けました。

そこで、XはYに対して、XとYとの間で定年を80歳とする旨の合意が

あったと主張し、雇用契約上の地位を有することの確認と、未払賃金および将来の賃金等の支払いを求めて訴えを提起しました。

第1審は、そのような合意があったとは認められないとして、Xの請求を棄却しました。それを受けて、Xは控訴しました。控訴審は、地位確認請求については合意の存在を認めず棄却しましたが、賃金請求については、次のように判示してその一部を認容しました。すなわち、(1) Yは、事実上70歳定年制の運用をしており、Xに対しても、雇用に際し、80歳くらいまで勤務可能であるという認識を抱かせていたことから、YはXに対して、少なくとも定年退職の1年前までに、定年規程を厳格に適用し再雇用しない旨を告知するべき信義則上の義務があった、(2) よって、Yは、賃金支払義務との関係では、Xに満65歳の定年退職を告知したときから1年を経過するまで、信義則上定年退職の効果を主張できず、Xの1年後までの賃金請求は認容される、という判断を示しました。

これに対して、Yは上告受理を申し立て、その一部が受理されました。最高裁で問題とされたのは、控訴審が、釈明権を行使することなく、未払賃金請求という争点を新たに加え、その判断において信義則上の義務という新たな法的構成を追加したことが、釈明権不行使による違法に該当するか否かでした。

2. 判旨

破棄差戻し。

「4 ……(1) 本件訴訟において、Xは、前記1(3)の事実〔実質80歳くらいまで勤務可能との話があったこと・筆者注〕を、本件合意の存在を推認させる間接事実として主張していたが、当事者双方とも、Yが定年規程による定年退職の効果を主張することが信義則に反するか否かという点については主張していない。

かえって、記録によれば、本件訴訟の経過として、……原審の第1回口頭弁論期日において、控訴状、Xの準備書面……及びYの答弁書が陳述されて口頭弁論が終結されたところ、控訴理由もそれに対する答弁も、専ら本件合意の存否に関するものであったこと、以上の事実が認められる。

(2)　上記（1）のような訴訟の経過の下において、……信義則違反の点についての判断をするのであれば、原審としては、適切に釈明権を行使して、Xに信義則違反の点について主張するか否かを明らかにするよう促すとともに、Yに十分な反論及び反証の機会を与えた上で判断をすべきものである。とりわけ、原審の採った法律構成は、①　Yには、Xに対し、定年退職の1年前までに、定年規程を厳格に適用し、かつ、再雇用をしない旨を告知すべき信義則上の義務があったとした上、さらに、②　具体的な告知の時から1年を経過するまでは、賃金支払義務との関係では、信義則上、定年退職の効果を主張することができないとする法律効果を導き出すというもので、従前の訴訟の経過等からは予測が困難であり、このような法律構成を採るのであれば、なおさら、その法律構成の適否を含め、Yに十分な反論及び反証の機会を与えた上で、判断をすべきものといわなければならない。

　(3)　原審が上記（1）のような訴訟の経過の下において、上記（2）のような措置をとることなく前記……のような判断をしたことには、釈明権の行使を怠った違法があるといわざるを得ず、原審の判断には、判決に影響を及ぼすことが明らかな法令の違反がある。」

3.　論点
（ⅰ）　原審である控訴審が、本件事案の解決に適当と考えた法律構成は、信義則という不特定法規範に基づく未払賃金支払請求でした。不特定法規範についてはすでに第9講でとり上げましたので、詳しい説明は省きますが、不特定法規範を適用する裁判の場合、それらの規範的要件に該当する具体的事実について、当事者の主張なしに裁判の基礎とすることを認める見解も有力です。

　それに対し、本判決は、控訴審は「適切に釈明権を行使して……判断をすべき」であったと判示しており、一瞥する限り、当事者の具体的主張を要求しているようにも理解できます。それゆえ、この判示は、最高裁として、不特定法規範（少なくとも信義則違反）に該当する具体的事実の主張を要求する立場を明らかにしたものと理解してよいのか、検討する必要があります。

（ⅱ）　当事者の主張の要否についてどのような見解をとるとしても、本件で

は、控訴審が適切と考えた信義則違反という法律構成を示すまでもなく、それに沿った裁判の基礎となる事実は、80歳定年合意の存在を推認させる間接事実ではあるものの、当事者から主張されていました。それにもかかわらず、最高裁は、信義則違反の点について主張を促し、相手方に十分な反論・反証の機会を与える必要があったとし、そのような機会を与えることなく下された控訴審の判断は「釈明権の行使を怠った違法」なものと判断しました。これは、最高裁として、法的観点指摘義務を正面から認めたものと理解してよいのか、検討する必要があります。

4. 学説の評価
（i）について

本講よりも前講との関連が深い論点なので、ここでは、本日のテーマの観点から必要な範囲で検討したいと思います。

不特定法規範のうち、公序良俗規定（民法90条）、信義則および権利濫用規定（同法1条2項および3項）について、規範的要件に該当する具体的主張がなくても、裁判の基礎にすることを認める見解が主張されています。論者は、これらの規定は公益性の強い最高度の法理念を表すので、当事者からの主張なしに裁判の基礎に用いられても、弁論主義の理念に十分対抗できる、と主張しています。

しかし、そこまでの公益性があるのかという疑問から、この有力説に懐疑的な見解も少なくありません。特に信義則については、当事者の私益に関わるところが大きいことから、現在は、弁論主義の排除を認めるべきではない、とする見解が台頭しています。

この問題に関する判例の立場は、先例がないわけではないものの（たとえば、公序良俗違反について最判昭和36年4月27日民集15巻4号901頁、権利濫用について名古屋高判昭和52年3月28日下民集28巻1-4号318頁）、必ずしも明らかではありません。個々の事案における状況の相違に加え、いずれの不特定法規範の問題か、弁論主義違反との関係で当事者から事実の主張があったか否か、というような諸要素の組み合わせ次第で、結論が左右されやすいことが、その一因として挙げられます。

本判決においては、信義則違反を基礎づける事実が、間接事実としてではありますが、当事者から主張されていました。そのことに照らすと、本判決で信義則違反を基礎づける具体的事実の主張が要求されたことをもって、最高裁が一般論として、具体的事実の主張が必要という立場を採用したと断じることには、慎重であるべきと考えます。

(ⅱ) について

信義則違反を基礎づける具体的事実が、訴訟資料から明らかになっている場合でも、裁判所が信義則を適用する法律構成を適当と考えていると知れば、当事者はそれなりの自覚をもって対応し、その結果として攻撃防御の幅が広がることはほぼ確実でしょう。たとえば、当事者の一方が信義則違反を妨げる事実を主張したり、信義則を適用する法律構成を問題としたり、あるいは当該法律構成により適しておりかつ充実した主張をしたり、さらには、裁判所と法的な討論をしてその考えを再考させる契機を作ったりする可能性も開かれる、と期待されます。少なくとも、当事者にそのような可能性を活かす機会が保障されることになるわけです。

反対に、そのような機会が保障されていなければ、当事者は事実上または法律上の不意打ちを受ける危険があることもまた、容易に推測されます。このような不意打ちを回避するために、(ⅰ) の論点において具体的主張を不要とする見解の下でも、信義則違反等に該当する事実が訴訟資料などに現れた場合には、裁判所はそれを当事者に釈明して事実主張や法的討議を促す義務、つまり法的観点指摘義務を負う、とする見解が主張されています。

本判決については、多くの学説が指摘するように、事例判決として、法的観点指摘義務を釈明義務の一態様として積極的に認めたもの、と評価するのが妥当と考えます。本件担当調査官も、公表されているコメントを読む限り、そのような考え方を否定してはいません。

本判決は、訴訟の経過等から当事者に予測困難な法的構成をとる場合に、法的構成の当否も含め当事者に十分な攻撃防御の機会を保障するべく、裁判所に釈明義務を認めています。すなわち、原審の採用した信義則違反という法律構成の妥当性についても、釈明権を行使するべきである、としているわけです。釈明するべき、訴訟の経過等から当事者に予測不可能な法律構成と

しては、具体的にどのような場面が想定されているのでしょうか。この点、本判決について、原審の信義則違反という法律構成が訴訟の経過等から予測困難な法律構成であったのは、一般的な法律家でも予想しかねるような信義則の独自的な用い方をした、という本件特有の事情があったからであり、それが判決理由の「訴訟の経過等」の「等」に含まれているのではないかとの指摘がありますが、示唆に富むものといえるでしょう。

法的観点指摘義務については、法的根拠、理論的位置づけや範囲など、未だ最高裁が踏み込んでいない問題も多く、今後の理論と実務のさらなる展開が注目されます。

【参考文献】
①判例評釈
枡田文郎・最判解民昭和39年度197頁
髙田昌宏・平成22年度重判解161頁
杉山悦子・民商144巻4・5巻550頁
②学術論文
濱﨑　録「法的観点指摘義務と釈明義務の関係について」熊本法学130号155頁（2014）
山本・研究284頁
園田賢治「法的観点指摘義務の類型化についての一試論」徳田古稀199頁
③体系書
伊藤・312-316頁
小林・322-329頁
新堂・491-499頁
高橋・重点講義〔上〕442-461頁
中野ほか編・223-233頁〔鈴木正裕〕
松本＝上野・56-60頁〔松本博之〕
④コンメンタール
秋山ほか編・Ⅱ176-177頁
秋山ほか編・Ⅲ298-328頁
条解二版・917-922頁〔新堂幸司＝上原敏夫〕
注釈民訴（3）107-170頁〔松本博之〕

第11講　権利自白および間接事実の自白

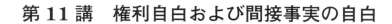

第11回では、裁判上の自白に関する問題を2つ取り上げて講義をします。1つは、法律上の意見の陳述と裁判上の自白の成否について、すなわち、いわゆる権利自白の成否の問題です。材料としては、最判昭和30年7月5日を取り上げます。これにつきましては、判例百選第5版の55番に齋藤哲教授の解説が載っておりますので、それもあわせて参照していただきたいと思います。今一つは、間接事実を対象とする裁判上の自白の成否の問題です。やはり材料としては、同じく判例百選第5版の54番に伊藤俊明教授の解説が載っておりますので、それもあわせて参照していただきたいと思います。

Ⅰ．裁判上の自白理論の基礎としての弁論主義

1．弁論主義の射程

弁論主義は、事実資料の収集に関する原則であります。その第1の内容は、その事件の訴訟物に対する判断にとって必要となる主要事実（これは実体法上の要件事実である）は、必ず当事者から主張されたものでなければ、判決の基礎に使用してはならないということを意味します（第1テーゼ）。これは「法律要件を充足する事実」に関する原則であって、いわゆる間接事実は、弁論主義の射程には入らないとされます。

また、弁論主義は、実体法の適用を受ける適格のある「事実」に関することでありますから、その事実に適用される法の存否、法の解釈については無関係であります。弁論主義の名において、法の存否や法の解釈について当事者が合意しても、何らの効力もありません。法の解釈と適用は、裁判所の専権だからであります。この点につき、法律問題を当事者の一致した訴訟上の陳述で解決し、裁判官の審判権を排除または減縮しようとする一連の見解が

ありますが、妥当とはいえないと思います。このような合意を有効と認めることは、弁論主義の趣旨の不当拡大といわなければなりません。さらに、双方当事者の一致した法的推論、したがって、一定の権利関係が存在するとの一致した陳述も、弁論主義とは何の関わりもないというべきであります。双方の主張した事実関係を当事者なりに法的に評価して、そこに一定の権利があるとかないとか、一致して陳述しても、これは弁論主義とは何らの関わりもないのであります。繰り返しになりますが、弁論主義は判決の基礎たる「事実」の提出に関する主義であって、その法的評価に関する主義ではないのであります。

したがって、当事者が弁論主義の名において裁判官に強いることができるのは、ある主要事実を主張することにより、それを法的に評価して、法的推論の作業を裁判官にさせることに限られます。裁判官は、主張された事実をあらゆる法的観点から検討して、そこに権利の成否を判断しなければならないのであります。換言すれば、双方当事者は、主要事実の主張を通して裁判官の作業をコントロールすることができるのに止まるのであります。

また、当事者は、ある主要事実を主張しない自由を有します。これによってこの事実を裁判の基礎事実から排除することができます。これは弁論主義の射程に入る問題であります。

2. 要証事実の決定

相手方の主要事実を否認するか自白するかは、当事者の権能にして、かつ責任であります。進んでこれを自白し、その事実の要証性を排除し、その点について裁判官の証拠調べの権限、したがって、事実認定の権限を排除することができます。これが裁判上の自白（179条）の制度であり、弁論主義の第2の内容であります（第2テーゼ）。

弁論主義は、基本的に判決の基礎となるべき主要事実の収集に関する主義であり、裁判上の自白の対象が主要事実に限られるべきであることは、理論的にも、実際的にも、実は当然なのであります。ある法律要件に直接該当するとされる主張事実が存在すると認定されれば、当該法律要件の充足が認められ、さらには、それに対応する法律効果の発生が認められることになりま

す。そしてそれに基づいて訴訟物である権利関係の判断がなされ、それを前提として判決の結論がなされます。このように主要事実の存否は、判決の結論を左右しうるものであることから、この主要事実に関する主張こそ当事者の専権に属する事柄なのです。すなわち、当事者は、自らがどのような判決を求めるかを念頭に置きながら、それとの関係で主要事実を主張するわけで、主要事実に関する主張は当事者の利害に大きくかかわっているゆえに、主要事実の収集および提出が当事者だけの権能および責任とされるのです。

そのため、たとえば、裁判官が当事者にとって代わって、当事者から主張されていない主要事実を、あたかも提出されたのと同様に取り扱うことは許されないのであります。仮に裁判官は、主張が不足したり、不明確であれば、民事訴訟法149条により釈明権を行使して、完全な主張をするよう誘導しうるのであります。裁判官の権限はこうすることが限度であって、当事者に取って代わって主張することはできないのであります。

さらにいえば、当事者が一致してある主要事実が存在しないと主張しているのであれば、裁判官は、当該主要事実があるとの主張を当事者に代わって行い、主要事実を収集しようとすることはできません。また、逆に、当事者が一致してある主要事実が存在すると主張しているのであれば、裁判官が当該主要事実がないものとの主張を当事者に代わってすることもできないのです。そのため、当事者間で主要事実につき裁判上の自白が成立すれば、この点についての裁判官の審判権は排除されることになるのです（自白の裁判所に対する拘束力）。

もっとも、反面、自白者も原則として、自白を撤回しえないということになります（自白の自白者に対する拘束力）。すなわち、①刑事上罰すべき相手方の行為により自白が行われた場合、②自白の撤回に対する相手方の同意がある場合、および、③自白が真実に反し、かつ錯誤に基づく場合に限って、例外的に、自白を撤回し得るという一種の制裁を受けるのです。

これらの内、③に関して、反真実の立証ということは、実は自白したことの反対事実を立証しないと、自白を撤回しえないことを意味するのであります。すなわち、自白者に、自白された事実の反対事実につき立証責任が課せられることになるのであります。これは、事実上、立証責任が転換されるの

と同等の効果がもたらされることになります。また、反真実と知りつつあえて自白するような者については制裁を貫徹すべきであり、その自白は撤回が許されないことになります。かくして撤回されなかった自白には、自白の裁判所に対する拘束力が残るので、裁判所は、この真実に反する自白を基礎にして、判決しなければならないことになります。民事訴訟法は、このことを是認しております。

このように、当事者が真実に反する自白をしたことに対する制裁（不利益）を課することにより、すなわち撤回を禁止することにより、一般的に真実義務に従って当事者が行動するよう法が仕向けているのであります。

3. 問題となる自白の対象

冒頭で弁論主義の射程について述べたところから、当然出てくる帰結として、裁判上の自白の対象から、次のものが除かれます。①法の存否、法の解釈、②事実の法的評価、③事実の法的評価の結果たる推論（権利の有無）、④経験則の存否およびその内容、⑤ある事実から別のある事実を推論すること、⑥間接事実です（後述します）。

もっとも、②について、自白対象に入るのか入らないのかという限界線上の問題があります。すなわち、法概念を用いて、当事者が主張事実を展開することは、訴訟においてはしばしば行われております。このうち、所有権、売買、贈与、請負などの日常用語になっているようなもので、一般人でも、その内容を誤りなく理解できるようなものを、単純法概念といいます。当事者が単純法概念を用いて事実を主張することは許されるし、実際に実務でも行われています。たとえば、「何年何月何日にX・Y間で、特定の機械を金100万円で売買した。」という主張は、売買という単純法概念を用いて、Xが請求原因を主張している例であります。この場合、訴訟物がXのYに対する売買代金請求であるとして、Yが請求原因に対して、「売買したことは認める」と答弁すれば、自白法理上さしたる問題は生じません。判決事実（253条2号）にも「売買」という言葉を用いて、双方の主張を整理して差し支えがありません。これは法的着衣をまとって、簡略に主張事実（X・Y間の2個の意思表示である申込みと承諾）が自白されたものと把握できるからです。

また、金銭の「貸付」とか、別紙目録（図面）記載の木造家屋の建築をいくらで「請け負う」とかいうのも、やはり法概念を手段として事実を主張しているのです。

　しかし、この主張について、当事者の認識している内容におかしいところがありそうなときは、事実を分解して詳しくかつ正確に具体的事実を当事者に主張させる必要があります。その上で、どこまで当事者の主張が一致しているか（自白の可分性）を裁判官は把握する必要があります。

　この点、一般に、その法概念が日常化しており、一般人にとって間違いなくその概念の意味が理解されているようなものであれば、事実の主張として法概念を用いて、請求原因や抗弁を書いてもとがめるべきではありません。まして相手方がその主張を認めるという場合は、その法概念により通常意味されるところに従って表現される主要事実の自白となるのであって、権利や法律関係を肯定するいわゆる権利自白ではないと解するべきです。すなわち、自白の内容は、あくまで、法概念を道具として表現された具体的主要事実でります。したがって、単純法概念によって、一般に意味されているところと異なった理解を自白者がしていたときは、錯誤による裁判上の自白ということになります。錯誤であること、かつ、自白が真実でないことを証明して、この自白は撤回（取消）することができます。

　これに対して、主張に際して複雑な法概念を用いることは混乱のもとであり、民事訴訟では、具体的主要事実を主張せよとの大原則から離れるので禁止されます。このような概念を用いることは、弁論主義が、当事者から判決の基礎たるべき具体的主要事実を収集しようとしている趣旨に反します。

　何が複雑な法概念として事実主張に際して用いることを禁じられることになるかは、ケースによります。たとえば「土地賃貸借」は日常的に用いられており、一般人がこれを正確に理解しうると考えている、あるいは、これを用いて主張を提出し、相手方が認めれば問題が起こらないと考えられるかもしれません。しかし、このような考え方には問題があります。この場合には、たとえば、賃貸借契約を締結した事実を主張することが必要です。というのは、念頭に置かれている土地使用権が、正確には地上権（民法265条以下）なのか、債権法上の賃借権（民法601条以下）なのか、それとも、一時使

用の賃借権（借地借家法25条）であるのか、はたまた、使用貸借権（民法593条以下）であるのか、混迷するケースもあるからです。そのため、賃貸借という法概念を複雑な法概念として、事実のレベルにまで分解した主要事実を主張する必要があるのです。そうしないと、主張責任を果たしたか、果たさないかが明確にならないし、裁判官は、法の適用が困難となってしまうからです。

Ⅱ．主張責任と自白法理の関係

1．先決的法律関係の自白

　自白の対象について、第2に問題となる争点は、訴訟物判断の前提となる先決的法律関係が、自白の対象に取り込まれるかどうかという問題であります。この自白は、別名権利自白といわれています。権利自白は、請求の認諾（267条）とは厳格に区別されます。請求の認諾は、原告の訴訟上の請求に理由ありとしてなされるものであり、確定判決と同一の効力が発生するのですが（267条）、権利自白は、仮にこれを肯定するとしても、その効果は、対象となった法律関係の存否に限られます。

　この権利自白について若干の前提知識を整理しておくにあたり、まずは、先決的法律関係というものは、法律関係であって、事実ではないということを指摘しておきます。上述のように、弁論主義は、本来は事実の主張に関する原則であり、事実の要証性に関する理論でもあります（当事者が証拠の提出責任を負うという弁論主義の第3テーゼについては、職権証拠調べが認められていた1958年改正以前は存在しませんでした）。したがって、自白法理に先決的「法律関係」を取り入れるというのは、弁論主義からすんなりとは出てこないことだということに注意しなければなりません。そうすると、先決的法律関係を自白の対象として肯定しようとするには、弁論主義とは別な処分権主義、または処分権主義の根拠ともいうべき実体法上の権利の処分権能から、肯定論を引き出すというような工夫が必要となってきます。

2. 有利な法規範

　当事者は、自己に有利な法規範の適用を受けることにより勝訴しようと思えば、どうしても、その法規範を充足する主要事実を主張しておかなければなりません。この主張事実がないと、裁判官としては、弁論主義の第 1 テーゼとの関係でその有利な法規範を適用することができないのです。かくして、原告が権利根拠要件を充足する事実を主張しておかないと、弁論主義により裁判官はその主張されてない事実に権利根拠規定を適用することができません。そのため、その当事者は敗訴することになります。そこで、原告は権利根拠事実を、被告は権利障害、権利消滅、権利阻止の要件事実を、それぞれ主張しておかないと、それらの法規範の適用が行われない不利益を被ることになります。この不利益を主張責任といいます。

　自己に有利な法規範の適用を受けられない結果責任（客観的主張責任）を回避するためには、訴訟において、それらの法規範を充足する事実を、進んで各当事者は主張しておかければなりません。この行為責任としての主張責任は主観的主張責任といわれます。主観的主張責任を果たしておかないと、結局、客観的主張責任の不利益を被せられることになります。かくして、訴訟を起こす原告は、請求の趣旨で求める判決を実体法上正当化するような事実を主張しておかないと、そのままでは敗訴することになります。被告がどういう答弁をしたかをみるまでもなく、原告が主張責任を果たしていないのであるから、請求原因は主張自体失当（求める判決事実を主張事実により正当化していない）として棄却されることになります。そうすると、原告は先決関係についても、その発生原因事実（権利根拠事実）を主張しておかないと、被告がどう答弁するかを待たずに、原告の主張自体失当として棄却されることになります。こう考えるのが正当であると思います。

　そうすると、たとえば、原被告間に賃貸借関係があり、これを先決的法律関係として、何年度分の賃料を請求するときに、原告が発生事実たる賃貸借契約をまったく主張しないで、ともかくこれこれの内容の賃借権があるのだとだけ主張するということは、実務上ありえないし、また、そのようなことをするべきではありません。

　また、1 億円の元本債権から発生した利息 100 万円の支払を求める訴訟に

おいては、1億円の元本債権というのは、利息債権の先決的法律関係であるが、この元本債権を発生原因事実を特定しないまま主張するなどということは、認めるべきではありません。仮に相手方が元本債権の存在を認めても、利息金支払については請求を棄却するべきであります。というのは、原告は、主張責任を果たしていないからであります。ただ、裁判所は直ちに請求を棄却するのではなく、民事訴訟法149条により釈明を行い、元本債権の発生事実（権利根拠事実）を主張するよう促すべきであります。売買による代金債権の利息債権か、貸金についての利息債権かを明らかにしないような、元本債権の主張というものは、主張として未完です。

　このようなとき、事実の主張を伴わない法律関係の主張をずばり自白するという例はほとんど起こりません。そのようなかたちの自白を有効とするのは、自白法理の誤解であるだけでなく、その前に、主張責任を果たしているかどうかの吟味が欠けているのであります。この点について、発生事実の釈明不足があるといわなければなりません。

3．主張責任免除と自白

　事実主張を伴わない法律関係の自白を裁判上の自白として肯定する立場は、以上の考え方と異なり、権利関係自体が端的に主張され、相手方が、その権利を認めると、裁判上の自白となり、その権利関係を主張する当事者は、その権利関係の発生事実の主張責任から解放されると説くのです。

　当事者は弁論主義、したがって、主張責任によって具体的事実を提出しなければならないはずであるのに、この線から外れて法律関係自体を主張するだけで、もし相手方がその法律関係を認めれば、事実の次元まで下がって事実を主張しなくてよいというような理論が正しいのか、この点がポイントの1つとなります。

Ⅲ．権利自白の成否

1．事実関係

①　YはXに対して、公正証書により金13万円を貸付け（公正証書には13万

円と貸金額が記載されています)、この公正証書を債務名義として、Xに対して強制執行を開始しました。

② Xは、全額弁済ずみであるとして、Yに対して、請求異議の訴えを起こしました。この異議の訴えの中で、消費貸借は、一体金額いくらについて成立したかが争いとなりました。というのは、公正証書には、貸付額が13万円となっているけれども、Xの訴状や準備書面によると、実際には、1万9500円が天引きされ、13万円から1万9500円を差し引いた11万500円が授受されたと主張しています。

③ 問題は、第1審において、Xが、X・Y間の消費貸借は公正証書記載の通り、13万円について成立したと認めていましたが、第2審では、貸借に際して1万9500円が天引きされたのですから、消費貸借は、金11万500円について成立したに過ぎないと主張しました。そこで、この主張の変更が自白の撤回となるのかどうかが問題となりました。

原審判決は、Xの主張の変更は自白の取消(撤回)に当たるとして、Xは天引きの事実を十分知りつつ、訴状等に天引きのことを書きながら、なおかつ、13万円について消費貸借が成立したことを認めていたのですから、自白は錯誤によるものとはいえないとして、Xの控訴を棄却しました。

これに対しXが上告しました。最高裁はXの上告を容れ、原判決を破棄し、原審に差し戻しました。

2. 判旨

「……X主張の事実は、本件消費貸借の額面は金一三万円になっているが、Xはその成立に際し金一九、五〇〇円を天引され、金一一〇、五〇〇円を受け取ったにすぎないというのであって、Xの第一審における金一三万円につき消費貸借の成立したことを認める旨の陳述も、第二審における金一一〇、五〇〇円につき消費貸借が成立した趣旨の陳述も、ともに本件消費貸借が成立するに至った事実上の経過に基づいてXが法律上の意見を陳述したものと認めるのが相当であって、これを直ちに自白と目するのは当たらない。けだし、消費貸借に際し、利息の天引が行われたような場合に、幾何の額につき消費貸借の成立を認めるかは、具体的な法律要件たる事実に基づいてなさ

れる法律効果の判断の問題であるから、天引が主張され、消費貸借の法律要件たる事実が明らかにされている以上、法律上の効果のみが当事者の一致した陳述によって左右されるいわれはないからである。従って、法律上の意見の陳述が変更された場合、直ちに自白の取消に関する法理を適用することは許されないといわなければならない。なお、本件消費貸借において天引利息があったとすれば、天引利息中旧利息制限法の制限の範囲内の金額と現実の交付額との合算額につき消費貸借が成立すると解するのは、当裁判所の判例とするところであるから（昭和二九年四月一三日第三小法廷判決、民集八巻四号八四〇頁）本件においてもこの趣旨に従い、まずＸが現実に交付を受けた金額を確定し、その上で本件消費貸借は金何円につき成立したかを判示すべきであって、原審は、自白に関する法律の適用を誤った違法があるとともに理由不備審理不尽の違法がある。」

3. 判旨理解上の留意事項

　まず、本件では、消費貸借という法概念が用いられて、これにより事実が双方から展開されています。そこで、法概念の衣を着た事実主張の場合の自白を、法概念を中心に考えて、自白内容を確定していくのか、それとも、あくまで事実を中心に自白を考えていくのかが問題となります。もし、単純な法概念でも、誤った理解を当事者がして、その上で自白していた場合にはどうなるのかも併せて検討します。

　つぎに、本件事実関係で「13万円について消費貸借の成立を認める」というのは、事実の自白なのか、法概念による主張を自白したのか、それとも先決的法律関係の自白（権利自白）なのか、それとも法律上の意見の陳述であるのかが問題となります。また、これらの諸概念の区別点は何であるかも問題です。

　第3に、仮に法律関係の自白を肯定する場合、それとパラレルに事実が主張されている場合、一体事実の自白と権利自白と両方成立するのか、一方だけとすればどちらについて自白が成立するのか、双方について自白が成立するとすればどちらが優先するのか、両者の関係如何が問題となります。

4. 学説と本件判旨

(1) 日本の通説と本件判旨

　日本の通説によれば、自己に不利な権利関係を認めるとき、権利自白といわれますが、これは本来の裁判上の自白とは異なります。本来の自白は、事実に限って行われます。権利自白がなされると、相手方は一応その権利主張を理由づける必要はなくなりますが、裁判上の自白のように、裁判所の審判権をその点について排除するものではありません。すなわち、権利関係と事実関係が並行して主張されており、後者から前者が出てこないようなときは、権利自白があっても、それと異なる判断を裁判官は下すことができるのです。

　これに対して、事実関係とパラレルに権利関係が主張されるのではなく、端的に権利関係だけが一方当事者から主張され、相手方がこれを認めると述べた場合でも、権利自白を行った者はあらためて事実を主張し、その事実から自白した権利が肯定できないようにして、一旦自己が行った権利自白を無意味にしてしまうことができるのです。

　したがって、裁判上の自白のように、自白が真実に反しかつ錯誤に基づいたというような撤回要件を権利自白の撤回には要求する必要はないのです。事実を主張することによって、裁判官にその事実に法をあてはめさせ、自白した権利と異なる判断をさせうるという意味で、権利自白は自白者を拘束しないのです。また、事実主張と権利主張と双方パラレルに提出している場合の自白は、裁判官は事実を中心に評価し、権利自白に拘束されないという意味で、権利自白は裁判所に対する拘束力を持たないのです。

　以上が日本の通説の説く内容です。ドイツでは、このような考え方は現在は少数意見であります。この日本の通説は、ドイツの過去の学説が現在でも日本で生き延びているということができます。

　そもそも、契約の締結という事実と契約関係の成立とは概念的に区別されます。前者は事実であるが、後者は法的判断であります。しかも、法的判断の中身は13万円の消費貸借法律関係の成立（発生）であります。契約の成立という言葉で、契約の締結（意思表示の存在）を意味することもありますが、本件ではこの意味で成立という言葉を用いているわけでありません。

それを前提として、消費貸借は単純法概念であり、これによって簡潔に事実を主張することは差し支えありません。ことに相手方が自白する場合は、契約を一段下の事実にまで分解して主張する必要はありません。問題は、それが事実の主張であるのか、法的推論（法律関係の存在という帰結）であるのかを厳格に区別しなければならないことであります。この区別に際して、法概念（消費貸借）がどのように本件で用いられているかも注意深く分析する必要があります。

　そうすると、本件でXは事実としては、1万9500円の天引きの事実、すなわち11万500円の授受、および13万円の返還約束の意思表示などを主張しているはずである。この事実主張と並んで、Xは13万円の消費貸借関係の成立を主張をし、これが当事者間で争いがなかったのであるから、自白はむしろ事実を中心に成立すると解することになります。法律関係の成立を認めることは一応のもので、本来の裁判上の自白ではないとこの見解は説くからであります。

　ところが、原審は、13万円の貸借の成立の自白を、あたかも13万円の金銭授受の自白と同様に考え、裁判上の自白のみに自白者に対する拘束力を認めたのです。上述したところに照らせば、通説としては、このような自白の成立を認めることはできないところでしょう。

(2) 事実の自白として権利自白を位置づける説と本件判旨

　通説と同様に権利自白というものに消極的な見解として、事実主張を伴わない権利関係（先決的法律関係）の自白を認めないというものもあります。裁判上の自白の制度は、弁論主義の一内容に属するものであることを十分に意識し、裁判上の自白は、事実に限るという命題を重視するものです。もちろん、この説も単純な法概念を用いた事実主張を肯定することもありますが、少しでも当事者間に誤解または認識の不一致があるという疑いがあれば、直ちに法概念を分解し、分解された法概念に当てはまるような一段下の具体的事実を主張させるように、釈明権を行使する必要があると考えます。そして、これによって正確に、どの主要事実について自白が成立し、どの点に争いがあるかを、精密に整理することが必要であります。

　その上で、法概念を用いた先決的法律関係についても、事実の主張を伴わ

ない先決的法律関係の主張を認めず、必ず当事者は相手方の認否に先立ち、その法律関係の発生原因事実を主張する必要があると、この説は述べるのであります。その結果、先決的法律関係を認めるという相手方の陳述は、権利自白ではなくて、事実主張の総括されたものを認めるという趣旨として位置づけることになります。いうなれば、権利自白は権利の自白ではなくして、事実の自白として、その本質を性格づけられるのであります。したがって、先決的法律関係の自白は、先決的法律関係の発生のための事実関係を取りまとめて認める意味であるとされます。この考え方はのポイントは、裁判上の自白の観念をなんとかして事実自白という枠の中に入れこむことにあります。すなわち、弁論主義の定義に忠実に従い、自白というものを事実の次元における現象ととらえようとしているのであります。

この説と本件判旨の関係について説明します。本件判旨が、Ｘが第１審で述べた13万円の消費貸借の成立という主張も、第２審で、天引きした後の現実の授受金額11万5000円について、消費貸借関係が成立したとするのも、ともに法律上の意見を陳述したものというべく、それは自白ではなかったと述べております。これはこの説からは当然の帰結であります。なぜなら、Ｘが第１審で13万円の消費貸借が成立したと述べたのは、13万円の授受という事実があったという趣旨ではなくて、公正証書に書かれている13万円の消費貸借法律関係が発生したという意味であるからであります。というわけで、このＸの陳述は事実の主張を総括したものではなく、むしろＸの私的な法的推論の結果を意見として述べたに止まるのです。そのため、裁判所も、Ｘ自身もこの意見には、縛られないのであります。

(3) 権利自白肯定説と本件判旨
①処分の自由説

当事者は実体法上、私的自治の原則により自由に実体法上の権利関係を処分することができます。この処分の自由は、訴訟法上の処分権主義として顕現しております（246条）。具体的には、請求の放棄、認諾（267条）、中間確認の訴えの目的物たる先決的法律関係の放棄、認諾、訴訟上の和解（89条等）などであります。また、事実の主張については、上述した裁判上の自白が認められています。

こうしたことから、それらの中間にある先決的法律関係を、当事者が自白という形で「訴訟上処分」することも有効と認めるべきであるとする見解もあります。そして、この訴訟上の処分によって、当事者は裁判官を拘束することができると説くのであります。すなわち、裁判官は、処分された自白内容たる先決的法律関係の存在に縛られることになります。

　この説では通説などの権利自白に反対する見解に対して、次のように述べます。すなわち、法の解釈適用は、裁判官の専権であるということを強調して、それなるがゆえに自白は事実に限るというけれども、裁判官の専権とか地位とかいうものは、当事者に争いがある限度で問題となるものである、訴訟法上は当事者の手による紛争の部分的解決をおおいに歓迎しているのである、したがって、たとえば、貸金の利息支払請求訴訟で、元本である貸金の現実の授受がないにもかかわらず、当該消費貸借契約が有効であると当事者が認めてしまえば、その点について、裁判官の審判権が排除され、裁判官の仕事はその余の争点（例えば、利息制限法違反の問題など）に限定されると説明するわけです。

　この説は、実体法における権利処分の自由、それを基礎とした当事者の訴訟法上の処分の自由をできるだけひろく認めようとし、先決関係の自白を請求の認諾に準ずるとか、それは「訴訟上の処分」といえば足りるのだ、などと説明します。裁判官の法解釈適用の専権というものは、当事者間で調整できない争点に限ってはたらく理論であると説くのです。取消しが争われておらず、当事者が契約の不履行だけを問題としているときに、裁判官が勝手に契約の無効を判断するのは許されないと説くのであります。

　しかし、本件ではこの説によっても権利自白を認めることは無理であろうと思います。なぜなら、Xは天引きが行われたこと、その計算の根拠、残額の金員の授受などを主張しているのであるから、13万円の消費貸借関係となるのか、それとも11万500円の消費貸借関係となるのかは、まさに、事実の法的評価によるのであり、「13万円」という金額は評価の結論（推論結果）の主張にほかなりません。どんなに当事者の自由を強調してみても、本件の場合には、先決的法律関係の自白が第1審ですでに成立していたとみることはできないでしょう。せいぜい基礎となっている事実の個々のものにつ

いて、裁判上の自白を認めるという結論に、この説でもならざるをえないように思います。

②前提要件説

　この説は、元来自白が事実を対象とすると説かれてきていることの意味は、実は事実が法的三段論法における小前提にあたり、この小前提については、自白を認めるという意味であるとするものであります。したがって、同じく小前提である法律関係についても、裁判上の自白を認めるのは当然であると説くのであります。たとえば、所有権に基づき物の返還を求める訴訟においては、所有権は先決的法律関係であり、物の返還請求の前提要件であります。したがって、この小前提については、自白を認めるべきであると説くのであります。

　そしてそうなりますと、法的推論結果について自白を認めることになるので、この説の論者は「自白者がその自白の内容を正当に理解していたかどうかということが問題となるから、日常用いられており、通常人がその内容を理解している程度の法律概念であることが要請されるし、法的推論に錯誤ありとして、撤回を認むべき余地が多くなることは認める」と説くのであります。

　この説で考える場合、13万円の先決的法律関係の自白と、そのもとになっている事実関係の自白が内容的に矛盾しているのが本件でありますから、法律関係の自白は難無く撤回しうることになるでしょう。この説は日常性のある単純な法律関係に限って自白を認めるようですが（おそらく所有権その他2・3のものに限られるでしょう）、そうとすれば、本件では初めから法律関係の自白を否定する可能性もあります。なぜなら、天引きの場合にどんな消費貸借関係が発生するかは学説が分かれ、専門家でも頭をひねる問題だからであります。

　ちなみに、この学説に対する批判を私見として簡潔に述べておきます。この説は、事実と法の分離というところから、自白法理を展開していない点に問題があると思います。民事訴訟法179条が、事実に関し裁判上の自白を認めるという趣旨は、事実問題は当事者の責任分野であり、法律問題は裁判所の責任分野であるということを基礎にしているのであります。この説は小前

提であるからといって、法律関係が構成要件の一部を形成している場合に、小前提であるという理由で、その点についての裁判上の自白を認めようとするところに特徴があり、また、その点に欠点があります。裁判上の自白は事実と法の分離というところからきているということを見逃している点に、この説の基本的な欠陥があると考えます。

5. 検討
(1) 権利自白肯定説について

　私は当事者の実体法上の処分自由を基礎として、裁判官の法適用の自由を訴訟法上の法律問題ないし法律関係を合意または権利自白などによって制限しようとする一部の学説に反対であります。その理由を以下に述べることにします。

　第1に、先決的法律関係についての自白を認める民事訴訟法上の根拠規定がないという点を指摘します。かえって「自白された事実」と定める民事訴訟法179条は、裁判上の自白を事実に限って認める趣旨と読めるのであります。そしてそう読むのが弁論主義の沿革と存在理由に照らして正当であると考えられるのであります。弁論主義は当事者に主要事実を主張してもらい、この主要事実について、自白されたものと争いあるものとを仕分けし、自白された事実と、争いはあるが証拠により認定された事実を併せて裁判の基礎として、これに法を適用して正しい結論に到達しようとするものであります。したがって、弁論主義は事実の法的評価、推論は裁判官に任せるという主義であり、それは充分合理的な訴訟政策であるといってよいのであります。したがって、自白は事実に限られるべきであります。

　第2に、法律問題まで当事者に処分させようとするこの見解は、当事者の訴訟上の処分権能が認諾、和解（267条）により認められるから、法律問題まで合意で当事者が処分しうることは自明であり、むしろ論証を要しないと考えているのであります。そして論証を要するのは、むしろ法律問題の自由処分の限界如何という問題に限られると説くのであります。たとえば、公序良俗違反の先決関係の自白を問題とするのであります。

　しかし、これでは論証にはなっていないと思います。請求の認諾が訴訟法

上認められているから、先決的法律関係の自白を認めるのが論証を要しないほど当然であるという理論には飛躍があります。認諾は民事訴訟法 267 条により確定判決と同一の効力をもって、訴訟終了後も効力を持続するのであります。これに反し、先決的法律関係の自白は、仮にこれを肯定するとした場合、その訴訟限りで裁判官の判断を縛ることになるのであります。両者はまったくその性質も効果も異なるのであります。したがって、認諾による訴訟上の処分が、訴訟上認められているから、訴訟物でない先決的関係についても、自白しうると説くのは甚だしい飛躍であります。

第 3 に、先決的法律関係の自白の性質が明らかでありません。それは民法上の和解による権利処分ではありません。民法上の和解なら、これを主張すれば裁判官が縛られるのはよく分かります。しかし、先決的法律関係の自白は民法上の和解ではありません。民法上の和解なら、実体行為として事後のすべての訴訟で、主要事実として主張して判決に影響させうるわけです。

また、先決的法律関係の自白は訴訟契約でもありません。それは相手方のいう権利関係を「認める」と陳述するだけであって、いわゆる訴訟法上の合意とは、要件・性質ともに異なるのであります。このような自白が、裁判所を拘束するものとする訴訟法理論の根拠づけが明らかでないのであります。

第 4 に、先決的法律関係の自白を肯定すると、裁判の適正が害されるおそれがあります。端的な先決的法律関係の主張について、権利自白というかたちで、当事者の処分を認める説によると、この点についての審判権は排除されることになり、当事者の誤った法的推論が、判決の基礎として裁判所によって用いられることを是認することになります。代理人の推論の過誤はままありうるし、当事者本人訴訟の多い日本では、本人の法的推論が誤ったまま判決の基礎となってしまう危険が大であります。このような病理症状を回避するには、民事訴訟法の基本に立ち返って、すべての権利関係について、主張責任を果たさせることを先行させるのが正しいと思います。もともと民事訴訟では訴状を書くときには、相手方の答弁に先立ち、具体的事実を主張というかたちで提出する責任があるのであります。このようなものとして「裁判所法を知る」という法諺を理解すべきであります。訴訟物について争いある以上、訴訟物の先決関係についても事実を主張する責任が先行するのであ

ります。自白は、このように主張した事実について行われる場合に限るべきであります。

　第5に、法律問題に関する当事者の自由を広く認め、これによってそれに関する裁判官の審判権を排除すると、一見裁判官の作業が節約され、当事者もその自由を享受して満足するようにみえるけれども、決して訴訟促進には役立ちません。というのは個々の事件で、たしかにこの説によって迅速に解決される事件もあり得るでしょうけれども、大量の事件を処理する民事訴訟制度としては、①自白の撤回という問題が発生すること、これによって審理は事実の次元に立ち戻り、始めからやり直さなければならなくなること、②自白された「権利」の不真実の立証について、この説では立証責任の分配が全く不明であること、③この場合の立証上の負担を、弁論の全趣旨から自白者にいくらかでも不利に配分する裁判官がいると、結局判決の適正が達成されず、上訴が増えること、④したがって、このような自白法理が裁判制度の円滑な機能を阻害する一因になること、は避けられません。

　なお、日本の「前提要件説」の機能は、結局、先決関係の自白を認める点で、右の処分の自白説とまったく同様となり、同一の欠点を持っていると考えます。

(2) 事実の自白として権利自白を位置づける説について

　この説が裁判上の自白を、事実のレベルに位置づけようとしていることは正当であります。単純法概念による自白の取扱いも正当です。しかし、その延長線上で、先決関係の自白を、総括された事実の自白として肯定しようとするのは、曖昧で賛成できません。この説のいう事実の総括という言葉が、事実の具体的主張があって、それらをひっくるめて自白する趣旨で、「先決関係の存在を認める」と述べる陳述をさしているのであれば、それは事実の自白にほかなりません。しかし、事実を伴わない先決関係の自白がなされた場合に、背後にある（主張されていない）事実の一括自白だという意味で、この自白を認める趣旨であれば適当でありません。これでは端的な権利関係の自白の肯定と異なりません。そうすると、すでに述べた処分の自由説とまったく同じになり、まったく同じ欠点を持つことになります。

　また、この説では、自白者がこの自白を撤回しようとするときの撤回要件

の判断基準が不明です。そして、自白撤回をめぐるいろいろの問題を引き起こす可能性があります。まさか権利自白の拘束力を強く認めるわけにはいかないでしょう。そうすると、権利自白が錯誤であったということは、権利根拠事実などの要件事実を調べなければできないことになるでしょう。こうなるから、自白は事実に限るべきなのです。

(3) 日本の通説について

この説が、事実と並行して先決的法律関係が主張されており、後者が自白されても、主張された事実からその先決的法律関係が出てこないときは、先決的法律関係の自白に拘束されないと説く点は正当であります。しかし、端的に主張された先決関係について、自白類似の効果を認めようとするのは適切ではありません。たしかに争いのない以上、先決的法律関係を前提として判決することを是認した方が審理の効率化に資する面はあるかもしれません。しかし、撤回される可能性のあることにかんがみれば、釈明をして事実に関する主張をさせておくべきであると解します。

(4) 本件判旨について

本件判旨は正当であります。上に述べた私見でも、また、日本の通説によっても同じ結論となります。当事者の処分をひろく認めようとする見解でも、本件の場合には、事実の主張が伴っておりますので、同じ結論になると思います。いずれにしても、すでに述べた「裁判上の自白の対象は事実に限る」との見解に賛成であります。

なお、実務では、所有権の経過来歴が問題となる場合に、いわゆる「元所有」について例外的に権利自白の成立を認めています。すなわち、「元は誰が当該目的物を所有していたか」ということは、厳密には事実でなく、権利関係であり、法的評価であります。にもかかわらず権利自白を認めるのは、過去のある時点での所有権取得原因事実による法的効果が、所有権消滅事由のないかぎり、現在も存続しているとの前提の下でも、あえて事実に分解しようとすると、究極的には、所有権が原始取得された時まで遡り、その後の所有権移転をすべて主張立証しなければならないことになるわけですが、これでは不可能を強いることになりかねないからです。また、所有という概念は日常生活に溶け込んでいて、一般人にとっても理解が容易であるため、こ

れについて自白を認めても不当な結果は生じないともいえます。さらに、所有権に関する自白は、争わない当事者の意思を尊重して主張・立証上の困難性を回避するとともに、争点が複雑多岐にわたらないように審理効率を向上させる面があり、権利自白を認めることの方が、訴訟運営としても合目的的であるともされています。実際的な観点から、この取扱いは例外として認めざるをえないでしょう。

Ⅳ．間接事実の自白の成否

1．事実関係

　Xの亡父Aは、Y1・Y2に対し、2口合計30万円の貸金債権を有しており、Aを単独相続したXが、その支払いを求める訴えを提起した。これに対して、Y1らは、以下のような主張を行った。すなわち、①Aは訴外Bからその所有家屋（以下、本件家屋とする）を買戻し特約付で買い受け、その代金70万円のうち、20万円は即時に支払い、30万円はAがY1・Y2に対して有する本件債権をBに譲渡し、その譲渡代金と相殺することで決済し、残金20万円は、1週間後に支払うことを約しました。また、②Y1らは上記債権譲渡を承認しました。

　このY1らの抗弁に対して、Xは、AがBから本件家屋を代金20万円で買い受ける契約を締結し、Bに20万円を支払ったことを認めましたが、本件債権譲渡の事実を否認し、むしろ、当該買戻特約付売買契約は合意解除したと主張しました。

　第1審は、AがBから本件家屋を代金70万円で買い受け、Bに20万円を交付したことは当事者間に争いのない事実であるとし、また、証拠調べの結果、AからBへの債権譲渡を認定し、Xの請求を棄却しました。控訴審で、Xは、家屋買受けと20万円の支払いの主張を撤回し、実際には、AがBから40万円の借金を頼まれ、内金20万円を貸し付けた際、同家屋を売渡担保として所有権移転登記をしたものであり、AがBに債権証書を交付したのは、Bに本件債権の取立てを委任したからであると主張しました。控訴審は、自白の撤回は認められないとして、Xの控訴を棄却しました。そこ

で、Xが上告しました。

2. 判旨
「…Y1らの抗弁における主要事実は、本件「債権の譲渡」であり、本件「建物の売買」は、この主要事実の認定の資料となりうべき間接事実に過ぎない。かかる間接事実についての自白は、裁判所を拘束しないのはもちろん、自白した当事者を拘束するものでもないと解するのが相当である。」

3. 学説
(1) 間接事実の自白否定説と判旨

伝統的な見解は、間接事実に関して裁判上の自白の成立を否定しています。すなわち、弁論主義は主要事実についてのみ適用があるとする通説的な理解を前提として、弁論主義の第2テーゼに基づく裁判上の自白も主要事実のみを対象として成立するとして、間接事実の自白の成立を否定しています。また、実務的な理由として、仮に間接事実について裁判上の自白の成立を肯定した場合、当該間接事実に基づいて主要事実の認否をしなければならなくなるところ、それと相容れない間接事実が存在する場合の心証形成が難しくなることが指摘されています。つまり、間接事実について裁判上の自白の成立を認めると、自由心証を制約するとするものです。

本件判旨では理由が明らかにされていませんが、裁判所および当事者に対する自白の拘束力を否定する以上、この説と結論を同じくするものであります。

(2) 間接事実の自白について当事者間での撤回を認めないとする見解

こうした伝統的見解に対して、間接事実の自白は裁判所の事実認定権を排除するものではないが、当事者間では撤回を認めないとする説があります。すなわち、間接事実は弁論主義の対象でないことから、裁判所は争いある間接事実をそのまま認定しなくてもよいとするのに対して、当事者間に働く不可撤回効の根拠を禁反言に求め、当事者間では間接事実の自白を撤回できないとするものです。

この説によれば、本件判旨には誤りがあるが、裁判所は当事者の間接事実

に関する自白にかかわらず正しく事実認定をすることができるため、結論的には同じとなる可能性があります。

(3) 間接事実の自白制限肯定説

この説は、日本の訴訟においては、主要事実の主張が明確になされないため、それを推認する間接事実が重要な争点となる場合があるという実態にかんがみ、重要な間接事実については裁判上の自白の成立を認めるとするものです。審理における間接事実の重要性については、民事訴訟規則53条1項が重要な間接事実の記載を求め、同2項では主要事実と区別しての記載を求めていることからもうかがえます。そして、伝統的な見解からの批判に応えるため、自白された間接事実からの主要事実への推論が別の間接事実の認定によって妨げられる場合および自白された間接事実を打ち消すに足る別の間接事実が認定できる場合を除き、間接事実の自白に拘束力を認めるものです。

この説によれば、本件判旨では、原審が間接事実の自白を認め、それに基づいて事実認定したという点のみを違法と評価しているが、原審が自白された間接事実と相容れない別の間接事実を認定できたかという点も検討するべきであったということになるでしょう。

(4) 間接事実の自白全面肯定説

この説は、争点整理の実効性という観点から、間接事実の自白にも裁判上の自白の拘束力を全面的に認めるべきであるとするものです。この説によれば、本件判旨には誤りがあり、原審の判断を正当とするべきことになるでしょう。

(5) 間接事実の自白に証明不要効を認める説

この説は、当事者間に争いがないということは、真実である蓋然性が高いということに基づいて、自白された事実について不存在の証明がない限り、裁判所は自白された間接事実について証明があったものとする「証明不要効」を認めるべきであるとするものです。したがって、その場合の自白の撤回についても、反対事実の証明が必要となるものと思われます。

この説によれば、本件については、反対事実の証明があるかどうかで評価が変わってくることになるでしょう。

4. 検討

　こうしてみると、いわゆる間接事実の自白に関して一部なりとも裁判上の自白に認められる効果を認めようとする近時の諸見解は、審理上の重要な争点となり得る間接事実の存否について、争点としない処理を認めようとするものであるといえます。それを実現するために、どこまで裁判上の自白に認められた効果を付与するかという違いが見解の相違となっているものと思われます。そして、そこには、当事者が争っていないにもかかわらず、いわば平地に乱を起こすように、あえて争点化して証拠調べをすることに合理性があるのかという疑問が呈されているものと思われます。たしかに、こうした効率的な審理の実現という観点は疎かにはできません。

　もっとも、審理においては適正な裁判の要請もはたらいています。そのため、証拠によって存否が確かめられた事実と、真偽のほどは別として当事者の合意によって存否が決められた事実とどちらを用いるかという選択に直面することになるのです。

　ここで、主要事実であれば、弁論主義により当事者の支配が認められていることから、当事者の合意によって示された意思に軍配を上げることになります。これに対して、間接事実は、別名「徴憑」とも呼ばれ、もともと弁論主義とは何の関わりもないのであります。すなわち、間接事実は、法の適用を受ける事実としての性格を持たないのです。むしろ、法の適用を受ける性質を持った主要事実が争われているときに、間接事実から経験則の力を借りて、主要事実を裁判官に推論してもらうための間接証明の証明対象事実に過ぎないのであります。そうすると、間接事実について裁判上の自白の成立を認めるべきではないのです。その文脈では、基本的に伝統的な見解が正当であります。

　ただ、当事者間に、ある間接事実の存在について、争いがなければ、その間接事実があるものとして、他の間接事実（立証されたもの）と併せて、主要事実を認定することは、裁判官として当然行うべき職責であります。この点は権利自白と異なります。民事訴訟では、自由心証主義が原則であり、両当事者が一致して存在すると主張し、裁判官も弁論の全趣旨からその存在を認めることができる間接事実について、あえて、不存在の可能性を追求する必

要はないからです。もっとも、繰り返しになりますが、当事者間に争いがない間接事実であっても、他の証拠資料と矛盾し、裁判官が、その自白を信用できないときは、その間接事実を踏み台にして、争いある主要事実を認定することは許されません。また、間接事実の自白は自由に撤回することができます。

【参考文献】
①判例評釈
岡田幸宏・百選〔3版〕119頁
川嵜義徳・最判解民昭和41年度377頁
福永有利・百選〔3版〕128頁
②論説
高田裕成「間接事実の自白―自白の効力論の一断面」松本古稀345頁以下
竹下守夫「裁判上の自白」民商44巻3号448頁
山本・基本問題151頁以下
③体系書
伊藤・346-354頁
小林・170-173頁、312-319頁
新堂・582-591頁
高橋・重点講義〔上〕475-516頁
中野ほか編・312-322頁〔春日偉知郎〕
松本・上野・330-339頁〔松本博之〕
④コンメンタール
秋山ほか・Ⅳ 55頁以下
条解二版・1034頁以下、1037頁以下〔松浦馨＝加藤新太郎〕
高田ほか注釈76頁以下〔佐藤鉄男〕

第12講　事実上の推定

　第12回は、事実上の推定について説明をします。なお事実上の推定が中心の課題でありますが、関連問題も取り上げます。すなわち事実上の推定と法律上の事実推定はどう違うか、法律上の権利推定とは何か、表見証明とは何か、間接証明とは何か、間接反証とは何かについてもあわせて説明をしておきます。
　材料として最判昭和43年12月24日をとりあげます。これにつきましては、判例百選第5版の60番に町村泰貴教授による「過失の一応の推定」として解説がなされています。また、これに関連して、最判昭和39年7月28日も参照してください。これについては、同じく判例百選第5版59番に「過失の概括的認定」として春日偉知郎教授の解説がなされています。

I．事実上の推定の位置づけ

1．裁判の構造と推定

　まず、裁判は、裁判所が適法に確定した事実、すなわち証拠により認定した事実および争いのない事実に実体法を適用して、三段論法により判決主文の内容を引き出すという構造を持っております。そして、証拠に基づいて事実を認定する場合に、法律上の事実推定および法律上の権利推定という法技術を使用することになります。

2．事実上の推定と間接証明
(1) 事実上の推定の意義

　事実上の推定とは、適法に確定された事実、すなわち、証拠上認定した事実および争いのない事実に経験則を適用して、別個な事実を認定することを

指します。経験則の適用を受ける確定事実を前提事実ないし推定要件といい、そこから経験則により推定される別個な事実、すなわち、認定される事実または推認される事実を推定事実ないし推定効果といいます。もっとも、事実上の推定の場合には、条文に、特に前提事実や推定事実が定められているわけではありません。むしろ、裁判官が証拠を自由心証主義 (246条) にしたがって評価し、事実を認定するに際して、自分がいま適用しようとしている経験則は何か、その要件は何であり、どんなことがそこから推定されるのかを分析的に検討するのであります。裁判官の心証形成の過程の中で、前提事実と推定事実の分析が行われているわけであります。この分析が不正確で甘いと、事実認定はフィーリングによる判断となり誤判のもととなります。

(2) 間接証明とは何か

確定した事実に経験則を適用して主要事実を認定する場合に、多くは複数の間接事実を複数の証拠により証明し、かくして認定された複数の間接事実に経験則を適用して、主要事実を認定 (推認) するという方法をとります。このように、主要事実を、間接事実を通じて間接的に根拠づける証拠を間接証拠といいます。また、間接証拠により主要事実を認定することを間接証明といいます。したがって、間接証明は事実上の推定 (経験則による事実の認定) を証拠の面から表現するものであります。

(3) 証明責任と事実上の推定

いま、証明責任を負う原告Xが、主要事実Aを証明するため間接証明の方法をとろうとしております。Xは経験則上、Aの根拠となる間接事実a、b、c、dを間接証拠により立証しようとしております。これらのa、b、c、dを立証するためのa'、b'、c'、d'の証拠は間接証拠と呼ばれます。Xは、Aについて証明責任を負っているので、これらの証拠は本証といわれます。そして本証であるから、a、b、c、dの間接事実の存在を裁判官に確信させなければ、目的を達成することはできません。a、b、c、dが真偽不明では、それに経験則を適用してAを認定することは根拠を欠くのであります。

(4) 間接証明に対する相手方の防御

この例で被告Yは、Aが立証されてしまうと敗訴する可能性があります。

しかし、YはAについて証明責任を負っているわけではありません。Aを真偽不明にするだけでYは勝訴できます。そこでYは、a、b、c、dに対して反証を提出し、これらの事実のいくつかを真偽不明に持ち込めば、その結果Aが真偽不明になり、主要事実Aを要件事実とする法律要件が充たされないため、それに対応するXに有利な法律効果が認められず、結果として勝訴となりえます。この点については、教科書の本証と反証の説明をよく復習しておくことが重要であります。

もっとも、被告Yの反証にもかかわらず、a、b、c、dのうちdだけは真偽不明に持ち込めたが、a、b、cは裁判官の確信を揺るがすことができなかったとしましょう。しかもdがなくてもa、b、cの存在から、すでに経験則によりAの存在を断定しうるときは、結局反証は不成功ということになります。

(5) 相手方の主張と両立しうる間接事実の立証

時として相手方は、a、b、c、dの各間接事実の存在を争うのではなくて、a、b、c、dと両立する別個な間接事実を主張し、かつ、それを証明する場合があります。a、b、c、dが存在するにもかかわらず、eという両立しうる事実（特段の事情と実務ではいいます）が存在すると、a、b、c、dの存在により引き起こされた裁判官の確信が動揺させられ、結局、主要事実Aを真偽不明に持ち込むことができる場合があります。このような別個の両立しうる事実を証明することにより、相手方の本証を動揺させる証明を間接反証といい、e事実を間接反証事実といいます。a、b、c、dと同様に、e事実もその性質は間接事実であります。すなわち要件事実ではありません。

(6) 間接反証の設例

ここで間接反証の事例の中から、比較的単純なものを1つ紹介します。

Xは、その所有する黒いマントを、あるパーティーがあった時に、Yにはさみで裂かれてしまったので、損害賠償を求める訴えを起こしました。この事件では、Yによる侵害行為、すなわち、YがハサミでXの黒いマントを切った事実が主要な争点であるとします。そこで、Xは、以下のような立証活動をしました。

証人PはYが黒いマントをはさみで切るのを見たと証言しました。しか

し、そのマントはXのものであるかどうかは知らないと証言しました。次に証人Qは、証人Pが見たマントはXが脱いでそこに置いたものだと証言しました。証人RはXの妻であるが、自分の主人は黒いマントは1つしか所有していないし、普段はそれを着てパーティーに参加すると証言しました。ここで裁判官は黒いマントをXに持参させて、切られた箇所を検証しました。かくして裁判官は、Yの侵害行為は間違いがないと確信しました。ところがYは、Xは黒いマントを最近訴外の友人から借りて、そのパーティーにそれを着て出席するといっていたと述べたのです。これが間接反証事実であり、この事実を証明する証拠は間接反証であります。この事実があればP、Q、Rの証言を全部措信しても、なお、Yが「Xの所有するマント」を切ったという事実を認定するわけにはいかず、裁判官の心証は動揺せしめられて、真偽不明になるのであります。

(7) 間接反証事実の証明度

　反証の場合、その対象となっている事実について、裁判官に確信を得させることまでは必要でないとされます。すなわち、反証を提出する者は証明責任を負っていない以上、裁判官が事実の存否についていずれとも判断しかねる状況、真偽不明の状態に持込み、相手方に有利な法律効果が発生しないようにすれば十分なわけです。

　もっとも、間接反証の場合には異なります。すなわち、間接反証が行われるのは、証明責任を負う者が間接事実の証明に成功し、主要事実を推認しうる状況であります。そして、両立しうる間接事実の存在を裁判所が確信しなければ、間接事実による主要事実の推認を打ち破ることができません。これは、通常の反証の場合は同一事実に対して、双方当事者が証明活動を行うのに対して、間接反証の場合には、双方当事者の証明活動の対象である間接事実が異なることになるからです。主要事実の存在を推認する間接事実の存在が確信されているのであれば、主要事実の不存在を推認する間接事実の存在が確信されて、初めて真偽不明になりうるのです。こうした文脈で、間接反証は、その名にもかかわらず、本証を要するとされるのです。

3. 事実上の推定と表見証明

(1) 典型的事象経過と個別的事象経過

　事実上の推定が人間の日々の生活の中で反復されることにより、その推定の関係が典型性を持つようになり、そこから高度かつ強烈な経験則が導き出されることがあります。こうした前提事実ないし推定要件が、高度かつ強烈な経験則によって推定事実ないし推定効果と結び付けられる関係を、典型的（定型的）事象経過と呼びます。この典型的事象経過を主張事実の認定に用いることを表見証明といいます。確立された高度かつ強烈な経験則によって、Xという事象経過のあるときは、ほとんど常にYという事実が存在すると確信して差し支えがないという証明であります。

　この表見証明により推定されるYという推定効果は、実務上は圧倒的に過失または因果関係であります。

　まずは、過失の表見証明について具体例で考えてみましょう。港の所定の場所にX所有の浮きドックが繋留されていたとします。外洋からY所有の船が入ってきて、真横から浮きドックに衝突し、これを破壊してしまいました。このケースでは、YがXの所有権を侵害した事実は争いがありません。しかし、Yに過失があったことは、Xの主張・立証責任に属する事項であります。もっとも、過失は規範的法律要件（不特定法律要件）の1つであります。したがって、過失はあくまでも法的評価に過ぎず、そうした評価を根拠づける具体的事実が主要事実であります。そこで、XはYの側に過失があったことを主張するに際して、実はYの支配領域内で船長が居眠りをしていたとか、酒を飲んで誤った指示を操舵手に出したとかいうような具体的事実を把握する必要があるのですが、実際には困難です。そこで表見証明により、所定の位置にあった浮きドックに衝突したYに何らかの過失があったと認定することになるのです。

　もう1つのケースでも考えてみましょう。Xは右側の歩道を歩いていたとします。ところがYは左側後方からオートバイを飛ばしてきて、センターラインを通り越して右側の歩道を歩いていたXを後方から轢いてしまいました。Yにどんな具体的過失があったかは、Xにはまったくわかりません。具体的事実（Yの過失という法的評価を根拠づける具体的主要事実）をXが主張す

ることも、それを立証することもできません。ここで表見証明がXを利することになります。Yの運転するオートバイがセンターラインをオーバーしていたという推定要件は、Xのために表見証明を利用するのに十分です。したがって、裁判官は、Yに何らかの過失があったと認定して差し支えありません。

(2) 因果関係と表見証明

次に、因果関係の表見証明もみてみましょう。因果関係を表見証明によって推認するということは、具体的には結果から原因行為を推認すること、また、原因行為から結果を推認することを含みます。もちろん、原因と結果が確定している場合に、原因と結果の間の事実的因果関係があるということを推認することも含まれます。

なぜそうなるかというと、典型的事象経過というものは、それ自体が典型性を持って、Xから始まればYに到達することが常である場合を指すのですから、証拠により典型的事象経過における前提事実を認定すれば、この認定された事実が高度の蓋然性を持つ経験則を呼び寄せ、それを基礎として、原因から結果を、結果から原因を、さらに両者の間の因果関係を認定することができるのです。このように、典型的事象経過のある部分が欠けているときに、それを穴埋めし、認定をしてしまうというのが、表見証明の理論なのであります。

教科書的な事例を用いて、この点を説明してみます。乾いたまぐさがたくさん積んであるところで、Yがガスバーナーを用いて溶接をしていたとします。その際、火花が飛び散らないような配慮はなされていませんでした。その後火災が発生し、近くにあったX所有の家屋が全焼しました。目撃証人はいないが、このような状況が証拠上確定されました。すなわち、Yがガスバーナーを用いて仕事をしたことまでは確定しているわけです。このケースでは、表見証明により火災の原因はYがガスバーナーを用いたことにあると推認して差し支えないのです。どのようにYのいたところの付近の干し草がちょろちょろと燃えて、それが火縄のように伸びてまぐさの山についたのか、そしてまぐさの火災が原告Xの家屋まで燃やしてしまったのかの具体的な経過は不明であります。しかし、表見証明により、Xの所有する家屋

に対するYの侵害行為が認定されるのであります。また、Yの行為と火災の結果との間の具体的な事実のつながりは、主張することも立証することもできないままに、裁判官はYの行為と火災との間の因果関係、そして当然に、Yの過失をも認定して差し支えないのであります。これは典型的事象経過から有責な原因行為が認定される例であります。過失という法的評価を根拠づける具体的事実（主要事実）も不明であるけれども、とにかく過失と評価しうる何らかの事実があったと認定してしまって差し支えないのであります。

もう1つ別な事例から学ぶこととします。Yは、交通の頻繁な大通りの路肩に大きくかつ重いクレーン車を駐車しておきました。そのすぐ後ろにはベンツが駐車していました。双方とも無人である状態でクレーン車が人も乗っていないままバックし、深夜にベンツを破損してしまいました。クレーン車はドアが閉められ、かつ鍵がかけられていました。人が中に入った事実はありません。鑑定により、無人のままバックする技術的可能性があるということが確定されました。被告Yは直近に受けた定期点検を書証により立証することをしませんでした。この場合、表見証明により裁判官はクレーン車の整備不良が原因であると認定しました。もちろん、クレーン車が技術的にみて、何処がどういう欠陥をもっていたか、整備不良になっていたか、どのようにして後方に向かって発進をしてしまったのか、具体的事実を認定することはできません。しかし、事故の原因はYの整備不良にあると、表見証明によって認定をして差し支えがないとされるわけであります。原告としては、具体的な整備不良の内容となる事実を主張することはできません。まして、それを立証することもできません。具体性を持った請求原因を訴状に書くこともできないのであります。これを救うのが表見証明の理論であります。すなわち、主張の具体性も緩和され、軽減されるのであります（主張軽減）。また、個別性、具体性を持った主要事実を立証しなくとも、事実認定を抽象的にしてもらえるという点で立証もまた軽減されるといわれております（立証軽減）。

さらに、別の場合を紹介します。典型的事象経過の頭の部分が、詳細かつ具体的に証拠上確定している場合があります。あるいは自白されている場合

があります。たとえば、医師が治療上有責な（過失ありと評価される）治療をしたことが確定されたとしましょう。その後で損害が発生した場合の因果関係は、次のように考えられます。すなわち、医師の有責な治療行為が、当該損害と同種の損害を典型的に引き起こす属性を持っていると認められるときには、損害との間の因果関係は表見証明により肯定されるのであります。

逆にある治療行為の後に、ある損害が発生しました。その損害の内容・性質は、典型的に当該治療行為に起因すると見られる場合があります。ここでは、損害の属性から有責な原因行為を、逆に表見証明により推認するのであります。

(3) 表見証明と証明責任の転換

なお、表見証明と区別すべきものとして、ドイツでは判例法による証明責任の転換という理論があります。

たとえば、医療過誤などの不法行為に基づく損害賠償請求事件において、被告である医師が基本的な治療上のルール違反を犯したことがまず証拠上確定できる場合で、この重大な過誤（職業上の重大な義務違反）が、その属性として現に発生している損害と同様の損害を一般的に発生させる性質を持つと認められるときには、因果関係の不存在の証明が被告医師側の責任とされるのです。因果関係についての証明責任の転換であります。もう１つは製造物の欠陥により損害が発生したことが確定しているとき（認定できたとき）、その欠陥について被告に過失があったということは、原告Ｘに主張・立証責任はなく、その責任は製造者側に転換されるということであります。すなわち、無過失であったことを被告製造者が証明しなければなりません。

これらは表見証明をさらに一歩進めて、証明責任の転換にまで、判例が押し進めたものであります。これらの場合に、証明責任の転換を解釈上認めない立場を取りつつ、同じケースを表見証明によって、たとえば、被告の過失を認定していくという構成をとることもたやすいと思います。

(4) 表見証明と主張・立証の軽減

このように、表見証明において用いられる高度かつ強烈な経験則は主張責任を軽減します。すなわち、典型的事象経過においては、主張される事実の特定に欠けた部分があっても、表見証明がそれを補うかたちで裁判官が心証

形成することを可能にするのです。したがって、裁判官は事実認定も抽象的に行うことが許され、また択一的に事実を仮定して認定することも許されます。

　たとえば、一般に不法行為事件では、原告は事実的因果関係を具体的に主張し、立証しなければならないのが原則です。しかし、表見証明該当事件では原因行為を具体的に特定することができなかったり、因果関係を具体的に主張し、立証することができない場合があります。因果関係はこの場合、事実的因果関係を指します。表見証明では多くの場合そうなります。こういう場合に、侵害行為のある程度の特定で足りるとしなければならず、立証もいわば抽象的に強度の経験則でやってしまうことが認められるわけです。判決理由でも表見証明によりYに過失あり、あるいは表見証明により損害はYの行為の結果であると認められる、と記載して差し支えないわけです。抽象的主張、抽象的事実認定を許すのが、表見証明における経験則の機能であります。

(5) 相手方の反証

　原告が表見証明で立証する場合、相手方はどう防御しうるか。第1の方法は、推定要件である原告主張の典型的事象経過自体を、反証により真偽不明にすることです。これに成功すれば、原告は表見証明の場合の主張・立証の軽減の恩典を失い、民事訴訟の本来の姿に立ち戻って、具体的な主要事実、具体的な事実的因果関係などを主張・立証しなければならなくなります。すなわち、侵害行為が争点であれば、侵害行為の具体的内容を主張しなければなりません。因果関係が争点である場合には、法的に有意な事実的因果関係、したがって、具体的な事実の連鎖を主張しなければなりません。また過失が問題の場合には、過失という法的評価を根拠づける具体的な主要事実を主張しなければなりません。そしてこれらの具体的事実を本証を挙げて立証しなければなりません。

　第2の相手方の防御方法は、原告主張の典型的事象経過と両立する異型的事象経過の可能性を示す手掛かり事実を主張し、かつ、立証する方法です。これによって典型的事象経過が存在しているにもかかわらず、他の経過の可能性の存在が証拠上立証されたことになるので、原告主張の主要事実（過

失・因果関係など）の心証は動揺させられることになり、反証は成功したことになります。

　この場合に重要なのは、表見証明を原告が用いるとき、被告は、異型的事象経過の可能性を示す手掛かり事実（間接事実）を裁判官に確信させなければならないということです。原告がａ、ｂ、ｃ、ｄからなる典型的事象経過を立証した場合に、被告がそれと両立するｅ事実を主張し、かつ完全に立証しないと、本証を動揺させることはできないのです。この文脈で、表見証明に対する間接反証事実は、反証者に手掛かり事実について確定責任があるといわれます。すなわち、手掛かり事実の存在について裁判官に完全な心証を引き起こさせなければならないわけです。これは、表見証明事件では事実経過の外見から、裁判官は特段の事情（ｅ事実）の立証なき限り、原告主張の主要事実、すなわち、過失や因果関係を抽象的に断定して誤りはないという心証を形成することになるのでありますから、これを動揺させるには、どうしても異型的事象経過を示す手掛かり事実の確たる存在が証明されないと不十分と考えられるからであります。

　なお、この表見証明に対する相手方の間接反証責任は、証明責任を転換したものではなく、相手方にｅ事実につき主観的証明責任（行為責任）を課しているに過ぎません。すなわち、過失とか因果関係については、終始原告（表見証明者）が証明責任を負っており、ただ自由心証により証拠を評価するに際して、間接反証事実が完全に証明されないと、本証が動揺させられないとするだけのことです。これは証明責任の転換ではなく、自由な証拠評価の枠内で発達した採証法則に過ぎないのです。もちろんそれは経験則に基づくものですから、表見証明が成り立つケースで、裁判官がこの採証法則を無視して異なった事実認定をすれば、上告受理申立理由となりえます。

　具体例を検討してみましょう。上述した港内に静止している浮きドックに、外洋から入港してきた被告の船舶が横から衝突したケースの場合に、相手方は、入港途中に水面に現れない大きな漂流物が突如発見され、それを避けるために舵を切り、結果として、浮きドックに衝突したという異型事実の手掛かりを完全に証明して、原告の本証を動揺させることができます。

　また、乾燥したまぐさの山の付近で、ガスバーナーを用いた後で火災が発

生したケースでは、相手方は、自分たちがガスバーナーを使用した後で、訴外の若者がまぐさに腰かけて煙草を吸っていた事実、最初に火の上がった個所が、若者が煙草を吸っていたあたりに近いという事実を証明すれば、表見証明は動揺させることができます。

4. 一応の推定

こうした表見証明に似たものとして、日本では、大審院時代から判例上「一応の推定」という概念が用いられてきました。過失を推定するケースが多いため、過失の一応の推定と呼ばれることもあります。これについては、その意義に加えて、「一応の」という表現の意味するところや、推定の効果をめぐって議論があります。

一応の推定の意義については、事実上の推定説、証明度軽減説、抽象的事実推認説、証明責任分配説などの学説が唱えられていますが、高度の蓋然性を持つ経験則の適用による事実上の推定であると考えるのが適切です。というのは、一定の事実から別の事実を一般的に推認することができるとする点、さらに、相当な事由があった場合には推定要件を認定しないとして事実上証明責任を転換するものである点にかんがみると、そこには、推定要件が存在するとの高度の経験則がはたらいていることを認めるのが素直だからであります。

そうすると、「一応の」という言葉の意味としては、推定を打ち破る特段の事情について、相手方から主張・立証がなされない限り、という意味で理解するべきです。そして、この推定の効果については、事実上、証明責任を相手方に転換する機能を果たすことになると考えられます。高度の蓋然性を有する経験則の働きにより立証負担を軽減した上で、それを相手方の事実上の証明負担として課しているのです。したがって、相手方としては、推定を打ち破る特段の事情、すなわち前提事実について間接反証をするか、推定事実について不存在の証明をするかが求められることになります。

Ⅱ. 法律上の推定

1. 法律上の事実推定と権利推定の区別

　ここで、法律上の推定についてもみておきましょう。表見証明と異なり、推定要件と推定効果が条文上法定される場合の推定を、法律上の推定といいます。このような規定がある場合としては、2つあります。第1は、法律上の事実推定であり、第2は、法律上の権利推定であります。双方とも推定要件と推定効果が法定されている点は同一でありますが、法律上の権利推定は推定効果が権利の存在であるという点に特色があります。

2. 法律上の事実推定
(1) 法律上の事実推定の構造

　これは、推定要件事実が主張され、かつ、立証されたときは、推定効果として推定要件とは別個の事実が存在するものと取り扱われる場合です。すなわち、ある条文の主要事実となっている前提事実の存在を証明すると、別の条文の主要事実の存在が推定されることになるのです。a事実（推定要件）あるときはA事実（推定効果）ありとして、裁判官はA事実に結合されている法効果を認めなければなりません。相手方がこの法効果を争うためには、2つの方法があります。

　第1は、推定要件事実を否認し、これに対して反証を出し、推定要件の存在を真偽不明にする方法です。これが成功すれば推定規定ははたらかなくなります。

　第2は、推定要件とは別に推定効果たる事実の不存在（反対事実）を証明する方法です。一般に推定規定があると、相手方に事実上証明責任が転換され、相手方は推定効果たる事実の不存在を主張し、かつ完全に立証しなければなりません。これは相手方のなす反証ではなく、反対事実の証明責任であるわけです。

　具体例で考えてみましょう。いま、Xが推定効果の利益を受けようとしています。Xは推定要件事実については本証を出し、裁判官をしてa事実あり

と確信させなければ、推定効果A事実を手に入れることはできません。したがって、相手方は、a事実については反証を出すのみで足ります。これに対して、Xがa事実を立証したときは、相手方YはA事実の不存在を主張し、かつ立証しないと推定効果を排除することはできません。Yは反対事実、すなわち、A事実の不存在について本証を出さなければならないのです。

(2) 法律上の事実推定と主張・立証責任

　法律上の事実推定の規定は、いわゆる証明責任規範であります。この規定により、証明責任の所在と内容が変更されると、民事訴訟の一般原則によって、証明責任の所在に主張責任もまた随伴することになります。民事訴訟では証明責任はあるがその事実について主張責任はないということは、原則として否定されます。すなわち、主張責任ある者がその事実を主張し、相手方がこれを否認したとき、証明責任ある当事者が、これを立証する主観的・客観的証明責任を負うことになります。これが原則であり、通説・判例と解してよろしいと思います。

　ただ例外的に、契約の第2次効果（不履行による損害賠償、違約金の請求など）を訴訟物とする場合には、主張責任と証明責任が分離するといわれております。すなわち、損害賠償請求者は契約の存在、不履行、損害の発生を主張する責任があるとされ、ただ履行については債務者に証明責任（主張責任はない）があるとされます。

　法律上の事実推定の場合は、推定要件である推定事実についての証明責任が相手方に転換されるので、主張責任もこれに随伴します。すなわち、Xはa事実の主張・立証責任があり、YはA事実の不存在の主張・立証責任があります。XはA事実の存在を主張する必要はなく、Yはa事実の不存在の主張をする必要はありません。

3. 擬似的推定（暫定的真実）

　これは法律上の事実推定とは異なるものであります。法文が推定という言葉を用いていても法律上の事実推定ではありません。すなわち、t事実（A事実＋B事実＋C事実）あるときはTの法効果を生じるという実定法の規定が

ある場合に、もう1つ条文を設けて「A、CあるときはBあるものと推定する」と定める場合であります。これは権利発生要件tの一部を分量的に除外して、相手方の抗弁としているに過ぎないのです。構成要件の一部を分量的に切除して、その余の残存部分から切除部分を推定するという構造なのであります。

いま商法503条の附属的商行為に関する規定を例として取り上げます。第1項に商行為の定義があります。すなわち、「商人がその営業のためにする行為は、商行為とする」と定められております。ここで商行為が定義されているわけですが、商行為をtと表現し、商行為に結合される法効果をTと表現します。そうすると、tは分析的にみると商人（A）＋営業目的（B）＋行為（C）から成り立っています。そして503条の第2項をみると、「商人の行為は、その営業のためにするものと推定する」と定められております。したがって、A＋C（商人の行為）からB（営業目的）を推定していることになります。そうすると、この条文は、第1項、第2項を総合しますと、A＋CにTの法効果を結合するものであり、原告は法効果を主張するには、A＋Cの主張・立証で足り、相手方はBの不存在を主張し、立証しなければならないことになります。これは、AとCが存在する場合にBも存在する蓋然性がきわめて高度であるため、その主張・立証なくして法が推定を行い、相手方にその不存在の主張・立証責任を負わせたものです。

4. 法律上の権利推定

これは推定効果が権利である推定を指します。民法188条や同229条が典型例であります。

原告が推定規定の利益を受ける場合に、推定要件の主張・立証は不可欠でありますが、権利の取得原因を主張し、立証することは不要であります。かえって被告が、この推定効果を免れるためには、権利の不存在を証明しなければならないのです。そうはいっても権利自体は目にみえないもので、直接証明することはできないので、被告は推定要件があるにもかかわらず、原告に権利取得原因事実がなかったこと、あったけれどもそれが無効であること、または、原告が権利をその後喪失した具体的事実を主張し、立証するこ

とによって、権利推定を失効させることができるわけです。この場合、権利推定を免れようとする被告に、およそ想像しうるすべての原告の権利取得原因事実がなかったことを証明させるのは不可能を強いるものであり、解釈論として妥当ではありません。いずれか1つを主張・立証させ、それによって裁判官が権利の不存在を判断できるようにすればそれで十分とするべきです。

Ⅲ．最判昭和43年12月24日

1．事実の概要

不動産売買および仲介周旋などを目的とする会社であるＸの代表取締役Ａらは、昭和35年1月、本件係争土地を含む約2500坪の土地を宅地として分譲するため、訴外Ｂ社に整地工事を請け負わせました。しかし、隣接土地の所有者であるＹとの間で、本件土地の所有権をめぐり争いが生じました。そこで、ＹはＸを相手方として本件土地の工事の中止を求める仮処分を申請しました。申請にあたり、Ｙは、Ａから工事の施工者がＸであると聞かされていたわけではありませんが、前年にＡから周辺土地の分譲事業をする旨の挨拶を受けた際に、Ｘ取締役社長の名刺を渡されたことがあり、また、昭和35年1月に差出人Ｘの年賀状を受けたことから、本件土地を含む付近一帯の土地を買い受け、現に本件各土地付近の整地工事をしているのはＸであると判断しました。

裁判所はＹの申請を認めて仮処分を発令し、Ｙは直ちに仮処分執行手続を行ったが、誰からも何らの異議も出されることなく、執行を終えました。

その後、仮処分に対する異議が申し立てられ、工事施工者はＸであるとの疎明がないとして仮処分命令が取り消され、また、その本案訴訟においても、本件土地の所有者および工事施工者がＸであることが認定できないとして、Ｙが敗訴し、確定しました。

Ｘは、本件仮処分により受けた損害の賠償を求めるため、Ｙを被告とする訴えを提起しました。原審はＹの過失が推定されるとして請求を認容したため、Ｙが上告しました。

2. 判旨

破棄差戻し

「…仮処分命令が、その被保全権利が存在しないために当初から不当であるとして取り消された場合において、右命令を得てこれを執行した仮処分申請人が右の点について故意または過失のあつたときは、右申請人は民法七〇九条により、被申請人がその執行によつて受けた損害を賠償すべき義務があるものというべく、一般に、仮処分命令が異議もしくは上訴手続において取り消され、あるいは本案訴訟において原告敗訴の判決が言い渡され、その判決が確定した場合には、他に特段の事情のないかぎり、右申請人において過失があつたものと推認するのが相当である。しかしながら、右申請人において、その挙に出るについて相当な事由があつた場合には、右取消の一事によつて同人に当然過失があつたということはできず、ことに、仮処分の相手方とすべき者が、会社であるかその代表者個人であるかが、相手側の事情その他諸般の事情により、極めてまぎらわしいため、申請人においてその一方を被申請人として仮処分の申請をし、これが認容されかつその執行がされた後になつて、他方が本来は相手方とされるべきであつたことが判明したような場合には、右にいう相当な事由があつたものというべく、仮処分命令取消の一事によつて、直ちに申請人に過失があるものと断ずることはできない。

…会社の取締役が会社の営業と競合するような事業を個人として営む場合には、その事業が会社の事業であるか取締役個人の事業であるかがまぎらわしいこと、その他前示の如き事情に照らせば、上告人として右工事の施行者が被上告会社であると判断し、これを相手方として前記仮処分の申請をし、かつ、その執行手続をしたことについては、まことに無理からぬものがあるというべく、他に右工事執行者が被上告会社ではないことを容易に了知せしめるような特段の事情のないかぎり、同人にこの点において過失があるとすることはできないものというべきである。この際、右土地の旧所有者に右の点について問い合せたとしても、同人がその間の事情に通じていることが明らかな場合は格別、そのような事情のないかぎり、これによつてその施行者が誰であるかを知りえたものとはいい難く、その工事請負人についても、仮処分執行の際の状況について窺知される前記事情に照らして直ちに右の点が

判然としたものとは断じ難い。のみならず、仮処分の実効性を確保するためには、その隠密性、緊急性の要請も無視しえないから、前記のごとく既に上告人とAとの間において話合いがされ、それが物別れとなつた段階において、紛争の相手方またはその関係人に対し、内部関係について信頼のおける回答を期待することも難きを強いるものというべきである。」

3. 本件と事実上の推定

本件では、仮処分申請において、申請人が被申請人を誤り、仮処分が執行されたことに対して、本案訴訟で被申請人が勝訴したことから、被申請人が当該仮処分執行が民法709条に定める不法行為にあたるとして、それによって受けた損害の賠償を請求した事案であります。損害賠償請求をするためには、加害者である被告に故意または過失があることが法律要件となっています。

原審では、過失の認定に際して、仮処分の申請人が本来相手方とするべき者を誤って特定し、被申請人に対して仮処分執行を行ったという事実から、申請人に過失（と評価する根拠となりうる事実）があるものと認定しています。この点で、事実上の推定が行われているのであります。これを過失の一応の推定と位置づけようとする見方もありますが、適切ではありません。

というのは、使われている経験則に高度の蓋然性があるとはいえないためです。すなわち、被申請人を誤ったという事実から、過失と評価する根拠となる事実があると推認していますが、必ずしもそうとはいえないのです。なぜなら、仮処分のような民事保全手続を行うに際しては、直ちに保全をする必要性が求められ、時間的に切迫した中で申立てが行われます。そこでは、申立人は可能な限りの資料を集め、それを十分に検討した上で申立てをするわけにはいきません。また、保全手続の審理においては、口頭弁論は任意とされ、書面審理とされるのが一般的です。さらに、事実を疎明することで十分とされており、本案訴訟と同程度の証明度が求められているわけではありません。そうした手続を通して保全命令が発令され、直ちに保全執行に移るわけです。そのため、高い証明度の要求される本案訴訟で被申請人を誤ったと認定されても、そのことから、直ちに、申立人の申請に際して過失があっ

たと評価するのが当然というわけでもないのです。被申請人の本案訴訟での敗訴という事実から、過失と評価しうる根拠となりうる事実を推定するに際して、経験則がはたらくとしても、それは論理的に粗雑な経験則であるといわざるをえません。

また、本件では、推定要件ないし推定事実である、過失と評価する根拠となりうる事実の認定に際して、被告に「特段の事情」の証明を要求することで、事実上証明責任を転換しているかたちをとっています。しかしながら、これは保全手続の濫用を防止して保全手続における債務者の保護を図る目的で、不当執行に基づく損害賠償請求訴訟において被告となった債務者にあえて立証負担を課したものと解するべきでしょう。その意味では、原告の立証負担が軽減されているわけではないのです。

したがって、特段の事情として、被申請人を特定することが必ずしも容易ではないという事情を挙げて過失と評価する根拠となりうる事実があるとはいえないとし、過失の推定を否定した本件の判断は正当であるといえます。

Ⅳ．最判昭和 39 年 7 月 28 日

1．事案の概要

Xは、昭和34年にYの経営する産婦人科に入院し、無痛分娩の方法として腰部に脊髄硬膜外麻酔注射を受けました。ところが、注射部位にブドウ球菌が侵入したため、Xは注射後4、5日して腰部の疼痛と下肢の麻痺を患い、脊髄硬膜外膿瘍に罹患しました。その結果、Xには相当の後遺症が残ることとなりました。そこで、XはYに対して損害賠償請求訴訟を提起しました。

審理においてはYの過失の有無が争点となり、原審は、①注射器具、施術者の手指、患者の注射部位等の消毒の不完全、②注射薬の不良ないし汚染、③空気中のブドウ球菌が注射に際して偶然不着侵入したこと、④保菌者である患者自身の抵抗力が弱まった際、血行によって注射部位に病原菌が運ばれたこと、の4つが想定されるとしました。そして、鑑定を行った上で、①を伝染経路と推認するのが相当であるとして、Xの請求を一部認容しました。

これに対して、Yは上告を行い、原審の過失の認定は具体的に特定されておらず、また、抽象的に想定された4つの原因から①を伝染経路であると推認した点に経験則違背があると主張して争いました。

2. 判旨
上告棄却

「…Yの過失の有無を判断するに当り、可能性のある伝染経路として右(1)乃至(4)を想定し、個々の具体的事実を検討して(2)乃至(4)につき伝染の経路であることを否定し、伝染の最も可能性ある右(1)の経路に基づきこれを原因として被上告人に前記病気が伝染したものと認定することは、診療行為の特殊性にかんがみるも、十分是認しうるところであり、原判決挙示の証拠によるも、右(1)の伝染経路に基づきこれを原因として被上告人が罹患するに至つた旨の原審の認定判断は正当である。

しかして、右(1)の如き経路の伝染については、上告人において完全な消毒をしていたならば、患者たる被上告人が右の病気に罹患することのなかつたことは原判決の判文上から十分うかがい知ることができ、したがつて、診療に従事する医師たる上告人としては、ブドウ状球菌を患者に対し伝染せしめないために万全の注意を払い、所論の(1)の医師患者その診療用具などについて消毒を完全にすべき注意義務のあることはいうまでもなく、かかる消毒を不完全な状態のままで麻酔注射をすることは医師として当然なすべき注意義務を怠つていることは明らかというべきである。

…原判決は、前記注射に際し注射器具、施術者の手指あるいは患者の注射部位の消毒が不完全(消毒後の汚染を含めて)であり、このような不完全な状態で麻酔注射をしたのは上告人(被告)の過失である旨判示するのみで、具体的にそのいずれについて消毒が不完全であつたかを明示していないことは、所論の通りである。

しかしながら、これらの消毒の不完全は、いずれも、診療行為である麻酔注射にさいしての過失とするに足るものであり、かつ、医師の診療行為としての特殊性にかんがみれば、具体的にそのいずれの消毒が不完全であつたかを確定しなくても、過失の認定事実として不完全とはいえないと解すべきで

ある」。

3. 本件と事実上の推定

　本件は、一応の推定ないし表見証明を行ったものとみることができます。すなわち、裁判所は、鑑定証拠によって根拠づけられた「注射器具、施術者の手指、患者の注射部位等の消毒の不完全が、ブドウ球菌の感染経路である」とする事実から、被告に過失が存在すると評価する根拠となりうる事実を認定して、被告に過失があるとの法的評価をしています。とりわけ、医師の診療行為としての特殊性にかんがみ、いずれの消毒が不完全であったかを確定しなくても、過失の認定事実として不完全とはいえないと判断しています。そこには、医師は診療行為に際して感染症対策をするのが通常であり、職業上の義務に違反しなければブドウ球菌に感染することはありえないとの高度の経験則がはたらいているといえます。また、推定要件ないし前提事実については、具体的な特定を要求せず、それで十分とした点では、原告の立証負担を軽減しており、かえって被告において責任を免れるために、それらのいずれも感染経路でないことの証明を求めているものとみることができます。

　さらに、医師が職業上の義務に従って診療行為を行っていれば感染症への罹患はないことが典型的事象経過であるとみるならば、それにもかかわらず、感染症への罹患が生じたことは、医師が職業上の義務に違反した、すなわち、過失ありと評価する根拠となりうる何らかの事実が存在するとの表見証明がなされているとみることもできるでしょう。

　こうした見方に対しては、医療過誤訴訟における原告の立証負担を軽減する目的で過失の不存在の証明責任を相手方に転換しただけのものであるとの見方もあります。たしかに、医療過誤訴訟においては、その専門性・技術性から原告の主張・立証責任を軽減する必要のあることが指摘されており、その方法としては証明責任の転換をすることが有用であります。しかしながら、判例法による証明責任の転換は例外的なものとするべきです。医師の診療行為の特殊性というだけで常に証明責任が相手方に転換されるとするべきではないでしょう。その根底に証明責任を転換するべき根拠となりうる具体

的事実関係があってこそ、それが認められるべきです。

したがって、「注射器具、施術者の手指、患者の注射部位等の消毒の不完全が、ブドウ球菌の感染経路である」とする事実から、被告に過失が存在すると評価する根拠となりうる事実を認定した本件の判断は正当であるといえます。

なお、本件のように択一的・概括的・抽象的な事実認定が許容されるとしても、その範囲については無限定であってはなりません。というのは、事実上証明責任を転換されることになる相手方としては、どのような事実の不存在を主張・立証すればよいかはっきりとせず、攻撃防御に支障をきたすことになりかねないからです。たとえば本件では、①消毒の不十分、②注射薬の不良、③空気中のブドウ球菌の偶然の侵入、④保菌者である患者の抵抗力の低下による発症、といった経路が想定されているが、これらのいずれかが感染経路であるという認定がされると、被告はかなり広範囲な事実についてその不存在を主張・立証させられることになるため、そこまでの認定は許されないものと思われます。その文脈では、本件における「注射器具、施術者の手指、患者の注射部位等の消毒の不完全」のいずれかという認定は、消毒の不完全という関係性においてまとまっており、妥当な範囲で認定したものということができます。

【参考文献】
①判例評釈
垣内秀介・事実認定66頁
高田裕成・事実認定61頁
千種秀夫・最判解民昭和43年度下1392頁
②学術論文
酒井一「民事訴訟における主張事実」徳田古稀183頁以下
中野・過失1頁
藤原弘道「一応の推定と証明責任の転換」講座民訴(5)127頁以下
③体系書
伊藤・376-378頁
小林・163-164頁
新堂・617-619頁
高橋・重点講義〔上〕564-569頁
中野ほか編・387-391頁〔青山善充〕

松本・上野・470-471 頁〔松本博之〕
④コンメンタール
秋山ほか編・Ⅳ 8 頁以下
条解二版・1012 頁〔松浦薫＝加藤新太郎〕
高田ほか注釈 49 頁以下〔大村雅彦〕

第 13 講　唯一の証拠方法の申出とその採否

　第13講では、唯一の証拠方法の申出とその採否について説明します。材料として最判昭和53年3月23日を使います。これについては、判例百選Ⅱの125番に、小野寺忍助教授（当時）の解説がありますので併せて参照してください。

Ⅰ. 唯一の証拠方法の申出の却下の禁止

1. 意義

　唯一の証拠方法を却下してはならず、必ずこれを取り調べなければならないという原則は、大審院によって判例法として確立され、最高裁判所もこれを承継しております。それは判例法であるから、その内容は複雑であり、振幅があり、その意義を一義的に要約することは至難であるけれど、ある程度大胆にこれを理論化し、純化すると、次のような3つの命題に帰することができると思います（181条1項）。

（第1命題）

　第1命題は、ある特定の争いある事実について、一方の当事者から複数の証拠の申出がある場合には、どの範囲までこれを採用して取り調べるかは裁判所の裁量に属する。

（第2命題）

　第2の命題として、その争点について当事者が申し出た証拠が唯一であるときには、裁判所に採否の裁量権はなく、必ずこれを採用して取り調べなければならない。

（第3命題）

第1、第2の命題は、その特定の争点についての証拠申出が、本証であるか反証であるかを問わない。

第1命題と第2命題とは表裏の関係にあり、第3命題は第1命題、第2命題とも本証・反証を問わず妥当するという補充的内容を示しているに過ぎないのです。以下に、これらの諸命題について分説します。

2. 第1命題について

いま原告Xが、ある法律要件を充足する主要事実であるA、B、Cを主張したところ、A、Bは当事者間に争いがなく、C事実のみが争われていると仮定します。X原告は、Cを立証するため証拠を5つ申し出たとします。この5つの証拠をどこまで取り調べるかについては、裁判所が取り調べた証拠の自由な評価を反映させて裁量で決定することが許されます。

同様にXの本証が中途で裁量によって打ち切られ、被告Yの反証の取調べに入る場合、Yは反証として3つの証拠を申し出たとします。その場合、どの範囲でこれを採用して取り調べるかは、取調済みの本証の結果の評価と、反証の取調べの結果の評価により、裁判所は裁量で決定することができるのです。すなわち、ある特定の争いある事実について、ある当事者が数個の証拠を申し出た場合において、その取調べの範囲は、申立ての一部を採用して取り調べた結果たる証拠資料の評価の内容を、訴訟指揮（証拠の採否）に反映させて、裁判所が裁量で決定しうるというのが、前記第1命題の内容であります。これは、証拠調べの範囲を、取調済み証拠の自由評価を反映させることによって決定させようとしているのです。

3. 第2命題について

上記の設例で、C事実について、Xが唯一の証拠しか申し出なかったとします。そうすると、裁判所は、これを必ず採用しなければならないことになります。これが第2の命題であり、本日のメインテーマであります。同様に、C事実について、Yが唯一の反証しか申し出なかったときも、裁判所は必ずこれを取り調べなければならない。実務的には原告が確実な証拠を複数提出し、裁判所はそれらを取り調べて、おおむね心証を形成した場合に、被

告が反証として自分の妻の証人尋問を申し出るときとか、または、被告本人尋問の申請をするような場合に、これらを取り調べても、どうせたいした証拠資料は得られまいと予断されるとき（いわゆる証拠価値の予断・目証拠価値の先取り）には、裁判官としてはこれを取り調べないで終結したくなるものであります。そのため、唯一の証拠方法の申出の却下のトラブルは、多くは反証について発生しやすいのです。このような場合、どうせ取り調べてもその証拠価値は知れたものであるという予断が、裁判官の脳裏に生起することは避けえないことであり、しかもそれは、客観的結果的にあたっていることが多いのです。しかし、判例法は、このような場合であっても、申し出られた証拠が唯一である場合には、必ずそれを取り調べなければならないとしているのです。このこと自体はきわめて正当であります。

4. 第1命題と第2命題の関係

次のように考えるのは、唯一の証拠法理の誤解であるから注意を要します。Xが争いあるC事実について、5つの証拠の申出をし、YがCについて3つの反証たる証拠を申請したとします。双方全部で8つの証拠を申請したことになります。この場合8つの証拠申請の中から3つを取り調べることとし、その3つはXの申請にかかる5つの証拠のみから採用する場合であります。これではYの証拠は1つも採用されていないのですから、このような処置は、Yについて唯一の証拠法理に違反することになります。

また仮に、B事実とC事実の2つが争われているときに、BについてX、Yがそれぞれ証拠の申し出をしており、C事実についてもしかりとします。このときBについてはXの証拠を、CについてはYの証拠を取り調べて終結してしまうとすれば、BについてはYのために、CについてはXのために、それぞれ唯一の証拠法理を破ったことになります。

これに反し、唯一の争点であるCについて、Xの5つの証拠申請の中から2つを、Yの3つの反証申請の中から1つを採用し、審理を終結することは、Xに対してもYに対しても唯一の証拠法理に違反したことにはならないのです。要するに唯一の証拠法理とは、個々の争いある事実についての各当事者の証拠申請についていわれる法理であるということに注意しなければ

なりません。

5. 同一方向の心証と第1命題

　唯一の争点Cについて、Xが5つの証拠を申請した場合、裁判所が最初の3つの証拠を取り調べたところ、C事実ありという確信に到達したときは、他の2つの証拠を取り調べる必要はないのです。5つの証拠は、C事実の存在を証明しようとする共通の目的を持って申請されているのですが、そのうち3つを取り調べたことにより心証十分となれば、他の2つを取り調べないことは差し支えないのです。この現象を「すでに同一方向の心証」を得た場合と表現します。

　同じ問題を反証について考えてみましょう。C事実について、Yが3つの反証を申請したとします。裁判所は3つのうち2つを取り調べてみましたが、これによりすでに本証は十分に「動揺」させられたので、Xの請求を棄却できるとの心証を得たときには、残ったもう1つのYの反証の申出を採用しないのは少しも差し支えないのです。こう考えるのは学説・判例上まったく異論がないし、ドイツでもそのように解しております。

　以上に反し、反証を2つ取り調べたが未だ反証の目的を達成することができないときに、Yの残りのもう1つの反証を調べるかどうかは、判例法では第1の命題により、裁判所の裁量に属することとなるでしょう。またXの本証についても、C事実の存在についてむしろ反対の心証を裁判官が得ている場合、すなわちC事実なしとの心証（反対方向の心証と表現する）を得ているとき、残った2つの証拠を取り調べるかどうかは第1命題により、裁判所の裁量に服することになります。このように複数の本証の一部を取り調べ、または複数の反証の一部を取り調べ、それぞれ反対方向の心証を得た場合（本証または反証の目的不達成）に、その余の本証、または反証の申出を取り調べないで終結しうるという内容を判例法は肯定しているところに、実は後述のとおり問題が残るのであります。この反対方向の心証の場合、ドイツの判例・通説は日本の判例と正反対のことを説くのです。すなわち、残りの証拠を調べないと憲法違反になると考えています。

6. 全証拠申出の不採用

前述の例で、唯一の争点C事実について、Xが複数の証拠の申出をしたのに、裁判所がそのすべてを取り調べないまま結審すると仮定してみます。それは唯一の証拠法則に違反するとするのが判例であります。いうまでもなく、この理は反証についても妥当し、C事実について、Yが複数の証拠を申請しているのに、その全部を取り調べないで、請求を棄却すれば、これも唯一の証拠法則に違反するとされるのです。なぜそう解されるかは、次に述べる唯一の証拠法則の根拠を検討することによって明らかになります。実は証拠申請が唯一か複数かは問題ではなく、立証のチャンスを与えないのは違法というのが唯一の証拠法則の中味であります。以下に判例を検討してみます。

7. 唯一の証拠法則の根拠

(1) 第1命題の根拠

大判昭和6年2月21日によると以下の通りです。すなわち、複数の証拠の申出がなされている場合に、一部を取り調べて裁判所が得た既成の心証も、もっと調べていけば覆ることもありえます。また、一部を取り調べてなお心証が取れない場合でも、他の証拠をさらに採用してもっと調べていけば、未成の心証も確信を引き起こすこともありえます。しかも証拠は原・被告に共通であるから、本証をもっと調べた場合の結果は、かえって相手方に有利になったり、その逆も起こりえます。

こういう可能性を考慮すると、理論的には、当事者の申し出た証拠は、全部取り調べなければならないという結論となるはずであります。しかし、そんなことをすると、当事者がこもごも証拠申請を追加する訴訟では、いつ証拠調べが終わり手続を終結しうるのかわからないことになります。こういうことを避けるには、証拠調べをどこまで行うかは、個々のケースにおいて裁判所がその心証の程度により決すべき事実問題であると位置づけることが必要となります。

以上のように説いて、判例は複数証拠の取調べの中途打ち切りが適法であることを理論づけたのです。しかも、大審院時代のこの判例は、当時の民事

訴訟法の条文によっても裏付けられていたのです。すなわち、明治23年民事訴訟法274条では「当事者ノ申立テタル数多ノ証拠中其ノ調フ可キ限度ハ裁判所之ヲ定ム」と定めていたという条文上の根拠があったのです。

この判決の論旨は、ある事件の目撃証人100人を全部申請するというようなケースに対しては、誠に強い説得力を持っていると考えられます。

(2) 第2命題の根拠

判例が説くのは以下の通りです。すなわち、大判明治31年2月24日によると、唯一の証拠方法を判決に不必要として立証の途を杜絶しながら、裁判所がその申立ての立証なしとして、その者の請求を棄却するのは不法を免れないとするのです。

また同旨判決として、大判明治35年3月14日は、次のように判示しております。まずこのケースは、原審がある証人の証言によって一方の当事者を勝訴させたのでありますが、原審は、相手方当事者が、右証人の証言は偽証であると主張し、それを証明するため偽証罪を証する刑事記録の取り寄せの申立てをしたのに、この申立てを採用せずに終結し、前記証人の証言通り事実を認定したのです。これに対して大審院は、取り寄せを採用しなかったのは、相手方当事者に対し立証の途を杜絶しながら、しかも、相手方に不利に事実を確定したことになり、違法たるを免れないと判示したのです。

要するに、判例のいう唯一の証拠方法に関する証拠法則の根拠は、立証の途を封じて立証なきを責めることは不当という一言に尽きるのであります。

Ⅱ．唯一の証拠方法に関する判例法の問題点

1. 証拠価値の先取り禁止（予断禁止）の原則の根拠

第1命題も第2命題も共に証拠価値の先取り禁止の原則と両立しません。以下に詳述します。

当事者には「当事者権」の一環として、証拠提出権および証拠の取調べ請求権があります。併せて立証権といいます。したがって、当事者の申請した証拠は、それが要証事実に関し、かつ申請が適法であるかぎり、その全部を取り調べるのが原則であります。裁判所が申請された証拠の一部のみを取り

調べて、どうせ残りを調べても証拠価値は少ないと予断して終結し、立証者に不利に事実を認定することは許されないのです。それは当事者の立証権の侵害であります。なぜなら、ただ１つの証拠の取調べが、取調済みのすべての証拠資料の価値を左右することもありうるからであります。この可能性がいくらかでも残る限り、申請された複数の証拠の取調範囲を裁判所が自由心証に名を借りて、裁量で限定することは許されません。

5人の証人が、同一の証言を詳細かつ断定的に行って、しかも立証者の主張事実を否定しているとき（反対方向の心証）、6人目の証人が、取調済みの5人の証人の金銭による偽証依頼の事実を証言することもありうるのです。また5人の証人が、この遺言書は故人の筆跡に間違いがないと証言していても、6人目の証人が偽造の現場を目撃したと証言することもありうるのです。すなわち、遺言者である故人の文字を集めてコピー機を操作し、故人の筆跡に真似て遺言書を偽造したという証言も起こりうるわけです。また、すべての証言が確かな書証と一致していても、その書証は変造という証言もありうるわけです。

裁判官は100に１つの可能性があるだけでも、慎重に残りの証拠を取り調べる必要があります。現実問題としては、99％裁判官の予断はあたっているとしても、この予断を証拠採否に反映させることは違法であります。

本証の場合、その目的に反して心証が形成され（反対方向の心証）、またはノン・リケットに留まる場合、残りの証拠を取り調べる職責が裁判所にはあります。また反証の目的は、本証をノン・リケットにすれば目的達成でありますが、この目的に反する心証が形成されてしまう場合、反証者は残りの証拠の取調べを求める権利があります。

ただし、数個の本証の申請のうち、その一部を取り調べてすでに本証の目的を達成し、心証が十分となった場合（同一方向の心証）、残りの証拠は取り調べる必要がありません。これは立訓の目的をすでに達成しているので、立証権の侵害とはならないのです。また数個の反証のうち、一部を取り調べてすでに本証を不成功、すなわちノン・リケットに追い込んだ場合は、残余の反証を取り調べる必要はありません。これは反証権の侵害にはならないからであります。

以上のように解釈するのが証拠評価の先取りの危険性を説くドイツの判例理論であり、これが正当であります。わが判例法の第1命題は発想が逆転していると思います。要証事実に関する適法な証拠申請は、同一方向の心証が十分でない限り、全部取り調べるのが原則であります。この原則からはずれることは立証権の侵害であり、裁判を受ける権利の侵害ともなります。繰り返しになりますが、ドイツでは全証拠取調べの原則に反するのは、憲法違反として位置づけられております。これこそ正当であります。

2. 立証の途の杜絶論

唯一の証拠方法に関する判例の根拠づけにも問題があります。すでに述べたように、この判例法を根拠づけた大審院は、「立証の途を杜絶して立証なきを責める」のは違法という仕方でこの法理を根拠づけております。しかし、この立証杜絶論の射程をみると、ある当事者の複数証拠のすべてを不採用とした場合にも、さらにまた、唯一の証拠申請を不採用としたときも、ともに立証杜絶となるものと判例は考え、唯一証拠法則違反として位置づけているのです。

ここからわかるように、大審院の考えは、立証のチャンスをまったく与えないところに問題があるのだとしているのです。逆からいえば、一部でも採用して取り調べれば、立証の途を杜絶したことにはならないというのが大審院の考えなのであります。実はここに問題があります。何となれば、当事者は数個の証拠が必要なケースでは、数個の証拠の申請をし、その全部を取り調べてもらう権利があるのです。これを一部のみ採用し、他を不採用とすることは、立証権の侵害であり、ドイツの判例にならっていえば違憲なのです。当事者の立証権は証拠の数によって限定されるものではないのです。

3. 学説と立証杜絶論

学説は、唯一の証拠を不採用とするのは違法とする結論にはすべて賛成しています。しかし、その根拠をみると、唯一の証拠を取り調べないのは、当事者間の公平に反するとか、民事訴訟の基本原則たる双方審尋主義に反するからだといいます。たしかに、一方当事者の証拠は採用し、その相手方の申

請した唯一の証拠を不採用とすることは、不公平であり双方審尋主義に反します。この限度で学説の根拠づけは正当であります。

しかし、立証権は、ある一人の当事者の適法な証拠申請が不採用となれば、そのことによって侵害されるのであります。相手方当事者との公平とか、双方審尋主義に反するかどうかとにかかわりなく、立証権の侵害が起こるのであります。

また立証権の侵害は、その当事者の申請した証拠の個数にもかかわりはないのです。ある当事者がただ1つの証拠を申請しようと、5つの証拠を申請していようと、立証権の侵害は起こりうるのです。したがって、「唯一」とか「数多」とかで証拠の採否を決めようとする判例の形式的思考に、誤りがあるといわざるをえません。私見は、唯一の証拠を採用しないのは違法とする結論に異論がないけれども、それは立証権の侵害によって根拠づけるべきであると思うのです。証拠の「数」は無関係と考えるべきであります。

Ⅲ. 民事訴訟法181条1項の「不必要」の判断基準

1. 原則

数個の本証の一部を取り調べて、本証の目的が達成されたと裁判所が認める場合、すなわち同一方向の心証が確立したときは、その余の証拠申請は採用する必要はありません。同様に数個の反証を申請した場合において、その一部を取り調べることによってすでに反証の目的を達成したと認められるとき、すなわちノン・リケットの心証が形成されたときは、その余の反証は取り調べる必要はありません。立証の目的が達成された場合であるから立証権の侵害は起こらないのです。

以上の場合に当たらない限り、適法な証拠申請は全部採用して取り調べるのが原則であります。証拠申請が唯一か複数かは、その採否に無関係であります。これこそ当事者権を尊重する解釈論であると思います。

2. 例外

適法な証拠申請は、全部取り調べるのが原則であるけれども、これには次

の例外を認めるべきであります。すなわち、ある証拠を取り調べてみても、そこから得られる証拠資料は無価値であると予断して差し支えない場合であります。取り調べても無意味とわかっているものを取り調べるのは無用であり、証拠調べの費用と時間を失うのみであります。この場合こそ民事訴訟法181条1項の「不必要」と認めて差し支えない場合であります。以下に、この例外の事例をいくつか述べてみます。

(1) 検証結果と異なった検証物の性状を証すべき事実として証人申請した場合

　これは裁判官がすでに検証を行い、自ら物の性状を直接確認しているのであるから、これと異なることを立証しようとする証人は却下して差し支えありません。

(2) 確実な鑑定結果に反する証人申請

　血液型の鑑定が出ているのに、これを証言で覆そうとしても採用する必要はありません。また、健康状態からみて証言能力なしとの鑑定が出ている場合に、その証人は元気だという立証事項をもってする証人申請も同じ扱いをしてよろしいと思います。

(3) 現場写真に反する証人申請

　これはたとえば、多数の現場写真がすでに提出され、取調済み証言もそれが現場の写真であることを一致して証言しているようなケースで、現場はこれと異なるという事実を目的として証人申請をしても採用の限りではありません。

(4) 立証事項の性質と子供証人

　男女間の機微を子供に証言させようとしても無理であります。裁判官は証すべき事実、尋問事項の内容などと子供証人の年齢等を慎重に検討しなければなりません。また一般人に専門的な経験則を証言させようとしても採用する必要はありません。

(5) 目撃証人と伝聞証言

　目撃証人を十分に取り調べた後には、特段の事情のない限り、伝聞のみの証人申請は採用しないことができます。

(6) その他経験則上証拠価値を先取りして危険がない場合

これは学説と裁判例によって個々に検討を続ける以外に方法がありません。適法に申請された証拠の全部を取り調べるのが原則とされるドイツ法下の例外ケースの検討が参考となります。

Ⅳ. 唯一の証拠原則とかかわりのない問題

1. 179条の定める裁判上の自白と顕著な事実

これらは179条により「証明することを要しない」とされております。いわゆる不要証事実であります。自白された事実を立証事項として（181条1項参照）証拠申請しても、179条違反として却下すればよく、民事訴訟法181条1項により「不必要」と認めるべき場合ではありません。したがって、裁判上の自白や顕著な事実を立証事項とする証拠申請の却下は、民事訴訟法181条1項とは何のかかわりもないのであります。つまり、判例のいう唯一の証拠方法の原則ともかかわりがありません。

2. 181条1項違反の証拠申請

証拠申請書に具体的な立証事実を記載しなければ、釈明権を行使して補正させるべきであるが、当事者がこれに応じなければ、民事訴訟法181条1項違反として却下するのが正しいのです。これは180条の問題であって、民事訴訟法181条1項の「不必要」の問題ではありません。それが唯一の証拠申請であろうと、複数の証拠申請の中の1つの申請であろうと、そのようなことは却下の根拠づけにかかわりのないことであります。

3. 181条2項の障害

証拠調べに不定期間の障害があり、いつまで待てば取調べが可能になるのか見通しが立たないような場合には、民事訴訟法181条2項条によって証拠申請を不採用とできます。しかし、これは民事訴訟法181条2項の問題であって、判例法のいう唯一の証拠方法の原則とは何のかかわりもありません。条文の不当拡大とならない限り、立証権の侵害ともならないのです。

4. 証拠申請人の怠慢

証拠申請をした当事者が訴訟追行に熱意を示さず、しばしば期日に欠席をするなど訴訟上の信義則に違反しているときには、外見上適法な証拠申請であっても却下して差し支えがありません。しかし、これは訴訟上の信義則の問題なのであって、民事訴訟法181条1項の「不必要」の問題ではありません。いわゆる唯一の証拠方法に関する理論とも無関係であります。

V. 最判昭和53年3月23日の事実関係及び判旨

1. 事実関係

本件土地の上には建物があります。この土地は先代Aの所有でありましたが、A死亡にともない、Y1ないしY5の相続人の中の1人Y3の単独名義として移転登記がなされました。

XはY3からの本件土地の競落人であり、本件土地の単独所有権者であると主張しております。Y1ないしY5は、Aの死亡にともない、本件土地上の建物の共有者となったから、Xは、Y1ないしY5に対し、建物収去土地明渡訴訟を起こしました。ところがY1らは第1審で、Xの単独所有権を争ったけれども、何らの証拠も提出せず敗訴しました。第2審で、Y1らは、本件土地はY3登記名義となっていますが、Y1ないしY5の共有です。そして、X競落人はY3の持分を取得しただけであるから、第1審判決は取り消されるべきであると述べ、Y1本人尋問の申請をしました。

ところが原審は、この申請に対し採否を明らかにすることなく、弁論を終結し、Y1らの敗訴判決を言い渡しました。これに対しY1らが上告したのが本件であります。

2. 判旨

「しかしながら、記録によれば、所論の上告人Y1本人尋問の申出は、本件土地につき被上告人Xが完全な所有権でなく共有持分を有するにすぎないとの上告人Y1らの主張に関する唯一の証拠方法の申出であるから、特段の事情のないかぎりこれを取り調べることを要するところ、原審はこれに対

する採否を明示することなく弁論を終結したことが明らかである。そうして本件において右特段の事情があつたことは記録上窺われない。もっとも、原審の第8回口頭弁論調書の記録によれば、原審の口頭弁論終結にあたつて当事者双方が『他に主張立証はない。』と述べたことが認められるが、このことを以て前記唯一の証拠方法を取り調べることを要しない特段の事情とすることはできない」。

Ⅵ. 判旨の解説と批判

1. 唯一の証拠

　本件判旨はY1の本人尋問の申請は「唯一の証拠方法の申出であるから、特段の事情のない限り、これを取り調べることを要する」と判示しております。しかし、唯一か複数かは、取調べの必要性の判断にとっては無関係であります。Y1らが適法にY1本人尋問申請をしている以上、Y1本人を取り調べるべきであります。そうでなければ、Y1等の立証権を侵害することになります。それが唯一だからではありません。またXの側の証拠を取調済みであるのに、Y1の本人尋問申請を採用しないのは不公平だと考えるのも不徹底であります。双方の当事者が、それぞれ唯一の本証と反証を申請しているようなとき、いずれも却下してしまうのは、形式的には公平には合致するけれども、それでも却下は違法であります。むしろ双方当事者のそれぞれが持つ立証権を侵害しているからこそ違法なのであります。

　また本件でY1の本人尋問の申請を採用しないと双方審尋主義に反すると考えるのも、その限りでは正当とみえるけれども、双方審尋論では、Xの証拠を取り調べた上で、Y1ら側からY1、Y3の2人の本人尋問の申請があった場合に、Y1のみを採用し、Y3を採用しなかった場合には、双方審尋の体裁は整っていることになります。しかしそれにもかかわらず、Y3を採用しなかったのは違法だという説明をつけにくいと思うのです。この場合、Y3の取調べをしないのは、Y1らの立証権を侵害するから違法となるのだと説明した方が、徹底していると思います。

2.「特段の事情」

　本件判旨は、原審裁判所が審理を終結するに際して、「他に主張立証がない」と当事者双方が述べた旨、口頭弁論調書に記載してあるのについて、Y1の本人尋問申請は「唯一の証拠方法の申出であるから、特段の事情のない限り、これを取り調べることを要する」としながら、特段の事情の有無に関し「他に主張立証がない」と述べた事実は「特段の事情」にあたらないから、Y1の本人尋問申請の採否を明らかにしないで終結したのは違法と判示しております。たしかに前述の通り、適法な唯一の証拠申請であっても、特段の事情があれば、証拠価値を先取りして却下してしまっても、違法とはいえない場合があります。しかし、特段の事情は証拠価値を先取りしても何らの過誤も惹起しないことが確定的な場合に限られるべきであります。すなわち、仮に、その証拠申請を採用して取り調べたとしても、証拠価値のないことが事前に誤りなく判断しうる場合に限られるのであります。

　しかし、本件においては、Y1の本人尋問に対して、原審は採否を明らかにしませんでした。しかも申請したY1ら側が、これを放棄した形跡もありません。したがって、「他に立証なし」といっても、それはY1の本人尋問のほかに、他の立証なしの意味にとらざるをえないのであります。したがって、Y1の本人尋問の申請について「特段の事情」があったわけではなさそうであります。

3. Y1の本人尋問の申請の採否の判断の必要性

　ドイツの判例では、当事者の申請した証拠で取り調べなかったものは、必ず却下することおよびその却下の根拠を判決理由中に示さなければならないとされております。そうしないと、当事者の立証権は憲法上の法的審問請求権にかかわる問題であるのに、裁判官が裁量権の名のもとに当事者権を停止して、事実認定をしてしまう危険があるからであります。

　すなわち、ドイツでは、ある証拠申請を却下したのはなぜか、その理由をその事件の個性に着眼し、その証拠価値の先取りをして何らの危険がない旨の判断を判決理由中に記載することを強制されているのであります。これが証拠採否に関する正しいあり方であると私は考えます。わが国の実務は判決

を読んでも、そこで取調べた証拠のみが取り上げられており、取り調べられなかった証拠は、どうなったのかさっぱり読み取れないということがあります。当事者の立証権をより一層大切に取り扱う「判決書」に改めるべきであります。

ドイツ判例の考え方

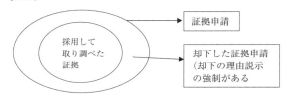

4. 取り調べない証拠申請の放棄または黙示却下説

わが国の最判（例えば、最判昭和26年3月29日民集5巻5号177頁、最判昭和27年11月20日民集6巻10号1015頁、最判昭和28年10月23日民集7巻10号1114頁等）は、「他に主張立証なし」と当事者が述べるとか、終結に際し当事者が異論を差し挟まなかったとき、取り調べない証拠申出は当事者が放棄したものとみるべきだとする傾向があります。しかし、当事者が明示的にそういわない以上、裁判所が勝手に放棄したものとみなすのは、立証権の軽視で賛成しかねます。また学説の一部は、裁判官が一部の証拠申請を取り調べないまま終結したときは黙示の却下等と解します。しかし、黙示の却下という法現象は是認しえないのです。立証権の侵害につながりやすいからです。そもそも却下を明示的に行い、かつ却下の根拠を判決理由の中で示しておくのが正しいのです。そうでなければ、取調べ未了の証拠申請については裁判所は十分申請人と討論をし、はっきりと申請人の取下げの陳述を判決書に記載しておくべきであります。

【参考文献】
①判例評釈
桜井孝一・百選〔2版〕198頁
大久保敏男・判タ390号2622頁
飯塚重男・判評241号19頁

②学術論文
木川・改正問題 95 頁
小室直人「唯一の証拠方法を取り調べなくてもよいとされた事例」民商 51 巻 6 号 971 頁
千草秀夫「証拠調をめぐる諸問題」実務民訴（1）311 頁
③体系書
伊藤・382-383 頁
新堂・623-624 頁
高橋・重点講義〔下〕95、98-99 頁
中野ほか編・331 頁〔春日偉知郎〕
松本・上野・447 頁〔松本博之〕
④コンメンタール
秋山ほか編・Ⅳ 78 頁以下
条解二版・1049 頁以下〔松浦薫＝加藤新太郎〕
高田ほか注釈 110 頁以下〔佐藤鉄男〕

第 14 講　文書提出命令：自己利用文書

　本日の講義のテーマは、文書提出命令です。
　相手方当事者または第三者の所持する、自分に有利な証拠方法になり得る文書を、裁判所へ提出させたいと望む当事者からの文書提出命令の申立てを受けて、毎年様々な文書の提出をめぐる判断が示されています。文書の提出をめぐっては、2000年1月1日に施行された現行民事訴訟法によって、大幅な変更がなされました。しかも、その変更は、現行民事訴訟法施行直後から実務で問題とされ、現在もなお議論が続いています。そのことは、データベースや定期刊行誌に掲載された裁判例の数を見れば、一目瞭然です。これと競うように、理論の研究も活発に続けられています。公表されている学術的・実務的な研究・分析の成果も、枚挙に暇がありません。最後に示した参考文献は、それらの中のごく一部に過ぎません。文書提出命令は、現行民事訴訟法施行を受けて、判例による法形成が最も進展した分野だといっても、過言ではないでしょう。
　文書提出命令をめぐる諸問題の中でも、立案段階から特に注目され、判例・学説において中心的に議論されてきたのが、いわゆる"自己利用文書（220条4号ニ）"の解釈と取扱いです。そこで、本日は、"自己利用文書"と文書提出命令の関係に焦点をあてて、検討することにします。材料としましては、最決平成11年11月12日民集53巻8号1787頁をとり上げます。この決定は判例百選第5版の69番事件であり、上野泰男教授による解説があります。この決定は、現行民事訴訟法施行後2年足らずで出されたものですが、現在に至るまで判例理論の基礎とされています。学説も、同決定の分析・評価を出発点として、議論を発展させています。そのことは、以後の様々な文書の自己利用文書該当性の判断・検討を通じて、現在進行形で深化、緻密化しているところに現れています。
　本日は、前提知識として文書提出命令の総論部分を説明した後、この最決平成11年11月12日を紹介します。そして、同決定を前提として、学説上指

摘・検討されてきた、文書提出義務とその除外対象である自己利用文書を中心に、関連するほかの問題にも言及しつつ、考察していきます。

Ⅰ．文書提出命令

1．意義

　文書提出命令とは、裁判所が、本案訴訟の一方当事者からの申立てに基づいて、相手方または第三者に対し、その所持する文書の提出を求める裁判です。

　当事者は、自分の主張する事実を相手方が争う場合、裁判官に、自らの主張が真実であるとの確信を持ってもらえるよう、立証活動を行わなければなりません。裁判官が確信を得るに至らない場合には、当該当事者は、その事実に関する主張を認めてもらえないという不利益を被ります。この不利益を、証明責任あるいは立証責任といいます。

　日本の民事訴訟法では、事実の証明に必要な証拠方法は、証明責任を負う当事者（以下では挙証者と呼びます）が自分で収集する、というのが基本とされています。つまりたとえば、挙証者が文書を証拠方法として裁判官の確信を得ようとする場合、挙証者がその文書を調達し、裁判所に提出しなくてはなりません。

　その際、文書が挙証者本人の手元にあるならば、自分が所持している文書を裁判所に提出すればよいのですから、何も難しいことはありません（219条）。また、第三者が所持している場合でも、当該第三者が挙証者に協力的で、その人が所持している文書を証拠方法として利用することを許可してくれるならば、問題はありません。

　問題となるのは、文書の所持者が、挙証者に協力的でない場合です。第三者が文書を所持している場合、当該第三者の立場や考えは事案や文書の内容によって様々であり、どちらの当事者に有益な対応をするかを一般類型化することは困難です。挙証者ではなく相手方に協力的で、文書の提出に難色を示す第三者も、当然に存在する可能性があります。また、自分の所持する文

書が裁判の証拠方法に利用されることで、自分が無関係な面倒事に巻き込まれることを懸念する人もいるでしょう。文書の所持者が相手方当事者の場合には、さらにすんなりと提出してくれる見込みは低く、自主的な提出を期待するほうがむしろ無茶、と考えざるをえません。挙証者が自己に有利と考える証拠方法は、相手方当事者に不利にはたらく場合が多いと予想されます。その中で、あえて敵に塩を送る奇特な当事者が、そうそういるとは思えないからです。

このような場合に、挙証者には、文書の所持者が任意で当該文書を提出してくれるよう、裁判所に頼んでもらう方法もあります。これを、文書送付の嘱託といいます（226条）。ただし、その効果も、必ずしもあてになるとは限りません。私人には嘱託に応じる責務はありませんし、官公署または公務員は、確かに公法上の共助義務の関係から嘱託に応じる責務があるものの、応じなくても制裁が科されるわけではないからです。

文書送付嘱託よりも強力で、義務違反の場合に制裁もある方法——それが、本日のテーマである文書提出命令です。

2. 文書提出命令の手続

文書提出命令の申立ては、文書の表示、文書の趣旨、文書の所持者、証明すべき事実、および提出義務の原因を明らかにした書面によって、行わなくてはなりません。詳細については、221条、222条、および民事訴訟規則140条を確認してください。

文書提出命令は、訴訟手続内における付随的裁判の一種で、判決・決定・命令のうちの"決定"で出されます。文書提出命令の相手方は、文書の不所持や提出義務の不存在などを理由に、申立てを争うことができます。所持者が相手方当事者のときには、口頭弁論期日や弁論準備手続で陳述する機会が与えられます。所持者が第三者のときには、第三者の手続保障の観点から、第三者を審尋しなくてはなりません。

裁判所は、当該文書について、証拠として取調べの必要があると判断し（181条1項）、かつ、提出義務（220条）があると認めるときには、当該文書の所持者にその提出を命じます。なお、取調べの必要または提出義務がない、

と判断したときは、決定で申立てを却下し、また、一部にはないと判断したときは、その部分を除いて提出を命じます（以上、223条）。黒塗りのマスキングは、除外部分を見えないようにする手段で、そのような処理をした文書の提出命令も認められています。

　提出命令または申立却下の決定に対しては、即時抗告による不服申立てが可能です。ただし、不服申立てができる者は、文書の所持者または申立人に限られています。また、証拠調べの必要性の判断は受訴裁判所の専権事項であることから、証拠調べの必要性がないことを理由とする申立却下に対しては、不服を申し立てることができません（181条1項）。

II．文書提出義務

1．原則としての一般的文書提出義務

　文書の所持者は、原則として文書を提出する義務を負っています（220条）。文書が220条の要件を充足し、かつ、証拠調べの必要性が認められる場合（181条）に、裁判所は当該文書の所持者に提出を命じます。文書の所持者とは、現実に文書を持っている者に限らず、社会通念上文書に対して支配力を有している者も含みます。

　手続法上、挙証者でない文書所持者が提出義務を負う場面は、大正15年民事訴訟法の下では、法定されている場合に限定されていました。しかし、現行民事訴訟法においては原則と例外が逆転され、現在では、所持者は、法定の除外事由に該当しない限り、原則として文書の提出義務を負うことになっています。

　文書提出義務については、220条に規定されていますが、その構造は少々複雑です。その複雑さは、220条の構造が、大正15年民事訴訟法312条で例外的に文書提出義務を負う場合として列挙されていた1号から3号を残しつつ、一般的文書提出義務とその除外事由に関する規定を4号として追加していることに起因しています。すなわち、文書提出義務の基本的スタンスについて、限定的から一般的へ変更し、原則と例外を入れ替えたにもかかわらず、220条の法規上は、かつての限定的提出義務の規定と、現在の一般的提

出義務およびその除外事由を定めた規定とが、併記されている状態になったわけです。このような状態にあるので、併存する両者の関係をどのように考えるか、という問題が生じました。

2. 限定的提出義務の規定
まず、220条各号の内容を、簡単に説明します。
(ⅰ) 1号文書
220条1号は、いわゆる引用文書に関する規定です。挙証者の相手方が、自分の主張を根拠づけるために文書を引用していた場合、相手方は、挙証者の申立てがあれば、挙証者のための証拠方法とするべく当該文書を提出しなくてはなりません。相手方が自らの主張を根拠づけるために引用した文書の内容については、挙証者、すなわち文書提出命令の申立人に、主張や反論をする機会が与えられてしかるべきです。実質的に意味のある主張や反論を展開するためには、挙証者が、該当文書を閲覧する必要性があります。その一方で、相手方は自分で引用して文書の存在を訴訟関係者に覚知させたのですから、当該文書の内容を秘密にする利益を放棄したと理解できるのであり、挙証者がその提出を求めてきたのに拒絶することは信義則に反する、と考えられます。よって、当該文書の提出を義務づけることには、許容性もあると考えて差し支えないでしょう。なお、以上から容易にわかる通り、第三者所持の文書が引用文書になることはありません。
(ⅱ) 2号文書
220条2号は、いわゆる権利文書に関する規定です。挙証者が実体法上の引渡請求権または閲覧請求権を有している場合、文書の所持者は、相手方であろうと第三者であろうと、当該文書を提出する義務があります。挙証者に引渡請求権または閲覧請求権を認める実体法上の規定としては、たとえば、株主や会社債権者の株主総会議事録の閲覧請求権（会社法81条3項、同条4項、318条4項、同条5項）、個人の個人情報取扱事業者に対する自己に関するデータの開示請求権（個人情報保護法28条）を挙げることができます。引渡請求権や閲覧請求権は、契約上の請求権であっても問題ありません。

(iii) 3号文書

220条3号は、いわゆる共通文書に関する規定です。同号前段ではいわゆる利益文書について、後段ではいわゆる法律関係文書について、規定されています。

利益文書とは、作成時における挙証者の実体上の地位や権利関係を直接証明し、基礎づける文書で、かつ、そのことを目的として作成された文書をいいます。挙証者の利益のために作成された以上、挙証者が訴訟で用いることも許されてしかるべきだからです。挙証者を受遺者とする遺言書、挙証者である患者の診療録（カルテ）、挙証者のためにする契約の契約書、挙証者を名宛人とする領収書、身分証明書などが、これに該当します。なお、文書は、必ずしも唯一挙証者の利益のためだけに作成されているものでなくてもよい、とされています。

法律関係文書とは、挙証者と文書の所持者との間の法律関係あるいはこれと密接な関係のある事項が記載された文書をいいます。挙証者にかかわる法律関係を記載した文書である点では、利益文書と共通しています。しかし、法律関係文書については作成目的が問題になるので、法律関係文書の範囲は、利益文書と重なる部分もありつつ、それよりもひろくなります。利益文書の例に挙げた挙証者の診療録は、医師が作成しますが、挙証者にとって利益文書であり、同時に法律関係文書である、ということになります。

法律関係文書に該当するか否かの判断にあたって重要なのは、当該文書の記載内容が挙証者の法律関係であることです。極端にいえば、記載は、挙証者と所持者に限らず挙証者と所持者以外の者との法律関係でもよく、法律関係の構成要件の全部でなく一部であってもよいし、文書の作成者が誰であるかも問われません。また、法律関係には、契約関係のほか、損害賠償請求権なども含まれます。

3. 一般的な提出義務と除外事由に関する規定

220条4号は、一般的文書提出義務が原則であることを前提として、その対象から除外される文書をイからホに列挙しています。

（ⅰ）証言拒絶事由に相当する事項が記載された文書（4号イおよびハ）

（1）　4号イは、196条の証言拒絶権の対象となる記載のある文書に関する除外規定です。いわゆる自己負罪拒否権・名誉に関する文書、すなわち、自分および一定範囲の親族が刑事訴追または有罪判決を受けるおそれ、または、それらの者の名誉を害する文書を所持する相手方当事者または第三者は、当該文書の提出義務を免除されます。法規の文言についても、解釈についても、特に大きな争点は見られません。

（2）　同号ハは、197条1項2号および3号の証言拒絶権の対象事項に関する除外規定です。197条1項2号の対象は、いわゆる法定専門職秘密文書、すなわち、医療・法律・宗教関係などの専門職に現在従事している、または過去に従事していた者が、その職務上知りえた私人の秘密で黙秘するべき事実が記載されており、かつ、黙秘義務が免除されていない文書です。また、同項3号の対象は、いわゆる技術職業秘密文書、すなわち、技術・職業の秘密に関する事項で黙秘義務のある内容の記載された文書です。これらも、提出義務を免除されます。

　4号ハの対象となる秘密とは、本人の主観に基づいて秘密である、というだけでは足りず、客観的に見て秘密にするに値するものである必要があります。技術・職業の秘密の場合にはさらに、単なる技術上・職業上の秘密というだけでなく、保護に値する内容のものでなくてはなりません。なお、技術職業秘密文書については、秘密保護の必要性と、証拠としての重要性や訴訟手続上の必要性とを比較衡量し、提出義務の除外事由に該当するか否か判断すればよい、とする立場も有力です。

　なお、これらの文書は、記載対象である本人の保護を目的として、提出義務の除外対象とされています。したがって、記載されている内容について、文書所持者が本人から黙秘義務を免除されている場合には、所持者の提出義務を認めて差し支えありません。文書の作成者と現所持者とが異なるときで、作成者が黙秘義務を免除された場合も、特段の事情がない限り、同様に扱ってよいでしょう。

（ⅱ）公務秘密文書（4号ロ）

　4号ロは、対象文書が公務員の職務上の秘密に関するもので、かつ、その

提出により公共の利益を害し、または公務の遂行に著しい支障を生ずるおそれのある場合に、提出義務を免除する規定です。

公務員の職務上の秘密とは、公務員が職務上知りえた秘密で、非公知の事項であり、かつ、実質的にも秘密として保護するに値するものでなくてはなりません。たとえば、公務員の所掌事務に属する秘密は、これに該当します。なお、公務員が職務遂行上知ることのできた私人の秘密は、私人との信頼が損なわれ、公務の公正・円滑な運営に支障を来す場合に限って、公務員の職務上の秘密に該当する、というのが最高裁の立場です。

また、公共の利益が侵害されたり公務の遂行が阻害されたりする危険は、文書の一般的性格ではなく、実際の記載内容に照らして具体的なおそれがある場合に、初めて認められる、とされています。なお、具体的なおそれが認められたときの対応として、常に公的利益を最優先事項として保護するべきであるか、議論があります。常に最優先事項とすることに懐疑的な見解も、有力です。また、私的な技術・職業の秘密の記載された文書と同様に、証拠としての重要性や訴訟手続上の必要性とを比較衡量して決するべきである、さらに、文書提出義務を肯定する余地を認めるべきである、などの見解が主張されています。

なお、4号ロ該当文書については、判例百選第5版にA22事件として掲載されている最決平成17年10月14日民集59巻8号2265頁が、リーディング・ケースとされています。判例百選第5版68番事件である最決平成20年11月25日民集62巻10号2507頁と併せて、自学習の材料にしてください。

(iii) 自己利用文書（4号ニ）

4号ニは、専ら所持者の利用に供するための文書に関する規定です。"自己使用文書""自己専利用文書"など様々な呼称がありますが、今回の講義では"自己利用文書"と呼ぶことにします。日記、手帳、手紙、家計簿などが、自己利用文書の典型例です。

自己利用文書が一般提出義務の除外対象とされる理由は、個人のプライバシー、個人・団体の自由な意思形成、また、文書の自由な作成活動を保護することにあります。自己利用文書の前身は、大正15年民事訴訟法下において共通文書の対概念として用いられていた、内部文書または自己使用文書の

概念です。大正 15 年民事訴訟法では、内部文書または自己使用文書は、文書提出義務との関係では消極的な意味を持つに過ぎませんでした。すなわち、作成目的が、挙証者と所持者の共通の利益、あるいは専ら挙証者の利益、それらのどちらにも該当しない文書を意味していました。それに対して、現行民事訴訟法では、自己利用文書は、該当すると提出義務が免除される、一般的文書提出義務の除外事由として積極的な意味を持っています。すなわち、挙証者以外の第三者への開示が予想されている文書である限り、自己利用文書とは認められない、ということです。

自己利用文書該当性は、当初、主に金融機関の貸出稟議書をめぐって問題とされました。金融機関の貸出稟議書の自己利用文書該当性について、最高裁として最初に判断基準を示した裁判が、本日の材料である最決平成 11 年 11 月 12 日です。同決定については、後から Ⅲ. で詳細に検討することにします。

なお、自己利用を根拠とする証拠方法提出の免責は、文書に限って認められているもので、人証には認められていません。すなわち、人間の記憶は、事実上 220 条 4 号イからハに相当する証言拒絶権に該当するものでない限り、裁判所に提供するよう求められています。それに対して、文書は、所持者の自己利用文書である場合にも、提出義務を免除されます。要するに、挙証者以外の文書による情報提供義務の範囲は、人証によるそれよりも狭いのです。このことは、220 条 4 号ホについてもあてはまります。範囲の相違は、学説の議論が近時活発であり、また民事訴訟法の基本にもかかわる問題です。

(ⅳ) 刑事関係文書（4 号ホ）

4 号ホは、刑事事件に係る訴訟に関する書類もしくは少年の保護事件の記録、またはこれらの事件において押収されている文書に関する規定です。

これらの刑事関係文書の中には、強制力をもって収集された文書や、強制力をもって得た情報に基づいて作成された文書もあります。よって、文書や情報の提供者、被告人・被害者・証人など訴訟関係者、および捜査の秘密や適正な裁判など公共の利益に配慮し、それらを保護する必要があります。この点を勘案して、刑事訴訟法 47 条や同法 53 条などの関係諸法の個別規定が

設けられていることから、民事訴訟法では、刑事関係文書は一括して一般的文書提出義務の除外文書とされています。

4. 220条1号から3号と4号との関係

　220条4号の新設によって、形式上、同条1号から3号の文書も、4号柱書を根拠に提出が義務づけられる一般提出義務の対象文書に包含された、と解釈することも可能です。こう解釈する立場からは、220条1号から3号には、基本的に独立した存在意義はもはや見出し難い、と主張されています。しかし、学説においては、現行の民事訴訟法上もなお、1号から3号には存在意義があるとする立場が有力です。

　存在意義を認める立場からは、次の段階として、220条4号の一般的提出義務と同条1号から3号の限定的提出義務との関係が問題となります。すなわち、220条4号イからホの除外事由は、同条1号から3号までの文書にも類推適用されるか否か、という問題です。この問題については、未だ議論の一致がみられていません。

　両者の関係を、4号は一般的な文書についての義務規定、1号から3号は当事者と特別の関係にある文書に特別の義務規定、と位置づける見解があります。この見解によれば、1号から3号の文書には、4号所定の除外事由が類推適用されることはなく、無条件で提出義務が課されることになります。

　その一方で、両者の関係を、4号は1号から3号の補充規定、すなわち1号から3号で提出義務が認められない文書に適用される規定、と位置づける見解もあります。また、4号と1号から3号とは並列的規定、すなわち、1号から3号に該当するかということと、4号柱書に該当するかということとは別の問題、と位置づける見解もあります。これらの見解によれば、1号から3号までに4号所定の除外事由が類推適用されるか否かは、文書の種類や内容に応じて変わりうることになります。以下に、これまでの最高裁の判断を簡単に整理します。

　まず、1号文書および2号文書と4号柱書との関係についての最高裁の判断は、公刊されている範囲では見当たりません。1号および2号の対象文書は、所持者が自ら引用していた、あるいは、実体法上の引渡請求権・閲覧請

求権がある文書であり、裁判所が提出を命じる対象としてはやや特殊な側面を有しています。このような特殊な側面のある文書については、所持者が、文書の提出を不意打ちの形で要求されたり、開示によって想定外の不利益を被ったりする可能性は低い、と予想されます。その点にかんがみると、1号および2号には、4号の類推適用の余地がないとまではいえないにしても、少なくとも一般的提出義務とは一線を画した独自の存在意義がある、と考えられます。1号から3号の存在に懐疑的な見解も、両号についてはその意義を否定していません。

　3号文書については、まず、4号イからハの類推適用の可能性が問題となります。証言拒絶権は、法が、訴訟における真実発見を犠牲にしても、保護するべきものは保護する、という政策的判断に基づいて認めている権利です。保護対象は、日本社会の価値観に基づく身分的・社会的な関係や立場、および、法律上・契約上の義務が中心です。最高裁によれば、4号ロの公務秘密文書に該当する文書は、3号に基づく申立ての有無にかかわらず提出義務の対象から除外されます（最決平成16年2月20日判時1862号154頁）。4号イおよびハの証言拒絶権に該当する文書も、基本的な趣旨は同様であることに照らし、同号ロと同じように解釈し、取り扱うのが妥当と考えられます。

　次に、3号と4号ニとの関係ですが、本日の材料である最決平成11年11月12日によると、4号ニの自己利用文書に該当する文書は、3号後段の法律関係文書には該当しない、とされています。ちなみに、大正15年民事訴訟法下でも現行民事訴訟法下でも、内部文書あるいは自己利用文書に該当するか否かが問題となるのは、基本的に3号後段の法律関係文書です。それゆえ、同号前段の利益文書に関しては推論の域を出ませんが、大正15年民事訴訟法下における裁判例・学説を参照する限り、3号前段文書と後段文書とは同様に解釈されてよいのではないか、と思われます。

　また、3号と4号ホとの関係については、最高裁は、勾留請求の違法を理由として国家賠償を求めた本案訴訟の原告が、国に対して、勾留請求の資料とされた告訴状および被害者の供述調書の提出命令を申し立てた事案において、当該文書が3号後段の法律関係文書に該当する、との判断を示しました。そして、3号後段該当文書の提出を保管者が拒否することが、刑事訴訟

法47条但し書きに基づいて保管者に認められている合理的な裁量権の範囲の逸脱・濫用にあたるときには、当該文書は提出義務の対象となる、としました（最決平成19年12月12日民集61巻9号3400頁）。

Ⅲ．最決平成11年11月12日

1．事実関係

亡Aは、Y銀行から受けた合計6億5,000万円の融資を資金として、B証券会社を通じて株式等の有価証券取引を行い、多額の損害を被りました。Aの承継人であるXは、Y銀行のC支店長は、Aの経済状況からすれば、貸付金の利息を有価証券取引から生じる利益で支払う以外にないことを知りながら、過剰な融資を実行したものであり、この行為は、金融機関が顧客に対して負っている安全配慮義務に違反する、と主張して、Yに対し、損害賠償請求訴訟を起こしました。これが、本件の本案訴訟です。

この本案訴訟の控訴審において、Xが、Yの所持する本件融資に係る貸出稟議書および本部認可書（以下では両者をまとめて本件文書と呼びます）について、文書提出命令を申し立てたのが、本件です。Xは、本件文書が、有価証券取引によって貸付金の利息を上回る利益を上げることができる、という前提でYの貸出しの稟議が行われ、本部の許可が得られたこと等を証明するために必要である、として申立てを行いました。そしてXは、本件文書は220条3号後段の文書に該当し、また、同条4号ニ（本決定当時は同号ハ）所定の「専ら文書の所持者の利用に供するための文書」（自己利用文書）には該当しない、一般的文書提出義務の対象となる文書である、と主張しました。

原審は、金融機関が貸付に関連して作成する稟議書や許可書は、自己利用文書に当たらず、その他、同号に基づく文書提出義務を否定すべき事由は認められないとして、Yに対し、本件文書の提出を命じました。この決定に対して、Yから許可抗告（337条）が申し立てられ、許可されました。

2．決定要旨

原決定破棄、Xの文書提出命令の申立却下。

「1　ある文書が、その作成目的、記載内容、これを現在の所持者が所持するに至るまでの経緯、その他の事情から判断して、専ら内部の者の利用に供する目的で作成され、外部の者に開示することが予定されていない文書であって、開示されると個人のプライバシーが侵害されたり個人ないし団体の自由な意思形成が阻害されたりするなど、開示によって所持者の側に看過し難い不利益が生ずるおそれがあると認められる場合には、特段の事情がない限り、当該文書は民訴法220条4号ハ〔現同号ニ・筆者注〕所定の『専ら文書の所持者の利用に供するための文書』に当たると解するのが相当である。

2　これを本件についてみるに、記録によれば、銀行の貸出稟議書とは、支店長等の決済限度を超える規模、内容の融資案件について、本部の決済を求めるために作成されるものであって、通常は、融資の相手方、融資金額、資金使途、担保・保証、返済方法といった融資の内容に加え、銀行にとっての収益の見込み、融資の相手方の信用状況、融資の相手方に対する評価、融資についての担当者の意見などが記載され、それを受けて審査を行った本部の担当者、次長、部長など所定の決済権者が当該貸出しを認めるか否かについて表明した意見が記載される文書であること、本件文書は、貸出稟議書及びこれと一体を成す本部認可書であって、いずれもYがAに対する融資を決定する意思を形成する過程で、右のような点を確認、検討、審査するために作成されたものであることが明らかである。

3　右に述べた文書作成の目的や記載内容等からすると、銀行の貸出稟議書は、銀行内部において、融資案件についての意思形成を円滑、適切に行うために作成される文書であって、法令によってその作成が義務付けられたものでもなく、融資の是非の審査に当たって作成されるという文書の性質上、忌たんのない評価や意見も記載されることが予定されているものである。したがって、貸出稟議書は、専ら銀行内部の利用に供する目的で作成され、外部に開示することが予定されていない文書であって、開示されると銀行内部における自由な意見の表明に支障を来し銀行の自由な意思形成が阻害されるおそれがあるものとして、特段の事情がない限り、『専ら文書の所持者の利用に供するための文書』に当たると解すべきである。そして、本件文書は、前記のとおり、右のような貸出稟議書及びこれと一体を成す本部認可書であ

り、本件において特段の事情の存在はうかがわれないから、いずれも『専ら文書の所持者の利用に供するための文書』にあたるというべきであり、本件文書につき、Yに対し民訴法220条4号に基づく提出義務を認めることはできない。」

3. 論点
（ⅰ） 最高裁は、本件において初めて、金融機関の貸出稟議書が、一般的・類型的に自己利用文書にあたる、との判断を示しました。

（ⅱ） 最高裁は、具体的事案における自己利用文書該当性の、一般的な判断基準として、次の諸要件を充足していることを求めました。すなわち、(1) 作成目的、記載内容、該当文書を現在の所持者が所持するに至るまでの経緯、およびその他の事情から判断して、当該文書が内部で利用される目的で作成され、外部への開示が予定されていない、いわゆる"外部不開示性"のある文書であること、(2) 開示によって、文書の所持者に看過し難い不利益が生じ得る、いわゆる"不利益性"のある文書であること、および、(3) 開示するべき"特段の事情"がないこと、です。

（ⅲ） 本決定は、220条4号ニの自己利用文書にあたると判断される文書は、同条3号後段の法律関係文書にも該当しない、との立場を示しました。すなわち、当該文書は提出義務の対象にはならない、との立場を示しました。

4. 検討
（ⅰ）について

　金融機関の貸出稟議書とは、融資先との窓口となる担当者が、当該融資や融資先に関する諸情報、および、それを前提とした担当部局の取組みや意見を記載した文書です。貸出稟議書は、順次上位者へと回付され、その際に必要に応じて彼らの意見が加筆されていき、最終的に決済権限者に回覧されて、融資を実行するか否かの判断がなされます。

　本決定において、最高裁は、このような金融機関の貸出稟議書が一般的・類型的に自己利用文書にあたる、すなわち、提出義務の除外対象文書にあた

る、との判断を示しました。この判断は、稟議書一般について立案担当者が予定していた結論とも、一致しています。

　しかし、この結論および理由を支持するか否かをめぐって、学説の評価は分かれています。

　決定に肯定的な見解は、金融機関は、貸出稟議書を第三者や融資先である顧客に開示することなどまったく予定していない、という認識を根拠にしています。貸出稟議書には、金融機関サイドの融資先への認識・評価・判断、融資を承認する場合のメリット・デメリットやリスク、また、それらを前提とした意思形成過程などが記載されています。その内容には、開示されるとなれば、記載することを躊躇ったり見送ったりするであろうものも、少なからずあり、率直な意見交換、円滑で効率的な事務処理、そして融資をめぐる適切な判断に支障を来すことになりかねません。これが、最高裁の決定を支持する見解からの主張です。

　それに対して、決定に否定的な見解は、その理由について次のように主張しています。まず、文書の一般的提出義務が原則として導入された立法趣旨との関係です。文書の提出を一般義務化した趣旨は、立証に不可欠な文書の偏在が認められる場合にそれを是正して実質的な武器平等を実現・確保し、当事者双方が十分な訴訟準備と攻撃防御を行うことのできる状況を整えることにあります。文書の提出を原則的に一般義務化したにもかかわらず、4号所定の除外文書を解釈によって幅ひろく認めるならば、この意図は無に帰する危険があります。よって、できるだけ除外事由の規定は限定的に解釈するべきである、という主張です。

　これに関連して、223条6項のインカメラ手続の活用も有力に主張されています。インカメラ（in camera）とは、もともと"裁判官室で"という意味のラテン語で、インカメラ手続とは、裁判官室で行われる非公開の審理手続のことです。223条6項によると、裁判所は、インカメラ手続を用いて、220条4号ホの刑事関係文書を除く、同号イからニに挙げられている文書を、必要と認める場合には所持者に提出させ、除外事由の認められる文書か否かを判断します。その際には、相手方当事者やその代理人などの閲読は許されず、裁判所のみがそれを閲読して内容を実質的にチェックし、提出義務

の有無を判断します。

　インカメラ手続は、積極的に活用することが望ましい、と考えます。客観的な判断資料や手掛かりもないままに、想像と推測だけである要件を充足しているか否かを適正に判断することは、ほとんど不可能です。そのようにして出された決定が、反対の立場にある関係者の納得を得られるとも思えません。裁判官には、必要で有用な場合には、文書の体裁や表題のみならずその内容を前提として、上述3.（ⅱ）の判断基準に則って検討する機会が認められてしかるべきだと思われます。それによって、諸要件該当性の判断はより精緻に行われて真実に近づきやすくなり、また開示の名宛人を裁判官に留めることによって、所持者の不安感をある程度抑えられる、と期待することができます。

　その一方で、インカメラ手続への文書所持者の立会いは禁止されていません。その結果、所持者だけが手続に立ち会い、提出義務の除外文書とするべき理由やその範囲などを具体的に主張する機会を、事実上得ることになります。所持者が相手方当事者の場合には、それによって当事者の対等性が害される危険があることから、申立人である当事者の手続保障が問題となります。このような場合に当事者の対等性を確保する方法の1つとして、ヴォーン・インデックス（Vaughn index）方式の導入が有力に主張されています。ヴォーン・インデックスとは、文書の所持者に、不開示を求める文書ごとにその内容と開示が免除されるべき事由を明記した一覧表、つまりインデックスを、事前に提出させて判断する方式であり、一覧表の検証は第三者にも認められます。その導入の是非は別として、少なくとも本件においては、インカメラ手続を経た上での自己利用文書該当性の判断に特に問題はなく、むしろ実施が望ましかったように思われます。

　また、金融機関の現場では、貸出稟議書は大量に作成されており、機密性ある文書としてそこまで厳重に扱われてはいない、とも指摘されています。そうであるとすれば、開示の可能性云々で発言が委縮し記載内容が表面的なものに留められる、と危惧するほど、現在の実際の貸出稟議書には率直な本音が記載されているのか、疑問の余地があります。このような実態に照らし、貸出稟議書であることを理由に直ちに提出義務の除外文書と扱う必要は

ない、という主張も、実務を中心になされています。
(ⅱ) について

最高裁が示した3.(ⅱ)(1)から(3)の要件について、学説の多くは、自己利用文書該当性の判断基準の一般論として、肯定的に評価しています。しかし、本件におけるその解釈・運用および結論に対しては、4.(ⅰ)に示したように、批判も少なくありません。実務の結論は、一般論としての判断基準を、具体的事案においてどのように解釈し、運用するかによって、変わってきます。そこで、それをできる限り安定させ、予見可能性を高めるために、次に、最高裁から示された3つの判断基準を、順次検討していきます。

(1) 外部非開示性

一般的要件としての外部非開示性は、220条4号ニの文言から直接導かれる要件です。その有無の具体的な判断について、最高裁は、文書の作成目的、記載内容、現所持者が所持するに至るまでの経緯、その他の事情を検討して行うべきである、としています。

実際の判断に際して重視されるのは、作成目的であろうと考えられます。本決定が外部非開示性を肯定するに当たって言及した、「法令によってその作成が義務付けられたもの」でないことは、作成目的が法令の遵守という他律的なものであることを意味します。つまり、法令上の作成義務があるときは、文書の主たる作成目的は法令遵守にあり、内部利用・外部非開示が唯一無二の目的というわけではありません。そう考えると、法令上の作成義務の存在は、外部非開示性を否定する一因になりえます。ただし、最決平成17年11月10日民集59巻9号2503頁では、条例に基づいて作成義務のある政務調査費を支弁した調査研究の報告書について、外部非開示性が肯定されました。この最高裁決定にも表れているように、法令上の作成義務は、あくまでも外部非開示性を否定する一要素になりうるに過ぎず、定型的・決定的な否定理由というわけではありません。

より直截的に第三者への開示を予定している文書は、外部非開示性が否定されるものと予想されます。ただし、開示を予定している第三者の範囲、いい換えると、不特定の一般第三者である必要があるか、または、特定の第三者で足りるかについては、見解が分かれています。この点、外部非開示性と

いう文書自体の性格のみを理由に、特定の第三者への開示が予定されているときには、自動的・形式的に外部非開示性が全面的に失われる、とするのは早計ではないかと考えます。第三者の範囲を検討する上で重要なのは、開示が当該文書の取扱いとして適切であるか、という点です。その点にかんがみると、文書の記載内容、場合によっては文書の形式や現所持者との関係も考慮し、実質的な観点から、いかなる第三者に外部非開示性を肯定するか判断することが、望ましいと考えます。

(2) 不利益性

外部非開示性とは異なり、不利益性は、220条4号ニの文言から直接導かれる要件ではありません。この要件は、大正15年民事訴訟法下の自己使用文書の解釈において、多数説が不利益性の要件を要求しており、それを前提に自己利用文書が一般提出義務の除外対象として明記されたことを受けて、自己利用文書の範囲を制限的に解釈した結果である、と評価されています。

学説も、不利益性を自己利用文書の要件とした最高裁の立場に、おおむね賛成しています。主な議論は、次の2つの問題についてなされています。すなわち、(A) どのような内容を"不利益"と考えるか、換言すれば保護されるべき利益とは何か、という問題と、(B) 不利益性の判断に際して、保護利益とその他の事情とを比較衡量するべきか、という問題についてです。

まず、(A) に関しては、保護利益を個人のプライバシーに限定するべきである、と主張する見解が多数を占めています。それに対して、憲法19条の内心の自由の保障を背景に、自由な意思形成過程も含まれる、と主張する見解もあります。後者の見解からは、先に挙げた最決平成17年11月10日で問題とされた調査研究報告書や、当事者自身が所持している訴訟準備文書も、不利益性の要件を充たし、提出義務の対象から除外される、と主張されています。これらは、その内容について利害の競合・相反関係に立つ第三者が存在している文書です。内輪の秘密という意味で、プライバシーに準じて保護利益を肯定するのが、妥当ではないかと思われます。特に、訴訟準備文書を代理人弁護士が所持していれば、4号ハによって提出除外対象となりうるが、当事者が所持していると提出義務の対象になる、ということには、違和感を覚えざるをえません。

次に、(B) に関しては、保護利益である文書の記載内容と、訴訟の目的や証拠としての重要性などの事情とを比較衡量して、必要な事実を明らかにするために、当該文書が証拠として不可欠かどうかを判断するべきである、という見解が多数説です。それに対して、比較衡量における判断の相対性を懸念し、自己利用文書の保護規定が事実上機能不全に陥る危険があるとして、比較衡量に反対する見解もあります。また、賛否両説の折衷的見解として、比較衡量による判断を許す相対的提出義務免除事由と、許さない絶対的提出義務免除事由とを区別し、それぞれを異なる方法で判断する、という見解もあります。

(3) "特段の事情"

(1) と (2) の要件を充足する文書は、自己利用文書であり、一般的文書提出義務の対象から除外されます。それに対する例外、つまり一般的文書提出義務の例外の例外として設けられているのが、"特段の事情"です。"特段の事情"がある場合には、(1) と (2) の要件を充たし提出義務の対象から除外されることになった文書を、再び提出義務の対象文書とする道が開かれます。

"特段の事情"は、当初、訴訟の個別的な事情や、会社関係訴訟など定型的な訴訟類型の差異を勘案する手掛かりになる、と見込まれていました。しかし、最決平成 12 年 12 月 14 日民集 54 巻 9 号 2709 頁によって、その見込みは甘かったかもしれない、との懸念が強まりました。同決定の本案訴訟は会員代表訴訟であり、信用金庫 Y の会員 X が、理事の善管注意義務・忠実義務違反を立証するために、Y の所持する貸出稟議書の提出命令を申し立てたのが本件でした。最高裁は申立てを認めずに、貸出稟議書は自己利用文書であり、本案訴訟が会員代表訴訟であっても特段の事情にはあたらない、と判示したのです。この判断に対しては、会員代表訴訟でさえ特段の事情が認められないのであれば、特段の事情が認められるのは一体どのような場合なのか、予想できない事態が将来発生する可能性に配慮した単なるレトリックではないか、といった批判がなされました。

そのような状況の中で、"特段の事情"の存在を初めて認めたのは、最決平成 13 年 12 月 7 日民集 55 巻 7 号 1411 頁でした。事案は、経営破綻した信

用組合から営業全部の譲渡を受けたＸが、Ｙに対して、信用組合が有する貸金債権の支払いを求めたところ、Ｙが、自らの主張する相殺の抗弁に係る事実を証明するために必要であるとして、当該債権に係る貸出稟議書の提出を現所持者であるＸに求めたものでした。本件において"特段の事情"が認められた理由は、本件の特殊な諸事情に見出されています。すなわち、Ｘは、法令に基づいて設立された預金保険機構から委託を受け、同機構に代わって破綻した金融機関からその資産を買い取り、管理・処分することを業務内容とする株式会社でした。提出命令の対象であった貸出稟議書は、資産の一括買取によって、作成者である信用組合からＸが譲り受け所持するに至ったに過ぎない文書でした。つまり、清算中であった破綻した信用組合はもちろん、Ｘも、将来的に自ら貸付業務等を行うつもりのないことは、明白でした。今後貸付業務等を行う予定がない以上、貸付業務に関する意思表明や意思形成をする可能性もないわけですから、貸付業務を行っていた当時の貸出稟議書を提出しても、自由な意見の表明に支障を来しその自由な意思形成が阻害されるおそれがある、と心配することもありません。以上が、本件において"特段の事情"があると判断された背景事情です。

　この決定理由による限り、"特段の事情"の不存在という要件は、特殊性が高い例外的事案が出てきた場合に備える、ある種の保険のように理解されても仕方がないように思われます。実務においても、文書提出命令の被申立人が、最決平成 11 年 11 月 12 日および、最決平成 12 年 12 月 14 日を引き合いに出して、"特段の事情"が認められるのは、最決平成 11 年 11 月 12 日で示された外部非開示性の要件または不利益性の要件を打ち消すような事情を中核とする、極めて例外的で特殊な場合に限定される、と認識されているようです。最決平成 25 年 4 月 16 日 LEX/DB 文献番号 25505516（判例集未掲載）をめぐる許可抗告申立理由書にも、最高裁の先例として同旨の記載がなされていました。

　最決平成 25 年 4 月 16 日は、最決平成 13 年 12 月 7 日の後、"特段の事情"の存在を認めたことが現在確認できている唯一の最高裁決定です。同決定の本案訴訟は、会社法 847 条 3 項に基づく株主代表訴訟でした。本案訴訟で、Y_1 社の株主Ｘは、同社の MBO（マネジメント・バイアウト）の実施に際して、

取締役 Y_2 らが買付価格の算定に介入するなどの利益相反行為を行い、社外取締役もそれを阻止しなかったとして、善管注意義務・忠実義務違反に基づく損害賠償を請求しました。そして、善管注意義務・忠実義務違反の違法行為を立証するために必要であるとして、Y_1 社の所持する関係文書の提出を求めて文書提出命令を申し立てました。それが本件です。最高裁は、X が Y_2 らの善管注意義務違反の立証に必要であるとした文書のうち、役員ミーティング関連資料や出金伝票・請求書など一部の提出を命じた原々審および原審を支持し、抗告を棄却しました。原々審である神戸地決平成24年5月8日および原審である大阪高決平成29年12月7日は、次のような点に注目して"特段の事情"があると判断し、申立てを一部認容しました。すなわち、まず、本件提出命令申立ての対象となった役員ミーティング関連資料等を調査資料として、Y_1 社内外の各種委員会等の調査が実施されていたこと、次に、それらの調査の結果、本件 MBO に係る Y_1 社の意思形成過程への Y_2 らの不適切な介入の事実が指摘され、公表もされたこと、また、MBO は最終的に頓挫したこと、さらに、Y_2 らは引責辞任したこと、くわえて、本決定時点ではそれから4年ほどが経過して Y_1 社の経営体制や経営状態も変化しており、当時 MBO を実施した Y_1 社が同様の MBO を再度実施する可能性があるとは考え難く、対象文書の所持者である Y_1 社において、当時の買付者側との関係に悪影響が生じたり、Y_1 社内で開示をおそれて自由な協議や意見表明が妨げられたりするような、看過し難い不利益が生ずるおそれがない、という"特段の事情"があることです。

　最決平成13年12月7日と最決平成25年4月16日との間で共通しているのは、実質的には要件（3）の不充足を主たる根拠とする判断ではない、という点です。すなわち、両決定とも、当該文書が自己利用文書該当性の要件のうち、（1）文書非開示性と（2）不利益性の要件を充足しているけれども、（3）"特段の事情"の不存在の要件を充たしていないから、提出義務の対象になる、とされたわけでありません。そうではなく、事案が（1）や（2）の要件に部分的に該当する可能性が皆無ではないものの、提出義務の免除事由とするほどではない、そしてその可能性の低さが、"特段の事情"あり、という判断を後押しする要素となっている、このように考えられます。

こうしてみると、"特段の事情"は、形式的には例外の例外を生み出す要件ではありますが、実質的には他の要件と明確に切り離された、一発大逆転のための伝家の宝刀、というわけではないことがわかります。すなわち、最決平成11年11月12日で示された要件の枠組みは、外形上は今なお判断基準として掲げられているものの、実務上は必ずしもその類型ごとに独立して判断されているとは限らないようにみえます。

(ⅲ) について

220条4号ニの自己利用文書に該当することと、同条3号後段の法律関係文書に該当しないこととは、当該文書が提出義務の対象にならないという共通の結果を導き出します。Ⅱ.2.(ⅲ) およびⅡ.3.(ⅲ) で述べたように、大正15年民事訴訟法下において、内部文書は利益文書・法律関係文書ではないと解されていたことから、現行の民事訴訟法下において、ある文書が220条4号ニの自己利用文書に該当するとされる場合に、これと実質的に同様の概念である220条3号の利益文書・法律関係文書に該当しないとされることは、自然な流れといってよいでしょう。

Ⅳ. その後の動向と今後の展望

1. 判例・学説の展開

最高裁で自己利用文書該当性が問題となった代表的な文書は、最決平成11年11月12日でも問題とされた、金融機関の貸出稟議書といってよいでしょう。自己利用文書該当性の判断は、その後も、同決定で示された判断基準を基本的に踏襲して行われています。貸出稟議書については、同決定直後の最決平成11年11月26日金判1081号54頁や、先に紹介した最決平成12年12月14日で、自己利用文書該当性が肯定されました。また、これもすでに紹介したように、最決平成13年12月7日では、特段の事情の存在を理由に、該当性は否定されました。

自己利用文書該当性が問題となった文書は、ほかにもあります。最高裁が判断を示した種類の文書を紹介すると、自己利用文書と認められ提出義務の対象文書から除外された文書として、たとえば、上述の政務費を支弁して作

成された調査研究報告書（最決平成17年11月10日民集59巻9号2503頁）、政務調査費の使途報告書および領収書（最決平成22年4月12日集民234号1頁）、弁護士会の綱紀委員会の議事録（最決平成23年10月11日裁時1541号2頁。ただし「重大な発言の要旨」の部分のみ）を挙げることができます。

　それに対して、自己利用文書と認められなかった文書は、判断基準の要件を充足しないと判断されたものです。"特段の事情"の不存在の要件を充足していないとされた、最決平成13年12月7日における貸出稟議書、最決平成25年4月16日における役員ミーティング関係資料等は、すでにⅢ.4.（ⅱ）についての（3）で紹介しました。

　外部非開示性の要件を充足していないとの理由で、自己利用文書に該当しないとされた文書として、たとえば、介護サービス事業者のサービス種類別利用チェックリストがあります。最決平成19年8月23日集民225号345頁において、最高裁は、このリストは、介護サービス事業者が、介護給付費等の請求のために審査支払機関に伝送する情報を、利用者の個人情報を除いて一覧表にまとめたもので、第三者への開示が予定されており、自己利用文書には該当しない、と原決定を破棄し自ら判断を下しました。

　不法行為に基づく損害賠償請求訴訟を本案訴訟とする事案で、守秘義務を負うことを前提に提供された非公開の顧客の財務情報等、およびそれに基づいて金融機関が行った、顧客の財務資料等の分析・評価等に関する情報を記載した、金融機関の自己査定資料について、自己利用文書該当性を否定したのは、最決平成19年11月30日民集61巻8号3186頁です。最高裁は、同文書は銀行が、法令により義務づけられた資産査定の前提として、監督官庁の通達において立入検査の手引書とされている、金融検査マニュアルに沿って、債務者区分を行うために作成・保存している資料であり、金融機関以外の者の利用が予定されているので、自己利用文書には該当しない、として破棄差戻しとしました。なおその後、差戻審の東京高決平成20年4月2日金法1834号102頁は、インカメラ手続を行った上で、当該顧客が民事再生手続開始決定を受けていることを勘案し、自己査定資料はそれ以前の財務情報に関するものであり、本案訴訟における証拠価値が高いとして、220条4号ハの職業秘密文書に該当しないと判断し、結論として提出義務の対象文書と

しました。Ⅱ．3．(ⅱ)ですでに紹介した最決平成20年11月25日は、この差戻審の決定の許可抗告審であり、原決定を支持しました。

なお、最決平成26年10月29日集民1615号1頁は、政務調査費の違法支出を理由とする不当利得返還請求を本案訴訟とし、その証明に必要であるとして提出命令が申し立てられた、政務調査費の支出に係る会計帳簿・領収書について、自己利用文書該当性を否定しました。一見すると、これを肯定していた最決平成17年11月10日および最決平成22年4月12日の判例変更のようにも理解できますが、最高裁の示した決定理由は、2009年の条例改正の趣旨でした。すなわち、条例の改正によって、政務調査費の使途の透明性の確保を調査研究活動の自由よりも優先させる、とした政策判断を踏まえると、本件文書は、金額の多寡にかかわらず、県議会議長が直接確認することが予定されており、外部の者への開示が予定されていない文書とは認められない、というのが、本件における最高裁の判断でした。よって、条例が未改正の都道府県については、どのような判断になるのか未知数といわざるをえません。

次に、不利益性の要件を充足していないとの理由で、自己利用文書に該当しないとされた文書です。本案訴訟の電話機器類の瑕疵を理由とする損害賠償請求で、瑕疵の立証に必要であるとして電話機器類の回線図および信号流れ図の提出命令を申し立てた事案で、最決平成12年3月10日民集54巻3号1073頁は、原決定が、外部非開示性のみを根拠とし、不利益性の要件を充足しているか具体的に判断することなく、自己利用文書該当性を肯定したことを理由に、その判断を違法であるとしました。

調査委員会の調査報告書についても、最決平成16年11月26日民集58巻8号2393頁は、自己利用文書に該当しないと判断しました。問題となった調査報告書は、保険業法（平成7年法律第105号）に基づいて、保険管理人が、破綻した保険会社の経営責任を明らかにする目的で設置した調査委員会が作成した文書でした。最高裁は、決定理由において、本件調査報告書は、法令上の根拠を有する命令に基づく調査の結果を記載した文書であり、専ら内部で利用するために作成されたものではなく、調査目的に照らして、旧役員等の、経営責任とは無関係な個人のプライバシー等に関する事項が記載される

ものではない、と判示しました。

また、最決平成18年2月17日民集60巻2号496頁は、金融機関の社内通達文書について、一般的な業務遂行上の指針を示し、あるいは、客観的な業務結果報告を記載したもので、作成内容も意思決定の内容等を各営業店長に周知伝達するものに過ぎないとし、それゆえ金融機関に看過し難い不利益を生じるおそれはなく、自己利用文書にあたらない、と判示しました。

2. 今後の展望

一方当事者または第三者が自分に不利益をもたらす可能性のある文書を所持している場合に、手続法上、その提出をどのような方法でどの程度強力に要求できるように規律するか——それは長い間、大陸法系と英米法系とを分ける大きな相違点とされ、国際民事訴訟における司法摩擦の主要な要因の1つにもなってきました。

最近の世界的潮流として、手続法による提出義務の規律には親和的な傾向があります。日本の220条4号は、両法系のいずれにも完全に属してはいませんが、規律内容が、ドイツ民事訴訟法とアメリカ連邦民訴規則を中心とした両法系を参照したものであることは、立案段階における議論や制定された法規から見て明白です。その結果、法規の解釈に当たっては、彼の国々の議論が参考になりうるとともに、双方の問題点を踏まえた独自の観点や判断が必要になります。

そのような性質の問題に関して、それがたとえ貸出稟議書の自己利用文書該当性に限定されるとしても、現行民事訴訟法施行後数年で判例理論が確立されていたと断じることは、やや拙速に過ぎるのではないでしょうか。本日の材料であった最決平成11年11月12日で示された、自己利用文書の判断基準は、今なお判断の基礎として用いられています。とはいえ、それが判例理論の確定版ないし完成版ではないことは、稟議書以外の様々な文書について自己利用文書該当性が争われている現状をみれば、明らかといわざるをえません。むしろ、そのような短期間で、したがって参照しうる事案や具体的な対象文書の種類も多くない段階で示された判断基準を、確立された判例理論と理解するほうが、安直であるように思われます。

解釈に委ねられているということは、良くも悪くも客観性が完璧には確保されないことを意味します。その法規の運用は、柔軟性と法的不安定性を併せ持ち続けます。もちろん、一定の方向性を示しておくことによって、解釈の説得力を高めることは可能です。個々の事案にもよりますが、220条4号の除外事由については、基本的な方向性としては、民事訴訟法において、立法によって一般的文書提出義務の原則化に舵を切った以上、その趣旨を尊重し、できる限り除外を認めない方向性をとることが望ましいでしょう。それよりも具体的な基準は、判例・学説を積み重ねながら、着実にかつ可能な範囲内で構築していくべきではないかと考えます。急がば回れ、それが長い目で見て堅固で信頼の高い判断基準を早期に確立することにつながるのではないでしょうか。

【参考文献】
①判例評釈
小野憲一・最判解民平成11年度〔下〕772頁
大村雅彦・平成11年度重判解123頁
小林秀之・判評499号205頁
②論稿
三木・手続運営517頁
山本・研究421頁
長谷部・手続原則39頁
③体系書
伊藤・388-395頁、420-447頁
小林・347-364頁
新堂・395-414頁
高橋・重点講義〔下〕143-213頁
中野ほか編・362-377頁〔春日偉知郎〕
松本＝上野・507-538頁〔松本博之〕
④コンメンタール
秋山ほか編・Ⅳ 371-426頁、445-447頁
条解二版・1188-1249頁〔加藤新太郎〕、1250-1258頁〔松浦馨＝加藤新太郎〕
高田ほか注釈486-622頁〔三木浩一〕

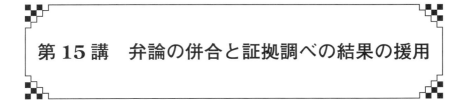

第15講　弁論の併合と証拠調べの結果の援用

第15回は、弁論の併合と証拠調べの結果の援用について説明をします。最判昭和41年4月12日を材料として使用します。これについては、判例百選Ⅱ新法対応版117番に、小松良正助教授（当時）の解説がありますので、これも参照してください。

Ⅰ．訴訟の併合とは何か

XのY1に対する訴訟と、XのY2に対する訴訟が裁判所の併合決定によって、1個の訴訟（ただし訴訟物は2つ）となる場合が第1のかたちであります。この場合は、裁判所の併合決定によって、XのY1およびY2に対する共同訴訟となります。しかし、訴訟手続の個数としては、2つあった訴訟が1個の訴訟手続となるのであります。

この場合の併合は、もともとXがY1・Y2を共同被告として共同訴訟を起こせたのに（38条前段参照）、別訴を提起してしまった場合に、裁判所の決定によって1つの訴訟にまとめて、弁論、証拠調べおよび裁判を同時に行うことによって、裁判所、当事者の訴訟経済と裁判の矛盾回避を図るために行われるのであります。

なお注意事項を申し上げておきます。このかたちの併合の場合、併合される2つの訴訟が同じ裁判官の下に係属している場合と、異なる裁判官の下に係属している2つの訴訟が併合される場合があるということであります。このことは証拠調べの直接主義との関係で、併合後の証拠調べに対して重大な影響があるので注意する必要があります。

併合の第2のかたちは、XがYに対してAを訴訟物として訴えを起こし、

次に同じくXがYを被告にして、今度はBを訴訟物として別訴を起こした場合に、2つの訴訟の間に民事訴訟法136条の併合要件が具備しているとき、併合決定によって、1つの訴訟を作り上げるのであります。この場合もXが当初からA、B、2個の訴訟物を持って併合訴訟（136条）を起こせたのに、Xがそれをせずに別個に2つの訴訟を起こしてしまったとき、裁判所がこれらを1つにまとめて、訴訟経済と裁判の統一を図ろうとするものであります。

この場合も注意事項があります。すなわち、このかたちの併合の場合は、併合前に、訴訟も訴訟物も2つあり、しかも当事者が同じである点が第1のかたちと違うのであります。併合前それらの訴訟を同一の裁判官が担当していた場合と、別の裁判官が担当していた場合とで、証拠調べの直接主義からみて重大な相違があるということになります。

II. 併合後の訴訟手続の基本的性格

1. 併合後の手続の進め方

XのY1、Y2に対する2つの訴訟は、民事訴訟法152条の併合決定がなされることにより、2つの訴訟は当初からY1・Y2を共同被告とする共同訴訟であったものとみなされます。またXのYに対するA訴訟物を持つ訴訟と、XのYに対するB訴訟物を持つ訴訟とが、民事訴訟法152条で併合決定されると、1つの訴訟が形成され、この訴訟は、当初から同一当事者の請求の客観的併合として提起されたものとみなされるのです。

現実には、第1の形の場合も第2のかたちの場合も、2つの訴訟が存在したのが客観的事実であるけれども、併合決定により裁判所はもともと共同訴訟または請求の客観的併合として、自分のところに係属していた1つの訴訟手続であったかのように、事後の手続を進めることになります。ここに併合決定後の訴訟手続の基本的性格があるのであります。その結果、Y1、Y2は1個の共同訴訟の被告となり、Y1はY2関係の訴訟物のために証人にはなれないことになります。またY2もY1のために証人にはなれないことになります。Y1、Y2はいずれも、民事訴訟法207条の本人尋問の対象となるので

あります。ただし、2つの訴訟物が関連性を持つからそのようになるのであって、ある特定の立証事実がY2に対する訴訟物判断にはまったく関係がない場合には、Y2は併合決定後も、Y1の訴訟物のために証人となることができます。

XのY1に対する訴訟とXのY2に対する訴訟が併合される前の状態においては、Y1関係の訴訟にとっては、Y2は訴訟外の第三者であり、証人適格を持っていたけれども、併合決定後はもはや証人となることはできないのであります。これが併合決定による第1の効果であります。

2. 併合前訴訟行為の効力の存続

併合決定により2つの訴訟が当初から1つの訴訟であったとみなされる第2の効果は、過去（併合前）の2つの訴訟における訴訟行為の効力が、併合後の1個の訴訟の中で、そのまま有効なものとして承継される点に現れます。これは当事者の行為、すなわち申立て、主張を含み、裁判所の行為、とりわけ証拠調べの結果としての証拠資料は、そのまま有効として、併合により作出された1個の訴訟に引き継がれることになります。

たとえば、併合前にXのY1に対する訴訟の中で、Y2が行った証拠申請も、事実の主張及び認否も有効なものとして引き継がれるのです。裁判所は、Y1に対して本人尋問（207条）をしていれば、それも引き継がれます。第三者を証人として取調済みであれば、それも有効として引き継がれるのです。書証も引き継がれます。この効力の存続こそ、併合制度の目的である訴訟経済と裁判の矛盾回避を支える基礎であります。このことを否定すると、併合の制度はまったく成り立たないのであります。

XがYに対し2つの訴訟を別個に提起しております。第1の訴訟はAを訴訟物とし、第2の訴訟はBを訴訟物としています。いま併合決定により、これら2つの訴訟が1つの訴訟手続に結合されました。この場合には、訴えの変更があったと同様の状態が発生します。A訴訟物が係属していたところにB訴訟物が加わるからであります。実質的にこれは訴えの変更であります。一般に訴えの変更があった場合に、変更前に当事者双方が行った訴訟行為は、そのまま訴えの変更後に、その効力が引き継がれると解釈されており

ます。これなくして訴えの変更の意味はありえないのであります。このように訴えの変更の場合の訴訟行為の効力の存続と同様に、併合の場合を理解していくことになります。なお訴訟行為の効力の存続については例外を認めざるをえませんが、これについては後に説明をします。

なお従前の訴訟行為の効力が併合後の訴訟において存続するという場合には、証拠の種類の変化を受けないというのが原則であります。従前各個の訴訟で書証であったものは書証として、本人尋問は本人尋問として、証人は証人として、それぞれの性質を保持したまま、併合後の1個の訴訟により受け入れられるのです。これが証拠調べとの関係でも、併合はあたかも当初から1個の訴訟手続であったかのようにみなされるということの意味であります。

Ⅲ．当初よりの共同訴訟・請求の客観的併合の擬制の例外

1．裁判上の自白

併合決定により初めから共同訴訟であったかのように、併合後の訴訟を進めるといっても、これにより従前2つの訴訟が実在していたという客観的事実は無視することはできません。ことに、これを無視することによって、民事訴訟法の基本原則が侵害され、併合後の合理的な審理、裁判を期待しえない結果となる場合は、例外を認める必要があります。裁判上の自白（179条）はその1例であります。

裁判上の自白は、自白者が自白時点でその時の訴訟の訴訟物を見つめて行うものであります。したがって、たとえば争点を集約するために、客観的事実に反してある相手方の主要事実を自白し、他の争点に勝敗をかけることは、民事訴訟法としては当然肯定的に受け入れるところであります。これは不真実を自覚して行う自白であるから、錯誤による自白ということはできず、後でこの自白を撤回する余地はなくなるのであります。

しかし、2つの訴訟が併合により、1個の訴訟手続となり、したがって、そこでは2個の訴訟物A、Bが審判の対象となるので、かつて併合前にA訴訟物をみつめて行った不真実の自白が、そのまま併合後、B訴訟物にも有効として効力を及ぼすことには問題があるといわれております。

かくしてドイツでは併合による請求の客観的併合の場合に、併合前になされた裁判上の自白は、その自白が向けられていた特定の訴訟物に限って、効力を存続させるべきだという学説が主張されております。
　これに対し、反対説は、次のように述べます。たしかにXのYに対するA、B2個の訴訟の併合によって訴えの変更と同じ訴訟状態になるけれども、訴えの変更の場合には、2つの訴訟物の間に関連性があるのであるから、自白はA訴訟物に向けられてなされたものであっても、B訴訟物との関係でも効力を維持させるべきであるというのであります。そして、冒頭に述べた同一当事者の2つの訴訟の併合にせよ、当事者の異なる2つの訴訟の併合にせよ、併合後の担当の裁判官が併合される事件の裁判官と別人である場合には、証拠調べの直接主義には反するけれども、訴訟経済を優先させて、自白の効力を新訴訟物にも及ぼすべきであるというのであります。
　私は、併合後は新たな訴訟物が現れ、被告はこの訴訟物との関係で利害を分析して自白したのではないのでありますから、併合後は、自白者から異議あるときは、旧訴訟物との関係に限って、自白の効力を存続させるべきだとする見解に賛成であります。この場合、併合前の自白は自白の効力の及ばない新訴訟物に対しては、裁判外の自白として参考にしうるに留まると解釈したいのであります。そうしないと自白によって争点を絞るという当事者の作業に支障をきたすからであります。

2. 事後的共同訴訟と自白

　XのY1に対する訴訟と、XのY2に対する訴訟が併合決定によって1個の訴訟となった場合、従来Y1が行った裁判上の自白はどうなるか。これは併合によって共同訴訟人独立の原則が働くことになるので、Y1の自白がY2関係で効力を持つはずはないと解すべきであります。

3. 証拠の申立てと併合後の訴訟

　すでに説明したように、証拠の申立ては、その効力を存続させます。問題はその証拠の申立てが併合後の新訴訟物との関係でどうなるかであります。
　併合後の裁判官は、新訴訟物の出現という新たな訴訟状態にあわせて、証

拠申請書を必要に応じて訂正させ、併合後のA、B訴訟物全体について証拠資料を入手できるようにするチャンスを、当事者に与えるべきであります。

しかし、当事者から訂正申立てがなく、そのままその申立てによって、たとえば証人を取り調べたときは、証拠共通の原則によって、A、B2つの訴訟物判断に、その証拠資料を用いうることはいうまでもありません。

4. 併合前の別件の証拠資料

併合前には、XのY1に対する訴訟と、XのY2に対する訴訟が実在していました。民事訴訟法の一般原則として、別件訴訟の証拠資料は書証として提出されます。つまり、Y1の訴訟で実施された証人尋問、鑑定人尋問、本人尋問の結果などは、いずれも取調べ結果を書証としてY2関係の訴訟に提出するのが理論の要請であり、実務もそのようにしているのであります。

ところで併合により当初から共同訴訟であったかのように取り扱うとか、当事者同一の場合の併合では、当初から請求の客観的併合（XのYに対する2つの訴訟の併合）があったのと同様に取り扱うという原則と、別件訴訟の証拠は書証で利用するという原則とはどのように調整されるべきかの問題が、日本でもドイツでも提起されております。この場合は結論として、証人調書は証人尋問として、鑑定人調書は鑑定として受け入れ、判決理由にはそのように記載すべきであって、書証として取り扱うべきではありません。Y1の訴訟に証人調書、鑑定人調書はすでに含まれているのであるから、それをY2の訴訟に併合前に書証として提出してあったとしても、これを併合後に書証として取り扱う必要はありません。併合後にこれらの重複した書証は撤回させるのが正当であります。当事者が撤回してくれない場合には、これを無視して自ら証拠調べを直接行ったのと同じように、判決事実と理由を書くべきであります。

5. 証人が共同訴訟人となった場合

併合前にY1を証人として、Y2関係の訴訟ですでに取り調べてしまった場合、この証人は、併合後は共同訴訟人たる地位に立つので、この場合の証拠の種類を併合後の裁判官は、どう取り扱うべきかの問題があります。

この点はドイツの文献でも見当たらない問題であります。しかし、併合によってできるだけ当初から共同訴訟であったのと同様に取り扱うのが併合というものの基本的性格なのであるといっても、私はY1の証人調書をY2の本人尋問の結果と読み替えて取り扱う必要はないと思います。この段階ではY1は証人として宣誓して証言しており、偽証罪も成立するのであります。そのまま証人として証拠資料を評価してよろしいと思います。

6. 併合後の証拠調べの再施の必要性

　併合後の裁判官は、当初から2つの訴訟が共同訴訟、または同一当事者間の請求の客観的併合がなされていたかのように扱うべしという原則も、証拠調べの大原則である直接主義 (249第3項) に抵触する場合には、重大な変容を受けるのです。

　すなわち、XのY1に対する訴訟に、XのY2に対する訴訟が併合された場合、併合後の1個の訴訟は、従来のXのY1に対する訴訟の受訴裁判所が審理し裁判することになります。ゆえにこの裁判官は、他の訴訟の中で取り調べられた証人の顔を見ていないのであります。したがって、民事訴訟法249条第3項の趣旨から、このような場合は、当事者の申立てがあれば、裁判所はその証人の再尋問をする義務があり、これをしなければ上告理由になると解されます。ただし、責問権の放棄または喪失はありうるのです (90条)。この点は同じ結論になるけれども、当事者の証人尋問権 (202条) によっても根拠づけることができます。Y2の訴訟で証人Zが取り調べられた場合、Y1は証人尋問権を行使する機会がなかったのであるから、Zの証言をY1の訴訟物判断に用いることは、証人尋問権の侵害であります。当事者がこれに固執するとき、すなわちその証言の利用に対する異議が提起されるときは、裁判官は必ず証人調べを再施しなければならないのです。

7. 併合前証拠資料の利用目的

　これは併合前の証拠を併合後利用できるかという問題とは別個であります。それを利用できるとした場合に、利用の目的、対象 (争点) に制限があるかの問題であります。すなわち、併合によって請求の客観的併合となる場

合（同一当事者間の2個の訴訟の併合）も、併合によって共同訴訟（Y1、Y2が共同被告となる）となる場合も、併合前に得られた証拠資料を利用する場合に、その目的に制限があるかの議論であります。裁判上の自白について述べたのと同様に、個々の証拠はいずれも特定の訴訟物をみつめて行うのでありますから、職権による併合によって突如現れた新訴訟物に対して、その証拠資料が用いられることは、当事者として耐えられない結果だという見解があります。これは訴えの変更前の証拠資料を、訴えの変更後の訴訟物に当然に用いうるかの議論と同じ性質のものであります。

　これについてもドイツでは、肯定・否定の両説が対立しています。しかし、訴えの変更の場合にせよ、併合による共同訴訟の場合にせよ、併合による結果的な請求の客観的併合の場合にせよ、従前の証拠資料は使用してよいと解すべきであります。Y1関係の証拠資料をY2関係に用いることは、すでに共同訴訟人間の証拠共通の原則の認めるところであり、自由心証のはたらく範囲内の問題として、すべての従来の証拠は、その効力を新訴訟物との関係で存続させてよろしいと思います。ただし、それらの証拠資料は取調べ段階で、特定の訴訟物を指向して裁判官が受納したものでありますから、新訴訟物にそれを用いることに不都合、誤解、不十分を感じる当事者から証拠調べの再施の申請があれば、必ず採用する義務が裁判所にはあると思います。とりわけXのY1に対する訴訟における証拠調べの結果を、XのY2に対する訴訟で利用する場合には、Y2はこの証拠によって共同訴訟人間の証拠共通の原則を通して強い影響を受けるので、Y2の訴訟にこの証拠を使用する場合に（使用は適法です）、Y2の再尋問の申請を認める義務が裁判官にはあると思います。Y2の反対尋問権を尊重する立場からもこれは不可欠であります。この再尋問の申立てを、裁判所の裁量問題と考える見解もありますけれども、不当であります。

Ⅳ．本件事実関係と判旨

1．事実関係

　本件不動産の登記簿の状態は、XからY1へ、Y1からY2に、それぞれ売

買を原因として所有権移転登記がなされています。Xの主張によれば、これらの売買はいずれも無効であります。そこでXはY1、Y2に対し各売買の無効確認及び各所有権移転登記の抹消登記請求の訴えを起こしました。これはY1、Y2を共同被告とした1個の訴訟でありました。Y1はXの娘婿であり、Xの主張を全部認めています。

現在の所有名義人であるY2は、Xの主張を争い、次のようにいいます。すなわち、X及びY1がその債務を支払わないときは、Y2が本件不動産を代物弁済で取得すること、その方法として、XからY1に、Y1からY2に所有権移転登記をすることになっており、必要な登記書類をXからY1を通してY2が預かっていたのだ、そして案の定X、Y1は債務を履行しないので、約旨にしたがって移転登記したものであるから、Xの主張（イコールY1の主張）は失当である（本件はこの代物弁済の主張が中心的争点であった）、と。

第1審裁判所はXがY1、Y2に対して提起した共同訴訟を2つに分離しました（152条1項）。すなわち図示すると以下の通りです（第1段階）。

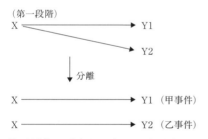

注：甲事件では請求原因に争いがなく、証拠調べは、争いある乙事件で行われました。

甲事件では、被告Y1はXの主張事実を全部認めたので、第1審裁判所は分離後、即日甲事件を終結しました。一方、乙事件ではXとY2が激しく争い、双方の主張と立証が行われました。甲事件の方は、前述のとおり、Xの娘婿であるY1がXの主張を認め、手続は終結されましたが、第1審裁判所は長く判決を下さず、しかもその後、甲事件につき弁論を再開しました（153条）。

Y2は現在の登記簿上の所有名義人であり、乙事件でXから抹消登記請求

を受けています（乙事件）。ところでY2の立場から甲事件を眺めると、XとY1は馴れ合っており、しかもY1への移転登記はY2の所有権の前提をなしています。XのY1に対する抹消登記請求は、Y2の所有権主張と実体法的に相容れない関係にあります。

そこで、Y2は甲事件の当事者であるXとY1とを相手方として、民事訴訟法47条の独立当事者参加の申立てをしました（丙事件）。この事件の訴訟関係を図示すると以下の通りです（第2段階）。

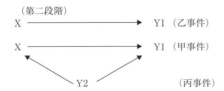

注：47条参加では、訴訟手続の数は増えません。もともと訴訟物は、XのY1に対するもの、Y2のXに対するもの、Y2のY1に対するもの、合計3つです。けれども、甲訴訟と丙訴訟という2つの訴訟が存在するわけではありません。47条参加後も、1個の訴訟が存在するだけです。ただ、ここでは、Y2のX、Y1に対する訴訟関係を便宜上、丙と称します。

次に、第1審裁判所は乙事件に、甲と丙の事件を併合しました。正確には、乙事件に1個の参加訴訟を併合したというのが正しい、甲と丙の2つの訴訟手続が存在したわけではないからです。図示すると以下の通りです（第三段階）。

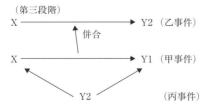

注：甲事件と丙事件は訴訟上の請求は別箇ですが、訴訟は1個です。この1個の訴訟（三面訴訟）が、乙事件に併合されたと表現するのが正確です。

乙事件に（甲＋丙）の1個の訴訟が併合されたけれども、主張および証拠調べを行ったのは、前述の通り、別個の訴訟である乙事件においてでした。（甲＋丙）の訴訟でも、争いのない甲事件でも、証拠調べはほとんど行われませんでした。かくして第1審は乙に甲と丙とを併合した上で、乙事件の証拠を（甲＋丙）の訴訟に導入し、即日終結して、全事件について判決するという道を進みました。このことを分析してみると、実は併合時にすでに乙事件は判決に熟していたのであり、（甲＋丙）の事件の審理としては、裁判所は実質的に何もやっていなかったのです。このように、判決だけを同時に行う目的で併合することは、適法なりやの根本的問題がここにあります。本件最判は、このような併合の適否を下級審に対して指導する感覚は持っていないようで残念であります。

　最後に併合された事件（乙＋甲＋丙）に何が起こったかについて説明します。

　まずXは、乙事件の主張・立証を援用しました。Y2は、同じく乙事件の主張・立証を援用しました。Y1はY2の主張を否認すると述べました。

　かくして第1審は、無内容な（甲＋丙）の参加訴訟に、乙事件の主張と証拠資料を持ち込んだと考え（ここが本件の問題点です）、これらの資料に基づいてXの全請求につき勝訴の判決を下しました。

　Y2から控訴しました。

　ところで第1審の訴訟行為は控訴審でも有効です（298条1項）。ただし、控訴審がこれを用いて裁判をするには、口頭陳述の手続が必要です（296条2項）。本件でも、この手続を経て第1審の主張・立証は、控訴審に導入されました。控訴審は、これらの第1審資料にくわえて、自ら証人1人、本人1人の証拠調べをし、この資料をくわえて自判した結果は第1審判決の取消し、Y2の勝訴でした。

　問題はこの原審判決の当否ですが、実は、第1審で、乙事件の証拠で（甲＋丙）の請求について裁判したことが適法なのかに遡ることになったのです。Xは第1審で勝訴していたが、第2審で逆転されたので上告しました。

2. 上告理由と判旨

(1) 上告理由

Xは第1審に遡って、乙事件の証拠で、甲、丙の訴訟の判決を下した点について上告理由で攻撃しました。曰く、「XのY1に対する訴訟とY2に対する訴訟とは単なる共同訴訟に過ぎないものとすれば、Y2に対する訴訟（乙事件）は本件参加訴訟（甲＋丙）に対しては、法律上全然無関係な別訴訟となる。そこでもし参加訴訟（甲＋丙）の当事者が右事件の主張並びに証拠に供しようとすれば、適式な方法によってこれを採用しなければならないことは当然と思料する。もっとも第1審第19回口頭弁論調書には『参加人Y2は従来の主張・立証を援用する』旨の記載はあるが、ここに従来の主張．立証とは、XのY2に対する訴訟（乙事件）における主張・立証と解する外ないが、右述のごとく該訴訟が参加訴訟に対しては、全然別個の如何なる証拠を如何なる方法によって援用したのか不明である。

例えば、別訴の書証は、これを記録として援用するのか、はたまたこれと同一文書を直接提出する趣旨か、また、証言や本人訊問の結果の援用もこれらの調書を書証として援用する趣旨なのか、はたまたそのまま人証として援用する趣旨なのか。」

(2) 本件判旨

「…数個の事件の弁論が併合されて、同一訴訟手続内において審理されるべき場合には、併合前にそれぞれの事件においてなされた証拠調の結果は、併合された事件の関係のすべてについて、当初の証拠調と同一の性質のまま、証拠資料となると解するのが相当である。けだし、弁論の併合により、弁論の併合前になされた各訴訟の証拠資料を共通の判断資料として利用するのが相当だからである。

したがって、XとY2間の訴訟（乙事件）においてなされた証拠調の結果が、併合された他の事件についても、前記認定の訴訟の経過のもとでそのまま証拠資料とすることができることを前提とした原審の訴訟手続は相当であって、この点に違法はない。」

V. 本件併合決定は不適法

　これは本日のメインテーマではないけれども、第1審が乙事件で全面的に証拠調べを実施し、結論がでた段階で、乙事件に参加訴訟を併合したのは不適法であります。これが私見であると共に、ドイツの通説でもあるということができましょう。というのは、併合という制度は2つの訴訟を1つにまとめて、そこで弁論、証拠調べ、裁判の3つを共同して行うことにより、訴訟経済と裁判の統一を図ろうとするものであります。したがって、できるだけ早い時期に、遅くとも証拠調開始前に併合するのが理想的なかたちだからであります。証拠調べが2つの訴訟であらまし峠を越える時点で併合するというのは拙劣な訴訟指揮であり、併合の目的を達成しえないだけでなく、併合後の審理を錯雑にします。ドイツでもその例が多発しており、上級審で証拠調べの直接主義をはじめ、いろいろの手続上の問題を引き起こしているのであります。

　さて併合制度の上記の目的からして、裁判に熟した事件を他の事件に併合したり、他の事件をそれに併合したりするのは許されないのであります。本件では、乙事件のみで証拠調べを行い、その終わったところで、乙事件に参加訴訟（甲＋丙）を併合し、直ちに両事件の審理を終結したのは誤りであります。乙事件は裁判に熟したのであるから、一切もう併合は許されず、民事訴訟法243条第1項により終局判決をしなければならないのであります。

　遡れば、まず第1審は、乙事件に参加訴訟を併合してから証拠調べをすべきであったのです。本件の取扱いは不適法であったのです。

VI. 併合と裁判官の更迭

　民事訴訟法249条第2項は、「裁判官が変わった場合には、当事者は従前の口頭弁論の結果を陳述しなければならない」と定めています。したがって、併合により併合される訴訟の裁判官は、その事件から離れることになり、併合する方の事件の裁判官が併合後の訴訟の審理・裁判を担当すること

になります。いま乙事件に参加訴訟という別個の事件を併合する場合を考えてみます。乙事件の裁判官は口頭主義に則って参加訴訟の申立て・主張・証拠調べを受け取っていないのでありますから（裁判官が同一でない場合）、参加訴訟については裁判官更迭の規定にしたがって、弁論の更新をする必要があると解されます。これは口頭主義遵守の問題であります。

　併合は一般に、もともと同じ裁判官のもとで共同訴訟、または請求の客観的併合があったのと同様に取り扱うのが原則であります。しかし、客観的事実として別個の訴訟として係属し、かつ別個の裁判官が担当していた場合は、改めて口頭で弁論をやり直す必要があります。換言すれば、弁論の更新が必要であります。

Ⅶ. 別個事件の証拠の導入方法

1. 問題の所在

　一般論として、甲訴訟と乙訴訟を併合した場合に、乙訴訟の証拠資料を甲訴訟の判断に使用し、または甲訴訟で取り調べた証拠資料を乙訴訟の訴訟物判断に用いる場合に、どのような手続が必要かについては学説が別れています。

2. 第1説（書証による援用必要説）

　この説は、たとえ2つの訴訟が併合されても、この2つの訴訟は別訴訟であり、それぞれの訴訟で行われた証拠調べの結果は、併合により当然にはもう1つの訴訟の証拠にはならないと説くのです。そして併合後の口頭弁論で、甲事件の証拠を書証として乙事件に提出すべきであると説きます。援用という言葉の意味ははっきりしませんが、この説は、書証提出により援用すると説くのですから、中身は書証提出説であり、援用イコール書証の提出と解してよいと思います。

　この説は、次のような批判を受けています。そもそも併合という制度は、2つの別個の訴訟を結合して、できるだけ当初から併合済み（共同訴訟・請求の客観的併合）として手続が進められてきたようにみて、併合後の審理・裁判

を行うという制度であります。この第1説は、このような併合制度の本質に真っ向から抵触するのであります。

この説は、一般の併合なき場合の別件訴訟の証拠の書証による利用と同じように考えるところに誤りがあります。

3. 第2説（援用必要説）

この説は、証拠不変化説ともいわれます。この説によると、甲事件の証拠を乙事件に導入するためには、この証拠を乙事件で援用することが必要であると説くのであります。援用がなければ甲事件の証拠は乙事件の証拠とはならないと説くのであります。

ただし、この説は、援用によって甲事件の証拠は乙事件の証拠となるけれども、証拠の種類は同一性を保ち、第1説のように書証となるものではないと説きます。すなわち、第1説では、甲事件の証言は、乙事件に証人調書という書証として導入され、検証の結果も乙事件に導入されるのは、検証調書（これに検証の結果が記載されています）という書証であるとするのであるが、第2説は、証人は証人として、検証は検証として、証拠の種類に変更を受けることなく、そのままの性質で、乙事件で用いられると説くのであります。

以下に、この説に対する批判を述べます。

この説によると、せっかく2つの訴訟を併合しても、当事者が援用してくれなければ、甲事件の証拠調べの結果を用いて乙事件を裁くことは許されないことになります。これは併合制度の破壊を認める説であると評価せざるを得ません。

たしかに、この説は、次のような観点から一理ある見解ではあります。すなわち、甲事件と乙事件の当事者が異なる場合に、勝手に裁判所が職権で併合して甲事件の証拠資料が乙事件に流れ込み、乙事件の当事者は、これによって重大な不利益を受け、これを覆すための立証という新たな負担を強制的に課せられることになります。自分の訴訟物は自分と相手方の証拠とで裁いて欲しいという弁論主義の考え方からいうと、証拠資料を当事者が完全に支配することを認めようとする点で、確かにこの説は傾聴に値するところがあります。

しかし、私はこれには賛成しかねます。民事訴訟法39条の共同訴訟人独立の原則は、申立てや主張・認否については貫徹することが望ましいが、一方、共同訴訟における証拠調べは、裁判官の自由心証を弁論主義に優先させ、関連事件の豊富な証拠資料によって、統一した事実認定を可能にすることが望ましいとされております。これを共同訴訟人間証拠共通の原則という。共同訴訟人間の証拠共通の原則は、証拠資料の範囲について当事者の決定権を剥奪しているのであります。この原則により自分の事件からみて、いわば他人の提出した証拠を覆す必要が併合により新たに発生するとしても、それは共同訴訟の訴訟経済と裁判の統一の理想から忍ぶべきであると思います。

　ただし、これによって、新訴訟物の出現との関係で、新たな証拠の申出があれば、これを却下することは違法となります。当事者権の尊重の原理からそう解釈するのが正しいと思います。

　当事者が同一である2つの訴訟の併合の場合は、実質的には訴えの変更となり、かつ、請求の客観的併合となるのでありますが、援用によって証拠資料を限定するのはますます不合理と言わなければなりません。一般の訴えの変更前の証拠調べについてと同様に、援用なくして、もう1つの訴訟物に利用しうるとみるのが正しいと思います。

　ただこの第2説が、併合によって証拠の種類・性質は変わらないとする点は正当であります。併合とは、当初から併合されていたのと同様に考えて事後の審理・裁判を行う制度だからであります。

4. 第3説（援用無用説）

　甲事件の証拠を併合された乙事件に使用するには、当事者の援用はいらないと説きます。証拠の当然承継説であります。この説は、証拠の性質をそのまま変更を受けることなく併合後の訴訟で、ことに乙事件の判断にも用いられると説くものであります。

　私はこの説に賛成であります。その根拠は、併合というものは、弁論、証拠調べ、裁判を共通にする制度でありますが、その目的を併合によってあたかも従前から併合されていたのと同様に取り扱うことによって、併合制度の

目的を達成しようとする制度であるからであります。訴えの変更の場合および共同訴訟の場合は、一般に前者では従前の証拠を、後者では他の共同訴訟人の提出した証拠が効力を維持して使用されるのであります。証拠資料の範囲を当事者の援用に依存させることは、併合の破壊以外の何ものでもありません。

5. 注意事項

従来の別事件の証拠を使用してよいということは、証拠調べの再施の申立ての拒否の問題とは別問題であります。甲事件の証拠が、別個の訴訟物を持つ乙事件に流れ込むのでありますから、これにより不利益を受ける可能性を持つ当事者の再尋問権を肯定すべきであります。

Ⅷ. 本件上告理由と判旨の検討

1. 上告理由について

本件上告理由は乙事件と参加訴訟とは「全然別個」の訴訟というところからみると、書証援用説に立っているようにみえます。ただ「援用する」というだけでは、どの証拠が援用されたか具体的に明確にならないといっているところからしますと、別件乙事件の個々の証拠をひとつひとつ書証として、参加訴訟に導入するのが正しいと考えているようにもみえます。そうだとすれば、この上告理由は失当であります。乙事件の全証拠をまとめて、援用（提出）なくして、そのまま参加訴訟に用いうるというのが援用無用説であり、これが正当であります。ただ本件では併合の時機が遅れており、乙事件について裁判に熟しているのに（243条1項）併合した点に不適法があります。

2. 本件判旨

本件判旨は援用無用説に立っていると思います。併合の本質に合し、判旨は正当であります。ただ注意すべきは、併合後の口頭弁論でY1が、乙事件の証拠の参加訴訟への利用に対し異議を述べれば、乙事件で行った全証拠調

べを再施しなければならない関係にあります。Y1 の証拠調べの立会権が侵害されることになるからであります。

【参考文献】
①判例評釈
石川明・百選〔2 版〕96 頁
伊藤眞・続百選 138 頁
奈良次郎・曹時 18 巻 6 号 101 頁
②学術論文
井口牧郎「証人尋問と弁論の併合分離」実例法学上 290 頁
井上・これからの民訴 187 頁
栂善夫「弁論の併合と証拠資料」法教 76 号 130 頁
③体系書
伊藤・290-291 頁
新堂・557-58 頁
中野ほか編・275-277 頁〔本間靖規〕
松本・上野・397 頁〔松本博文〕
④コンメンタール
秋山ほか編Ⅲ・348 頁以下
条解二版・929 頁以下〔新堂幸司＝上原敏夫〕
注釈民訴（3）204 頁以下〔加藤新太郎〕

[付録] その他の参考文献

各講の末尾に掲載したもののほか、以下のような参考文献がある。

第1講
①判例評釈
池田辰夫・百選〔4版〕20頁
上野泰男・百選〔3版〕32頁
川嶋四郎・リマ2015年(上)113頁
栗原伸輔・百選〔5版〕20頁
下田文男・百選〔3版〕30頁
田邊誠・百選〔4版〕23頁
同・百選〔5版〕24頁
山本和彦百選〔4版〕26頁
山本克己・平成6年度重判解118頁
山本弘・百選〔3版〕28頁
②学術論文
伊藤・当事者(有斐閣、1978)72頁
古積健三郎「入会権をめぐる訴訟の形態について」加藤古希上587頁
下村眞美「法人でない団体の当事者能力」法教363号12頁
高見進「法人格のない団体の訴訟と判決の効力」瀬川397頁
永井秀典「総有的所有権に基づく登記請求権」判タ650号250頁
中島弘雅「当事者能力」争点58頁
名津井吉裕「法人でない社団の当事者能力における財産的独立性(1)(2)」民商144巻4＝5号466頁、145巻1号20頁
長谷部由起子「法人でない団体の当事者能力」成蹊法学25号131頁
福永・当事者論501頁
堀野出「法人格のない社団をめぐる権利義務関係と当事者適格の規律―マンション管理組合、民法上の組合の当事者適格」松本古稀109頁
③体系書
兼子・体系110頁
高橋・概論7-10頁
④コンメンタール
笠井・越山編・140頁〔下村眞美〕

第2講
①判例評釈
酒井博行・百選〔4版〕42頁

納谷廣美・続百選28頁
本間義信・百選〔第2版〕15頁
松本博之・百選Ⅰ110頁
同・百選〔第3版〕48頁
②学術論文
立川共生「訴訟当事者としての法人の代表者の確定と登記簿の機能」判タ247号60頁
豊水道祐「商事会社の訴訟代表と商法第9条との関係」松田在職下1103頁
本間靖規「法人の代表者」演習民訴222頁
本間義信「法人の代表」民訴演習Ⅰ63頁
同「法人訴訟における代表者」争点〔新版〕110頁
③体系書
高橋・概論18-19頁
④コンメンタール
賀集ほか編(1)106頁〔難波孝一〕
笠井・越山編・139頁〔下村眞美〕
菊井＝村松Ⅰ343頁

第3講
①判例評釈
船越隆司・宗教百選46頁
谷口安平・宗教百選〔第2版〕102頁
五十部豊之・百選〔第2版〕56頁
中島弘雅・百選Ⅰ102頁
八田卓也・百選〔第3版〕42頁
芳賀雅顯・百選〔第3版〕260頁
本間義信・民商63巻1号65頁
②学術論文
高地茂世「法人の内部紛争をめぐる訴訟における当事者適格」法律論叢（明治大学）6巻5号101頁
中島弘雅「法人の内部紛争における被告適格論・再論」新堂古稀上731頁
井上・民事手続67頁
福永・当事者論384頁
高橋宏志「審判権の限界」争点18頁
③体系書
高橋・概論98-99頁
三木ほか・379-381頁、457-458頁
④コンメンタールほか
笠井・越山編・447頁〔岡田幸宏〕
三宅ほか・注解Ⅱ500頁〔稲葉一人〕

第 4 講
①判例評釈
斉藤秀夫・判評 146 号 124 頁
住吉博・判タ 259 号 54 頁
中野貞一郎・続百選 36 頁
名津井吉裕・百選〔3 版〕40 頁
同・民商 65 巻 4 号 617 頁
松原弘信・百選Ⅰ 100 頁
②学術論文
伊藤眞「任意的訴訟担当とその限界」争点 106 頁
鈴木重勝「任意的訴訟担当の限界」法教二期 4 号 129 頁
染野義信「任意的訴訟担当の許容性とその限界」争点〔旧版〕88 頁
八田卓也「任意的訴訟担当」争点 60 頁
福永有利「任意的訴訟担当の許容性」中田還暦 75 頁
同「任意的訴訟担当について」関法 11 巻 3-5 号 319 頁
③体系書
兼子・体系 161 頁
高橋・概論 96-97 頁
④コンメンタール
笠井・越山編・130 頁〔下村眞美〕
菊井＝村松Ⅰ 255 頁

第 5 講
①判例評釈
河野信夫・最判解民平成 3 年度 511 頁
山本克己・平成 3 年度重判解 121 頁
吉村徳重・リマ 6 号 124 頁
髙田昌宏・法教 142 号 98 頁
三木浩一・法学研究（慶應義塾大学）66 巻 3 号 131 頁
河邉義典・最判解民平成 10 年度 642 頁
上野泰男・平成 10 年度重判解 122 頁
高橋宏志・リマ 19 号 127 頁
越山和広・法教 219 号 128 頁
八田卓也・法セミ 549 号 109 頁
増森珠美・最判解民平成 18 年度 525 頁
三木浩一・平成 18 年度重判解 127 頁
二羽和彦・リマ 35 号 112 頁
酒井一・民商 138 巻 3 号 334 頁
和田吉弘・法セミ 621 号 112 頁
河野正憲・判タ 1311 号 5 頁

渡辺森児・法学研究（慶應義塾大学）80巻4号160頁
杉本和士・早法83巻2号143頁
林昭一・平成28年度重判解140頁
我妻学・リマ53号110頁
山本弘・金法2049号26頁
高部眞規子・金商1508号16頁
今津綾子・法教430号144頁
加藤新太郎・NBL1111号75頁
上田竹志・法セミ738号124頁
②学術論文
河野・当事者75-120頁
岡田幸宏「重複起訴禁止規定と相殺の抗弁により排斥される対象」福永古稀301頁
松本・相殺107頁
田中誠人「訴訟上の相殺の抗弁と重複訴訟の禁止」小島古稀上597頁
山本弘「二重訴訟の範囲と効果」争点92頁
安見ゆかり「相殺の抗弁と弁論の分離」伊藤喜寿587頁
西理「民事訴訟法上のいくつかの論点について（中）」判時2124号3頁
八田卓也「相殺の抗弁と民訴法142条」法教385号4頁
石田秀博「相殺の重複起訴禁止（民訴142条）」南山法学36巻3・4号25頁
勅使川原和彦「本訴・反訴の請求債権による相殺に関する判例法理」上野古稀285頁
堀清史「重複訴訟の制限と相殺の抗弁についての判例の編成」徳田古稀163頁
吉田元子「相殺の抗弁と重複訴訟禁止に係る判例理論に関する一考察」法と政治69巻2号（2018）737頁
③体系書
高橋・概論45-52頁
三木ほか・524-534頁
上田・148-150頁
梅本・275-278頁
河野・296-304頁
④コンメンタール
笠井・越山編・656頁〔林昭一〕

第6講
①判例評釈
井上正三・民商54巻4号528頁
兼子・判例民訴・94頁
栗田隆・百選〔3版〕174頁
坂田宏・百選Ⅰ302頁
白川和雄・続百選172頁
栂善夫・百選〔4版〕164頁

②学術論文
浅生重機「債務不存在確認訴訟」新実務（1）363 頁
小室直人「訴訟上の請求」新実務（1）357 頁
下村眞美「申立事項と判決事項」争点 117 頁
出口雅久「訴訟物概念の機能」争点 115 頁
中野・現在問題 85 頁
納谷廣美「訴訟物の特定」講座民訴（2）243 頁
奈良次郎「消極的確認の訴えについて」民訴雑誌 21 号 65 頁
松本博之「消極的確認訴訟における請求棄却判決の既判力の範囲」原井古稀 683-706 頁
安井光雄「債務不存在請求の特定」演習民訴 308 頁
③体系書
高橋・概論 101 頁

第7講
①判例評釈
伊東乾・法学研究（慶應義塾大学）54 巻 4 号 119 頁
上杉晴一郎・判評 259 号 28 頁
上田徹一郎・昭和 44 年度重判解 109 頁
上村明広・百選〔2 版〕162 頁
右田堯雄・百選〔2 版〕164 頁
兼子・判例民訴 208 頁
倉田卓次・続百選 132 頁
小林秀之・昭和 55 年度重判解 143 頁
小山昇・判タ 442 号 30 頁
坂原正夫・百選〔3 版〕114 頁
住吉博・法セミ 313 号 150 頁
戸根住夫・百選〔初版〕198 頁
豊水道祐・曹時 21 巻 3 号 174 頁
福永有利・民商 85 巻 3 号 499 頁
松本博之・昭和 57 年度重判解 126 頁
村松俊夫・判評 128 号 32 頁
山田文・百選〔4 版〕100 頁
山本克己・法教 289 号 112 頁
②学術論文
篠田省二「過失相殺の本質」判タ 268 号 168 頁
好美清光「交通事故訴訟における過失相殺の諸問題」新実務（3）250 頁
③体系書
高橋・概論 117 頁

第8講
①判例評釈
池田辰夫・平成9年度重判解123頁
上村明広・岡山大学法経学会雑誌17巻2号279頁
大濱しのぶ・法学研究(慶應義塾大学)72巻7号109頁
岡伸浩・判タ990号79頁
河野正憲・百選Ⅰ218頁
小林秀之・畑宏樹・判評471号
斉藤秀夫・判評99号24頁
嶋田敬介・昭和41・42年度重判解78頁
新堂幸司・法協84巻8号1057頁
豊田健・法学研究(慶應義塾大学)41巻4号546頁
畑瑞穂・百選〔3版〕120頁
林淳・百選〔2版〕176頁
枡田文郎・最判解民昭和41年度405頁
松村和徳・百選〔4版〕108頁
吉村徳重・続百選118頁
②学術論文
鈴木正裕「弁論主義に関する諸問題」司法研修所論集77号1頁
竹下守夫「弁論主義」演習民訴369頁
松本・自白293頁、310頁

第9講
①判例評釈
森田明・医事法百選146頁
清水兼男・民商52巻3号459頁
石田穣・法協9巻9号1462頁
千種秀夫・最判解民昭和43年度1392頁
川村俊雄・民商61巻5号838頁
坂原正夫・法学研究(慶應義塾大学)43巻7号113頁
加藤雅信・法協87巻6号766頁
②学術論文
中野・過失1頁
三木・手続運営428頁以下(特に465頁)
太田・証明論193頁
青山善充「主要事実・間接事実の区別と主張責任」講座民訴(4)367頁
春日・研究79頁
本間靖規「不当な民事保全と損害賠償」保全講座(1)504頁
中西正「過失の一応の推定」鈴木古稀581頁
村田渉「主要事実と間接事実の区別」争点158頁

水元宏典「証明負担の軽減」争点 190 頁
坂田宏「証明の軽減」実務民訴三期 (4) 129 頁
伊藤・事実認定 96-98 頁、291 頁
松本・事案解明 1 頁
山本・研究 232-2608 頁、261 頁
酒井一「民事訴訟における主張事実」徳田古稀 183 頁
③体系書
高橋・概論 119-124 頁、225 頁
三木ほか・212 頁
河野・226 頁
④コンメンタール
笠井・越山編・762 頁〔山田文〕

第 10 講
①判例評釈
梅善夫・百選Ⅰ 204 頁
石川明・法学研究（慶應義塾大学）39 巻 7 号 845 頁
上田竹志・法教 378 号 32 頁
川嶋四郎・法セミ 687 号 160 頁
椙村寛道・NBL954 号 69 頁
②学術論文
奈良次郎「訴訟資料収集に関する裁判所の権限と責任」講座民訴 (4) 125 頁
小林・審理 3 頁
阿多麻子「法的観点指摘義務」判タ 1004 号 26 頁
石田秀博「新民事訴訟法における釈明権について」民訴雑誌 46 号 235 頁
同「釈明権の機能」松本古稀 309 頁
山本和彦「民事訴訟における裁判所の行為統制」新堂古稀上 341 頁
園田賢治「判決による不意打ちとその救済に関する一試論」井上追悼 250 頁
加藤新太郎「釈明の構造と実務」青山古稀 103 頁
川端正文「釈明権および釈明処分」争点 164 頁
八木一洋「釈明権の行使に関する最高裁判所の裁判例について」民訴雑誌 56 巻 80 頁
改正課題 73-86 頁、245 頁
加藤新太郎「訴訟指揮の構造と実務」実務民訴三期 (3) 67 頁
林道晴「抜本的な紛争解決と釈明」伊藤古稀 509 頁
③体系書
高橋・概論 124-129 頁
三木ほか・218-222 頁
河野・237-246 頁
川嶋・243-247 頁
④コンメンタールほか

笠井・越山編・689 頁〔下村眞美〕

第 11 講
① 判例評釈
伊藤俊明・百選〔4 版〕116 頁
小室直人・民商 56 巻 3 号 519 頁
齋藤哲・百選〔3 版〕118 頁
斎藤秀夫・民商 33 巻 6 号 857 頁
佐々木平伍郎・百選Ⅰ 214 頁
新堂幸司・百選〔2 版〕178 頁
中務俊昌・続百選 122 頁
福永有利・百選〔3 版〕128 頁
山木戸克己・百選〔2 版〕171 頁
② 論説
岩松・研究 24 頁以下
坂原正夫「裁判上の自白法則の適用範囲」講座民訴（4）161 頁
佐々木吉男「権利自白とは何か」法教 7 号 160 頁
佐々木平伍郎「権利自白」争点〔旧版〕226 頁
鈴木俊光「権利自白の効力」続学説展望 134 頁
八田卓也「自白の対象となる事実、及び、自白の撤回について論じなさい。」法教 299 号 132-133 頁
松本博之「権利自白の効力」法教二期 3 号 122 頁
文字浩「権利自白」争点〔新版〕230 頁
山本克己「間接事実についての自白」法教 283 号 73-81 頁
③ 体系書
兼子・体系 245-249 頁
高橋・概論 170-180 頁
④ コンメンタール
笠井・越山編・763 頁〔山田文〕

第 12 講
① 判例評釈
垣内秀介・伊藤眞・事実認定 66 頁
春日偉知郎・百選〔5 版〕126 頁
加藤雅信・法協 87 巻 6 号 766 頁
川村俊雄・民商 61 巻 5 号 838 頁
坂原正夫・法学研究（慶應義塾大学）43 巻 7 号 113 頁
新堂幸司・百選〔3 版〕140 頁
高田裕成・事実認定（有斐閣、2006）61 頁
千種秀夫・最判解民昭和 43 年度下 1392 頁

町村泰貴・百選〔5版〕128頁
②学術論文
太田・証明論192頁
賀集唱「挙証責任―間接反証を中心にして」続判例展望208頁
賀集唱「間接反証」争点〔新版〕254頁
賀集唱「損害賠償訴訟における因果関係の証明」講座民訴（5）83頁
春日・研究79頁
兼子・研究（1）295頁
木川・改正問題95頁
倉田卓次・飯島悟「間接反証」演習民訴509頁
齋藤秀夫＝桜田勝義「保全処分と損害賠償責任」吉川還暦15頁
酒井一「民事訴訟における主張事実」徳田古稀183頁
竹下守夫「間接反証という概念の効用」法教二期5号144頁
中西正「過失の一応の推定」鈴木古稀581頁
中野・過失1頁
藤原弘道「一応の推定と表見証明」〔新版〕244頁
藤原弘道「一応の推定と証明責任の転換」講座民訴（5）127頁
松本博之「損害賠償訴訟における因果関係の立証に関する若干の考察」民訴雑誌24号75頁
竜崎喜助「挙証責任論序説（一）（二）」法協92巻11号29頁、12号63頁
渡辺武文「表見証明と立証軽減」吉川追悼139頁
③体系書
髙橋・概論223-226頁
④コンメンタール
笠井・越山編・761頁〔山田文〕

第13講
①判例評釈
桜井孝一・百選〔2版〕198頁
大久保敏男・判タ390号2622頁
飯塚重男・判評241号19頁
②学術論文
飯原一乗「証拠申出と証拠決定」実務民訴（1）249頁
木川・改正問題95頁
小室直人「唯一の証拠方法を取り調べなくてもよいとされた事例」民商51巻6号971頁
千草秀夫「証拠調をめぐる諸問題」実務民訴（1）311頁
千野直邦「『唯一の証拠』の法理」争点〔旧版〕228頁
中務俊昌「唯一の証拠方法と民事訴訟法における証拠調の範囲」法学論叢60巻1・2号201頁
③体系書

高橋・概論 191 頁
④コンメンタール
笠井・越山編・729 頁〔山田文〕

第 14 講
①判例評釈
岩田眞・平成 12 年度主判解 246 頁
上野泰男・リマ 21 号 130 頁
田原睦夫・民商 124 巻 4 = 5 号 685 頁
加藤新太郎・NBL682 号 71 頁
中島弘雅・金判 1311 号 16 頁
山本克己・金法 1588 号 13 頁
福井章代・最判解民平成 12 年度 921 頁
三木浩一・平成 12 年度重判解 118 頁
山本弘・リマ 24 号 118 頁
杉原則彦・最判解民平成 13 年度 794 頁
山本和彦・平成 13 年度重判解 124 頁
上野泰男・リマ 26 号 130 頁
中島弘雅・ビジネス法務 13 巻 6 号 153 頁、同巻 7 号 150 頁
北川徹・ジュリ 1455 号 112 頁
松並重雄・最判解民平成 17 年度 696 頁
中村心・最判解民平成 20 年度 559 頁
齋藤哲・判評 204 頁
絹川泰毅・最判解民平成 19 年度 921 頁
長屋文裕・最判解民平成 17 年度 817 頁
濱崎録・平成 23 年度重判解 127 頁
名津井吉裕・民商 139 巻 2 号 221 頁
中村さとみ・最判解民平成 19 年度 802 頁
濱崎録・平成 26 年度重判解 133 頁
長沢幸男・最判解民平成 12 年度 291 頁
中村也寸志・最判解民平成 16 年度 750 頁
土谷裕子・最判解民平成 18 年度 256 頁
②学術論文
小林秀之「貸出稟議書文書提出命令最高裁決定の意義」判タ 1027 号 15 頁
松村和徳「文書提出義務の一般化に関する若干の考察」石川古稀 77 頁
川嶋四郎「文書提出義務論に対する一視角」吉村古稀記 352 頁
垣内秀介「自己使用文書に対する文書提出義務免除の根拠」小島古稀上 243 頁
長谷部由起子「文書提出義務（1）」争点 194 頁
萩澤達彦「文書提出命令の手続・効果」争点 202 頁
宇野聡「文書提出義務と自己利用文書（民訴法 220 条 4 号ニ）」法教 385 号 33 頁

山本・研究 421 頁
安西・119 頁
長谷部・手続原則 62 頁
山本ほか・文書提出命令 1 頁
同・研究 382 頁
中島弘雅「株主代表訴訟と文書提出命令」徳田古稀 271 頁
③体系書
高橋・概論 201-212 頁
三木ほか・318-338 頁
④コンメンタール
笠井・越山編・839 頁〔山田文〕

第 15 講
①判例評釈
石川明・百選〔2 版〕96 頁
伊藤眞・続百選 138 頁
中村英郎・民商 55 巻 5 号 794 頁
奈良次郎・曹時 18 巻 6 号 101 頁
池田浩一・ジュリ 373 号 314 頁
林順碧・法協 84 巻 3 号 401 頁
②学術論文
井口牧郎「証人尋問と弁論の併合分離」実例法学上 290 頁
井上・これからの民訴 187 頁
栂善夫「弁論の併合と証拠資料」法教 76 号 130 頁
中務俊昌「弁論の併合」演習民訴 429 頁
③体系書
高橋・概論 154 頁
④コンメンタール
笠井・越山編・696 頁〔下村眞美〕

事 項 索 引

あ

相手方の援用しない自己に不利益な事実 …………………………………………… 161
一応の推定 …… 192-197, 199, 205, 206, 267
一部請求後の残部請求 ………………… 130
一部請求訴訟 …………………………… 107
一部認容判決 …………………………… 128
一般的文書提出義務 …… 298, 300, 303, 306, 313
インカメラ手続 ……………… 309, 310, 317

か

概括的認定 ………………… 195, 199, 200
会社関係訴訟 ………… 49, 54, 56, 63, 313
確認の訴え ………… 50-52, 55, 56, 59, 63, 97
確認の利益 ……………… 51, 52, 54, 55
貸出稟議書 …………… 303, 307-309, 313
過失相殺 ………………………………… 154
片面的類似必要的共同訴訟 …………… 64
間接事実 …………………………… 142, 184
――の自白 …………………………… 253
規範的要件 …… 183, 184, 186, 188-192, 194, 205, 228, 229
既判力 …… 55, 93-96, 99, 102, 104, 106, 107, 111, 113, 114
客観的主張責任 ………………………… 239
客観的範囲 ……………………………… 94
共同訴訟参加 …………………………… 64
共同訴訟的補助参加 …………………… 64
経験則 …………………… 192, 195, 196, 205
形式的当事者概念 ……………………… 5
刑事事件に係る訴訟に関する書類 …… 303
原告適格 ………………………………… 82
権利外観 ………………………………… 34
権利抗弁 ………………………………… 154

権利自白 ………………………………… 238
権利能力なき社団又は財団 …………… 2
攻撃防御方法 ……………………… 212, 217
高度の蓋然性 ……………………… 192, 196
公務秘密文書 ……………………… 301, 305
合有 ……………………………………… 75

さ

再審事由 ………………………………… 43
裁判官の更迭 …………………………… 333
裁判上の自白 ……………………… 234, 324
債務総額を明示しない申立て ………… 130
債務の自認 ……………………………… 129
債務不存在確認請求訴訟 ……………… 120
自己利用文書 ………… 295, 302, 303, 306, 312, 313, 317, 319
事実抗弁 ………………………………… 154
事実上の推定 ……………… 193-196, 257
実体法上の抗弁権 ……………………… 155
私的自治の原則 ………………………… 127
自白の裁判所に対する拘束力 ………… 235
自白の自白者に対する拘束力 ………… 235
釈明 …………………………… 116, 210, 211
釈明義務 ……… 186, 209, 213-215, 218-220, 224, 230
釈明権 ……………… 186, 209, 212, 213, 215
自由心証主義 ……………………… 193, 258
重複訴訟係属 …………… 93, 96-98, 103, 107, 112, 114, 115
主観的主張責任 ……………………… 166, 239
手段選択の適切性 ……………………… 121
主張 ……… 183, 185, 188, 192-195, 205, 206, 210, 212, 213, 216, 218, 219, 221, 225
主張共通の原則 ………………………… 141
主張自体失当 ……………………… 162, 168
主張責任 …………………………… 140, 166

事項索引

主張の一貫性 …………………………… 162
主要事実 ……………………… 142, 184-192
消極的確認請求訴訟 …………………… 120
消極的釈明 ………………………… 215, 216
証言拒絶権 …………………… 301, 303, 305
上告受理申立 …………………………… 214
証拠評価 ………………………………… 193
証拠方法 ………………………………… 296
少年の保護事件の記録 ………………… 303
証明責任 ………………………………… 296
　──の転換 …………………… 194, 205, 264
証明度の軽減 …………………………… 194
職権主義 ………………………………… 225
職権証拠調べの禁止 …………………… 141
処分権主義 ………………………… 127, 211
信義則 ………………… 107, 132, 227-229, 299
人的範囲（主観的範囲） ……………… 55
推定事実 ………………………………… 258
請求の客観的併合 ……………………… 322
積極的釈明 ………………………… 215, 216
積極否認 ………………………………… 147
絶対的上告理由 …………………………… 42
先決的法律関係 ………………………… 144
選択的認定 ………………… 195, 199, 200
前提事実 ………………………………… 258
選定当事者 ……………………………… 75
相殺の抗弁 ………………… 93-95, 97-99,
　100-107, 109, 111-116
送達の無効 ……………………………… 32
訴訟告知 ………………………………… 64
訴訟資料と証拠資料の峻別 …………… 141
訴状審査権 ……………………………… 39
訴訟信託の禁止 ………………………… 78
訴訟担当 ………………………………… 71
訴訟追行権 ……………………………… 72
訴訟物 … 50, 53, 55, 63, 93, 94, 97, 101, 102,
　200, 211

た

対世効 ………………… 54, 62, 63, 67, 69
代表者 …………………………………… 30
単純法概念 ……………………………… 236

徴憑 ……………………………………… 255
定型的事象経過 ………… 192, 194, 196, 200
手続保障 … 64-66, 68, 69, 116, 211, 216, 222,
　226, 297, 310
登記請求権 ……………………………… 24
当事者権 ………………………………… 284
当事者主義 ……………………………… 217
当事者適格 ……………… 5, 52, 54, 63, 65, 69
当事者能力 ……………………………… 1
特段の事情 …… 107, 194, 196, 197, 202, 203,
　205, 301, 307, 308, 313-315
独立の防御 ……………………………… 146

な

入会権 …………………………………… 14
任意的訴訟担当 ……………………… 21, 72
ノン・リケット ………………… 194, 196

は

反証 ……………………………………… 196
反訴 ………………………………… 100, 110-115
反対規範 ………………………………… 143
表見証明 …………………… 192, 193, 197, 261
表見法理 ………………………………… 34
不特定法規範 …………… 183, 192, 228, 229
文書送付の嘱託 ………………………… 297
文書提出義務 …………………………… 298
文書提出命令 ………… 295-297, 299, 306, 315
　──の申立て ……………………………… 297
分離 ……………………………………… 101
並行審理 ………………………………… 108
併合 ……………………………………… 100
併合後の証拠調べの再施 ……………… 327
併合審理 ………………………………… 108
弁護士代理の原則 ……………………… 78
弁論権 …………………………………… 218
弁論主義 ………… 139, 163, 185, 210, 211, 213,
　217, 219, 229, 233
弁論の併合 ……………… 100, 102, 116, 321
法人でない社団又は財団 ………………… 2
法人の内部紛争 …… 49, 52, 53, 55, 62, 63, 65,
　67, 68

法定訴訟担当 ·· 72
法的観点指摘義務 ·········· 201, 209, 213, 217,
　　218, 220, 221, 229, 231
法律関係文書 ···················· 300, 305, 308, 316
法律上の推定 ······································ 268
補助事実 ·· 142
保全処分 ··································· 203, 204
本証 ··· 196

ま

民法上の組合 ·· 4
申立事項と判決事項 ····························· 127
元所有 ······································· 145, 251

ゆ

唯一の証拠方法 ··································· 279
要件事実 ························ 184, 185, 189, 190
予備的抗弁 ················ 95, 100, 112, 115, 116
予備的反訴 ······························· 111-114, 116

ら

利益文書 ······························· 300, 305, 316
立証 ········· 183, 185, 188, 192-195, 205, 206,
　　210, 212, 213, 216, 218, 219, 221, 225
立証権 ··· 284
理由中の判断 ································· 93-95
理由付否認 ··· 147

判　例　索　引

大判明治 31 年 2 月 24 日民録 4 輯 48 頁 ……………………………………………… 284
大判明治 35 年 3 月 14 日民録 8 輯 36 頁 ………………………………………………… 284
大判明治 40 年 3 月 25 日民録 13 輯 328 頁 …………………………………………… 193
大判明治 41 年 7 月 8 日民録 14 輯 847 頁 ……………………………………………… 193
大判大正 7 年 2 月 25 日民録 24 輯 282 頁 ……………………………………………… 193
大判昭和 2 年 10 月 15 日新聞 2773 号 15 頁 …………………………………………… 143
大判昭和 3 年 8 月 1 日民集 7 巻 648 号 …………………………………………………… 157
大判昭和 10 年 5 月 28 日民集 14 巻 1191 号 ………………………………………………… 5
大判昭和 11 年 10 月 6 日民集 15 巻 1771 頁 …………………………………………… 150
最判昭和 25 年 11 月 10 日民集 4 巻 11 号 551 頁 ……………………………………… 143
最判昭和 26 年 3 月 29 日民集 5 巻 5 号 177 頁 ………………………………………… 293
最判昭和 27 年 11 月 20 日民集 6 巻 10 号 1015 頁 …………………………………… 293
最判昭和 28 年 10 月 23 日民集 7 巻 10 号 1114 頁 …………………………………… 293
最判昭和 29 年 4 月 13 日民集 8 巻 4 号 840 頁 ………………………………………… 242
最判昭和 30 年 7 月 5 日民集 9 巻 9 号 985 頁 …………………………………………… 233
最判昭和 32 年 5 月 10 日民集 11 巻 5 号 715 頁 ……………………………………… 193
最判昭和 32 年 11 月 14 日民集 11 巻 12 号 1943 頁 …………………………………… 22
最判昭和 34 年 11 月 25 日民集 20 巻 9 号 1921 頁 ……………………………………… 16
神戸地判昭和 35 年 11 月 17 日民集〔参〕21 巻 8 号 2084 頁 …………………………… 9
最判昭和 36 年 4 月 27 日民集 15 巻 4 号 901 頁 ……………………………………… 229
最判昭和 37 年 8 月 10 日民集 16 巻 8 号 1720 頁 ………………………… 106, 107, 132
最判昭和 37 年 12 月 18 日民集 16 巻 12 号 2422 頁 ……………………………………… 5
最判昭和 39 年 6 月 26 日民集 18 巻 5 号 954 頁 ……………………………… 209, 223
最判昭和 39 年 7 月 28 日民集 18 巻 6 号 1241 頁 ………… 183, 189, 193, 197, 257, 274
最判昭和 39 年 10 月 15 日民集 18 巻 8 号 1671 頁 ………………………………… 7, 10, 11
最判昭和 40 年 9 月 17 日民集 19 巻 6 号 1533 頁 ……………………………………… 119
大阪高判昭和 40 年 10 月 4 日民集〔参〕2094 頁 ………………………………………… 9
最判昭和 41 年 4 月 12 日民集 20 巻 4 号 560 頁 ……………………………………… 321
最判昭和 41 年 6 月 21 日民集 20 巻 5 号 1078 頁 ……………………………………… 157
最判昭和 41 年 9 月 8 日民集 20 巻 7 号 1392 頁 ……………………………………… 161
最判昭和 41 年 11 月 25 日民集 20 巻 9 号 1921 頁 ……………………………………… 15
最判昭和 42 年 2 月 10 日民集 21 巻 1 号 112 頁 ………………………………………… 61
最判昭和 42 年 10 月 19 日民集 21 巻 8 号 2078 頁 ………………………… 1, 5, 8, 11, 14
最判昭和 43 年 12 月 24 日裁民 93 号登載予定〔859 頁〕 ……………………………… 61
最判昭和 43 年 12 月 24 日民集 22 巻 13 号 3428 頁 ………… 139, 183, 193, 201, 257, 271
最判昭和 44 年 7 月 10 日民集 23 巻 8 号 1423 頁 ……………………………… 49, 60, 63

最判昭和 45 年 11 月 11 日民集 24 巻 12 号 1854 頁 ………………………………… 71
最判昭和 45 年 12 月 15 日民集 24 巻 13 号 2072 頁 …………………………… 29, 35
最判昭和 47 年 6 月 2 日民集 26 巻 5 号 957 頁 …………………………… 22, 23, 25
名古屋高判昭和 52 年 3 月 28 日下民集 28 巻 1-4 号 318 頁 ………………………… 229
最判昭和 53 年 3 月 23 日判時 886 号 36 頁 …………………………………… 279, 290
最判昭和 55 年 2 月 7 日民集 34 巻 2 号 123 頁 ……………………………………… 139
最判昭和 63 年 3 月 15 日民集 42 巻 3 号 170 頁 ………………………… 101, 103, 108
名古屋地判平成元年 3 月 24 日民集〔参〕48 巻 4 号 1075 頁 …………………………… 16
名古屋高判平成 3 年 7 月 18 日民集〔参〕1095 頁 ………………………………………… 16
最判平成 3 年 12 月 17 日民集 45 巻 9 号 1435 頁 ………………… 93, 101, 108, 109, 111
最判平成 6 年 5 月 31 日民集 48 巻 4 号 1065 頁 ……………………………… 1, 7, 14
最判平成 7 年 2 月 21 日民集 49 巻 2 号 231 頁 ……………………………… 49, 58, 67
最判平成 10 年 6 月 12 日民集 52 巻 4 号 1147 頁 ………………………………… 107, 132
最判平成 10 年 6 月 30 日民集 52 巻 4 号 1225 頁 ……………………………… 93, 104, 115
最決平成 11 年 11 月 12 日民集 53 巻 8 号 1787 頁 ……………… 295, 303, 305, 306, 314, 316, 319
最決平成 11 年 11 月 26 日金判 1081 号 54 頁 …………………………………………… 316
最決平成 12 年 3 月 10 日民集 54 巻 3 号 1073 頁 ……………………………………… 318
最決平成 12 年 12 月 14 日民集 54 巻 9 号 2709 頁 …………………………… 313, 314, 316
最決平成 13 年 12 月 7 日民集 55 巻 7 号 1411 頁 …………………………… 313, 315, 317
最判平成 14 年 6 月 7 日民集 56 巻 5 号 899 頁 ……………………………………………… 12
東京高判平成 15 年 12 月 10 日判時 1863 号 41 頁 ……………………………………… 112
最決平成 16 年 2 月 20 日判時 1862 号 154 頁 …………………………………………… 305
最判平成 16 年 3 月 25 日民集 58 巻 3 号 753 頁 ………………………………………… 121
最決平成 16 年 11 月 26 日民集 58 巻 8 号 2393 頁 ……………………………………… 318
最判平成 17 年 7 月 14 日民集 217 号 399 頁 ……………………………………………… 214
最決平成 17 年 10 月 14 日民集 59 巻 8 号 2265 頁 ……………………………………… 302
最決平成 17 年 11 月 10 日民集 59 巻 9 号 2503 頁 ………………………………… 311, 318
最判平成 18 年 2 月 17 日民集 60 巻 2 号 496 頁 ………………………………………… 319
最判平成 18 年 4 月 14 日民集 60 巻 4 号 1497 頁 …………………………… 93, 100, 110, 115
大阪地判平成 18 年 7 月 7 日判タ 1248 号 314 頁 ……………………………………… 112
最決平成 19 年 8 月 23 日民集 225 号 345 頁 ……………………………………………… 317
最決平成 19 年 11 月 30 日民集 61 巻 8 号 3186 頁 ……………………………………… 317
最決平成 19 年 12 月 12 日民集 61 巻 9 号 3400 頁 ……………………………………… 306
東京高決平成 20 年 4 月 2 日金法 1834 号 102 頁 ……………………………………… 317
最決平成 20 年 11 月 25 日民集 62 巻 10 号 2507 頁 ………………………………… 302, 318
最決平成 22 年 4 月 12 日集民 234 号 1 頁 ………………………………………………… 318
最決平成 22 年 10 月 14 日集民 235 号 1 頁 ………………………………………… 209, 226
最決平成 23 年 10 月 11 日裁時 1541 号 2 頁 ……………………………………………… 317
神戸地決平成 24 年 5 月 8 日金判 1395 号 40 頁 ………………………………………… 315
最決平成 25 年 4 月 16 日 LEX/DB 文献番号 25505516（判例集未登載）……… 314. 315, 317
最判平成 26 年 2 月 27 日民集 68 巻 2 号 192 頁 …………………………………… 1, 22
最決平成 26 年 10 月 29 日集民 1615 号 1 頁 ……………………………………………… 318

最判平成 27 年 12 月 14 日民集 69 巻 8 号 2295 頁 ………………………………………… 115
大阪高決平成 29 年 12 月 7 日判タ 1434 号 80 頁 ………………………………………… 315

著者紹介

木川統一郎（きがわ　とういちろう）
中央大学法学部卒業
元中央大学教授・弁護士
担当　2講、4講、8講、13講、15講

清水　宏（しみず　ひろし）
中央大学法学部卒業
東洋大学法学部教授
担当　1講、6講、7講、11講、12講

吉田元子（よしだ　もとこ）
上智大学法学部卒業
関西学院大学法学部教授
担当　3講、5講、9講、10講、14講

民事訴訟法重要問題講義　上巻［第2版］
定価（本体3800円＋税）

2019年4月1日　初版第1刷発行

著　者	木川統一郎 清水　宏 吉田元子
発行者	阿部成一

〒162-0041　東京都新宿区早稲田鶴巻町514
発行所　株式会社　成文堂
電話03(3203)9201(代)　FAX03(3203)9206
http://www.seibundoh.co.jp

製版・印刷・製本　シナノ印刷
©2019　T. Kigawa　H. Shimizu　M. Yoshida　Printed in Japan
☆落丁・乱丁はおとりかえいたします☆　検印省略
ISBN978-4-7923-2729-3　C3032